PUHUA BOOKS

我们一起解决问题

薪酬总监
修炼笔记

我在世界500强公司管薪酬

翁涛◎著

人民邮电出版社
北京

图书在版编目（CIP）数据

薪酬总监修炼笔记 ：我在世界500强公司管薪酬 / 翁涛著. -- 北京 ：人民邮电出版社，2019.1
ISBN 978-7-115-50172-1

Ⅰ. ①薪… Ⅱ. ①翁… Ⅲ. ①企业管理—工资管理 Ⅳ. ①F272.923

中国版本图书馆CIP数据核字(2018)第264423号

内容提要

这是一本薪酬管理与体系设计的工具书。在书中，世界500强公司薪酬总监手把手教你开展薪酬管理工作。

薪酬管理是人力资源管理的重要模块，本书以薪酬管理的内部公平性和外部竞争力为基础，从人力资源总监和人力资源经理、薪酬经理、薪酬主管的能力要求出发，通过翔实的理论阐述和生动的案例解析，讲述了薪酬体系建设、薪酬调整以及薪酬激励、异地人员派遣等内容，全面梳理了企业薪酬管理的知识体系和技能体系。本书在章节之后附有“有问有答”环节，通过问答的形式回顾了相关章节的重点内容。同时，章节之后还有外企薪酬管理人员常用的中英文词汇，供读者参考使用。

全书结构合理、逻辑性强、讲解通俗易懂、案例与时俱进，可读性和操作性强。本书可作为人力资源总监、人力资源经理、薪酬经理、薪酬主管、企业咨询师，以及高校相关专业师生的参考用书。

◆ 著　　翁　涛
责任编辑　刘　盈
责任印制　焦志炜

◆人民邮电出版社出版发行　　北京市丰台区成寿寺路 11 号
邮编 100164　　电子邮件 315@ptpress.com.cn
网址 http://www.ptpress.com.cn
北京七彩京通数码快印有限公司印刷

◆开本：800×1000　1/16
印张：19　　2019 年 1 月第 1 版
字数：300 千字　　2025 年 4 月北京第 31 次印刷

定　价：69.00 元

读者服务热线：（010）81055656　印装质量热线：（010）81055316
反盗版热线：（010）81055315

推荐序一

感谢翁老师邀请我为他的新书作序，说实话我有点儿受宠若惊。翁老师是薪酬管理领域的专家，他不仅有扎实的理论功底，更具有丰富的实践经验。我们的相识源于一次项目合作，当时我就被外表秀气、内心淡定的翁老师吸引了。记得那是 2000 年，当时翁老师是公司人力资源部负责绩效薪酬管理的专业人员，我作为合益咨询公司的顾问同他所在的公司合作开展人力资源管理项目。后来，一个偶然的机会，他加入合益咨询公司，成为一名顾问，我们有幸在一起工作过一段时间。之后的很多年，他一直在国际知名公司从事薪酬管理工作。他给我留下的最深印象就是幽默。薪酬管理这么枯燥的事情，在他的言谈话语里满是乐趣。这说明他确实是打心眼里喜欢薪酬管理工作。

在看到这本书时，我由衷地为翁老师感到骄傲。他在处理复杂的薪酬管理工作的同时，还非常善于总结和学习。书中提到的很多薪酬管理问题也是我们在开展咨询项目时经常遇到的难点和挑战，本书提供的解决方法和手段都体现出了创新性与务实性。

这本书非常适合企业薪酬管理人员阅读，同时，我也把这本书推荐给在咨询公司从事人力资源管理咨询的各位同仁。本书的内容既有作者的工作经验积累，也有很多非常有意义的案例分析。这些案例分析，对于我们把薪酬管理工作推广落地具有很好的借鉴意义。

有人说，我们处于 VUCA 时代，我们面对着一个易变（volatility）、不确定性（uncertainty）、复杂（complexity）和模糊（ambiguity）的世界。越来越多的职场人士感到焦虑和迷茫。焦虑的是在如此快节奏变化的环境中，如何持续提升自己；迷茫的是在哪里能找到更加合适的发展机会。也有很多人问我：如何成为一名优秀的顾问？如何成为一名优秀的人力资源管理专业人士？我在想，实际上，每一天、每一个人、每一份工作都能带给我们一份收获，带来成长的空间和发展的机会，关键在于我们自己内心的成长和真正意义上的成熟。

今天看到翁老师这本书，更使我坚信：沉下心来，长期、努力地做好一件事情意义重大。

有人问我，要开启顾问的职业生涯，需要提前学点什么呢？环顾我身边很多优秀的顾问，他们的教育背景不同，但是具有相同的特质，那就是：强大的逻辑思维能力；踏实、肯干的敬业精神；对目标的不懈追求。我知道翁老师本科的专业是中医，之后攻读经济学硕士，而我就读的是机械工程的本科。所以，多学科背景的教育体系，对于日后工作的延展性一定是有帮助的。现在大家都在讲跨界，其实学什么专业并不是最重要的，重要的是学习和思考的能力。

作为翁老师曾经的同事、多年的好友，特别开心能看到他的专著出版，特别荣幸能为这本书写序。希望这本书能够为一直从事薪酬管理工作，正在摸索各种解决方案的同仁提供一些帮助。也希望咨询公司的顾问能有时间仔细研究一下本书的案例分析，给自己的日常工作带来启发。

陈雪萍

光辉国际咨询业务中国区副主席

2018 年 6 月于北京

推荐序二

认识翁涛已经十多年了。在我眼里，翁涛是一位在薪酬管理领域既有深度又有广度的专家和老师。

若干年前，和翁涛一起工作的时候，我们都习惯称他为“翁老师”。因为在我们看来，所有薪酬福利领域的问题，都可以在翁老师这里找到答案。所以，今天看到这本书，我觉得非常惊喜，既是为翁老师感到高兴，同时觉得他能够把这么多年的薪酬管理经验总结出来，一定是汇集了“十年磨一剑”的精华。

这本书全面、系统地阐述了薪酬管理的主要内容。它不同于市场上的其他书籍，开篇就是大量的劳动人事法规或者是薪酬管理某个模块的内容。这本书从薪酬管理的基础内容开始阐述。很多从业多年的薪酬管理专业人员或许都不能完全掌握薪酬管理的基础知识，而这些基本技能正是薪酬管理人员开展工作的重要基础。在介绍了薪酬管理的基础技能之后，本书围绕着薪酬管理的内部公平性和外部竞争力这两点，由浅入深地介绍了薪酬管理的常见内容。这就像建造一座摩天大楼。作者先夯实地基，然后用两根支柱建设大厦的骨架，之后再引入薪酬体系建设、薪酬调整以及薪酬激励、人员调动管理等内容，丰富大厦的内容。

翁老师这本书的另一大亮点就是技术性和操作性强。即便是我们这些在外资企业中工作了数十年的“老司机”，在翻看这本书时，仍然会受到很大的启发。在理论上，本书虽然没有长篇累牍地介绍各家学派的内容，但是都在必要的地方给予了适当的点拨，有兴趣的读者可以自己去寻找相应的书籍进行更深入的理论研究；在实践上，本书在介绍了方法论的基础上，附带了大量的实际案例分析。相信读者一定会从理论和实践两方面收获颇丰，在自己的实际工作中应用这些知识。

最后，衷心希望翁老师能够总结出更多的心得体会，让更多的同仁受益。

王彤

拜耳处方药中国及亚太区人力资源副总裁

前　言

本书的写作冲动由来已久。我在跨国公司中仅从事薪酬管理工作就已经有十多年了，主要负责外资企业驻中国公司的薪酬管理工作以及亚太区其他国家分 / 子公司的薪酬事务。在工作之余，我经常会翻看薪酬管理方面的图书，我发现市场上有很多的相关书籍似乎并不能完全揭开外资企业薪酬管理的神秘面纱，那些图书或者着重于理论体系研究，或者简单介绍企业的薪酬操作方法，很少侧重于企业薪酬管理的应用细节。

于是，我决定把国际化的薪酬管理工作写出来，分享给更多的国内同仁，让更多的中国企业能够尽快完善内部薪酬管理工作。

在从事了十多年的外企薪酬管理工作之后，我渐渐发现世界名企的薪酬管理工作具备如下一些管理特色。

- √ 名企薪酬管理的很多原则、做事风格已经深入到每一位薪酬管理人员的骨子里。他们有高度统一的价值观，能够站在公司管理的角度思考问题。
- √ 名企的薪酬管理非常注重外部市场的各种变化。即便是在世界著名的跨国公司里，大家在讨论问题的时候经常会使用一个词汇——最佳实践（Best Practice）。很多跨国公司每年不惜花费大量预算购买外部市场的薪酬数据报告，以确保内部薪酬水平和外部市场数据的一致性。
- √ 制定了各种严格、明确的规章制度，确保通过规范化的流程管理，减少主观操作。很多跨国公司都有一整套稳定的薪酬管理体系，用以降低管理的随意性。
- √ 公司的薪酬管理和公司的文化、战略紧密结合。这些公司的薪酬管理工作，实际上是公司文化和价值观的落地。

对于一家企业来说，只有练好内部管理技能，才能够抵御外部竞争的侵袭。外企成熟稳定的薪酬管理体系中，有很多东西是值得我们借鉴和学习的。

本书旨在向大家介绍世界 500 强公司是如何进行薪酬管理的。你将从本书中学到各种实用的薪酬管理技巧和知识，掌握薪酬管理工具的使用方法。本书不做深度理论研究，只是希望读者能够深入体会、系统学习国际化薪酬管理的各种规范做法。本书各章节中还附上了很多实际操作案例、常见问题分析，以及外资企业经常使用的关于薪酬管理的中英文词汇。

本书适合薪酬管理人员，特别是工作 5 年以上的薪酬管理人员阅读，可以帮助他们掌握更具规范性和操作性的管理知识。本书还适合工作 5~10 年的其他人力资源从业人员阅读，可以从规范性和系统性两方面帮助他们深入学习薪酬管理知识。对于其他工作领域的业务经理（如销售经理）来说，本书同样可以帮助他们学习薪酬管理知识，全面提升薪酬管理技能。作为系统化讲解跨国公司薪酬管理实践的书籍，本书亦可以作为高等院校相关专业本科、MBA 的教材。

目 录

CHAPTER 1

第一章

薪酬管理基础

第一节 薪酬管理都管什么

1.1.1 薪酬管理的基本概念

人力资源管理的“六大模块”包含薪酬管理这个模块（很多企业称之为功能）。某些大型企业会单独设立薪酬管理部门（Compensation and Benefit Department）。薪酬管理工作在企业人力资源管理工作中占据一定的地位。在人力资源管理的各个模块中，薪酬管理被认为是最具技术含量的一个模块。

首先，我们要解释一下薪酬管理的基本概念。结合企业管理实践，薪酬管理有狭义和广义两种概念。

1. 狭义的薪酬

薪酬 = 基本工资 + 浮动工资 + 现金补贴 +（福利）

Compensation = Base Pay + Variable Pay + Cash Allowance +（Benefit）

狭义的薪酬概念比较简单，很多时候我们习惯称其为现金管理。细心的读者会发现，在上面的公式里，我把福利放在了括号里。这里需要说明的是：有些公司把某些“补贴”称为福利。例如，一些公司每月为员工提供固定的餐费补贴，这属于补贴的一种。但是，在具体操作中，会有两种模式：一种是直接合并到工资每月发放；另一种是公司把钱放在员工饭卡里。通常我们说，第一种为现金补贴，第二种为福利（当然，本书不是理论探讨，所以仅在此稍作说明）。

2. 广义的薪酬

美国薪酬协会（WorldatWork）在《整体薪酬手册》中将薪酬定义为：用以交换员工的时间、天赋、努力和成果而提供给员工的货币形式或者非货币形式的回报，它包括五个关键因素。这些因素有效地吸引、激励和保留企业所需要的人才。这五个因素是薪酬、福利、工作—生活平衡、绩效和认可、发展和职业机会。

了解了薪酬的定义之后，我们对薪酬管理应产生如下的认知。

√ 薪酬管理工作包含货币和非货币管理、薪酬和福利的管理、长期和短期的管理、激励和保留的管理，等等。

√ 公司薪酬战略管理要建立在整体薪酬设计的基础之上。管理者在制定各项政策的时候，不能局限于狭义的薪酬管理，而应该站在整体薪酬设计的角度。

√ 在保持公司总成本不变的前提下，我们进行薪酬管理，实际上就是合理分配公司的“钱”：你可以把它放在左边的口袋里，也可以把这些钱放在右边的口袋里；或者形象地说，你可以采用微信支付，也可以用支付宝扫码。

√ 薪酬管理工作不应局限于眼前的管理，我们要有战略眼光，动态地看待每一项管理措施对未来工作的影响。

√ 薪酬管理工作绝对不是静止不变的，必须随公司战略的变化而不断调整。

美国薪酬协会（WorldatWork）在《整体薪酬手册》中介绍了薪酬管理的五大优势。这五大优势对于我们的管理实践工作具有很好的启发作用。

√ 提高组织弹性——允许将各种奖励进行组合，满足不同员工的情感需要和激励需要。

√ 提高招聘和留住人才的效率——把薪酬成本用在有效解决由于员工工作价值观改变而出现的问题上。

√ 降低人工成本和员工流动成本。

√ 加速提高自身在紧俏劳动力市场中的竞争力——公司可以重新分配他们的投资，把资金投放在员工关心的领域，并且针对员工的个人需求进行有效沟通。

√ 提高企业的盈利能力。

在我们的日常管理工作中，广大员工甚至业务经理的目光往往都是落在现金、补贴、奖金、股票这些“看得见摸得到”的方面。作为薪酬管理的从业者，我们的视野不应该仅仅停留在狭义的薪酬管理上。我们可以提供更多的员工认可计划、员工非现金保留计划等。我们要站在更高的战略层面思考公司的薪酬管理架构和方向。

1.1.2　薪酬管理在人力资源体系中的位置

随着企业的不断发展进步，人力资源部的组织架构也在不断调整。这种调整的宗旨在于：人力资源部的工作能够支持公司的业务发展。例如，很多公司的人力资源部按照工作内容被划分为：招聘（部 / 组）、薪酬（部 / 组）、培训（部 / 组）等。越来越多的公司，特别是世界 500 强公司的人力资源部都在采用三支柱的管理模型，如图 1-1 所示。

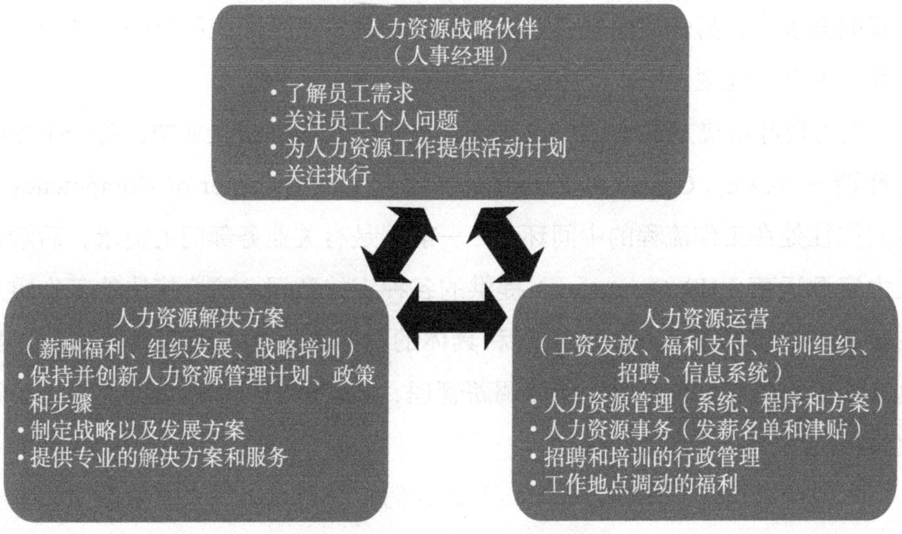

图 1-1　人力资源的三支柱管理模型

根据业务需要，三支柱模型将人力资源部的工作划分成三个模块。这三个模块不一定是三个部门，而是分成三个主要功能。

√ 第一个模块是人力资源战略伙伴（HR Business Partner, HRBP）。也就是我们常说的人事经理。他们为业务部门提供“一站式服务”。业务部门在涉及到人力资源管理方面的工作时，可以直接与人事经理联系。

√ 第二个模块是人力资源解决方案（HR Solution）。这个模块一般包含薪酬管理（Compensation and Benefit,C&B; Total Rewards, TR）、组织发展（Organization Development, OD）、战略培训（Strategy Training）等。这个模块的主要功能是站在公司管理的角度，提供专业的解决方案。

√ 第三个模块就是人力资源运营（HR Operation），它和第二个模块截然不同，这个模块提供各项操作规范，如工资的发放、员工社保公积金的缴纳，等等。

三个模块之间是互相配合、互相支持的关系。

HRBP是站在部门的组织层面和业务层面来吸引、激励和保留人才的，这就要求HRBP要具备敏感的业务理解能力和人员管理的洞察力。在管理实践中，人力资源从业者也会遇到具体的操作性问题，例如，部门经理向HRBP抱怨由于工资低，最近又有几名骨干员工离职。作为战略伙伴，HRBP一方面要和第二个模块中的薪酬福利管理专业人员沟通、确认本部门薪酬的竞争力，另一方面就要站在公司管理的角度判断组织氛围、领导力等方面是否存在问题。

人力资源解决方案（HR Solution）这个模块在外资企业中，有一个专门的称谓——CoE（Center of Expertise）或者CoC（Center of Competency）。他们往往处在工作流程的中间环节——前端是有关业务部门的需求，后端是人力资源运营（HR Operation）提供的各种支持数据。这个模块的工作重点在政策、制度和流程上；一般不和具体的员工联系，不处理具体的员工案例。该模块的工作包括公司年度调薪管理、公司薪酬福利制度的建立、公司奖励机制的建立与维护，等等。

人力资源运营（HR Operation）是我们传统意义上的人事管理工作。一些外资企业会习惯性地称之为人力资源共享服务中心（HR Share Service

Center, HR SSC)。它的主要职能模块包括：员工工资福利发放、社保公积金的缴纳管理、人事服务信息化系统（HR IT)、员工信息维护管理、国际外派管理中心（International Mobility Center, IMC)、招聘体系等。个别公司还有专门的人事服务“窗口”（HR Help Desk)。运营中心负责处理公司所有员工的人力资源管理操作事务。

“三支柱模型”既让人事经理更加贴近业务，又把所有事务性管理工作集中起来，提高了工作效率，还有一个统一的“智慧中心”——人力资源解决方案，管理公司所有的人力资源政策。

薪酬管理部门或者模块在人力资源解决方案这个领域，属于 CoC 的部分。这充分说明，薪酬管理工作更加关注政策层面和战略层面的问题。因此，本书不会介绍诸如员工工资如何计税等问题。

那么在施行“三支柱模型”的外资企业中，不同职能部门之间会不会发生相互扯皮的现象？薪酬管理部门在开展工作时如何同其他部门配合呢？

实际上，在外资企业里，不同的职能部门之间是明确划分工作职责的。即便遇到特殊情况，也是相关部门以业务部门的问题为导向，先解决问题，再划分职责。

我们以两个常见的例子来说明这个问题。

1. 年度薪酬调整。这是典型的“自上而下”的管理案例（如图 1-2 所示)。通常由薪酬管理部门发起，从人力资源共享中心（HR Share Service Center, HR SSC）获得员工基本数据，经过必要的数据测算，提交年度薪酬调整预算计划，获得管理层审批通过后制定本年度薪酬水平。然后，薪酬管理部门会制订详细的薪酬调整计划。薪酬管理部门会同各个部门的人事经理沟通本计划，获得他们的认可后，各部门人事经理会根据薪酬调整计划，协助各个部门业务经理开展薪酬调整工作。各个部门的薪酬调整工作结束之后，人事经理将汇总结果提交到薪酬管理部门。薪酬管理部门在测算和把控之后，将最终结果提请管理层批准。审批通过后，薪酬管理部门将最终结果转交人力资源共享中心，按调整后的标准发放工资。

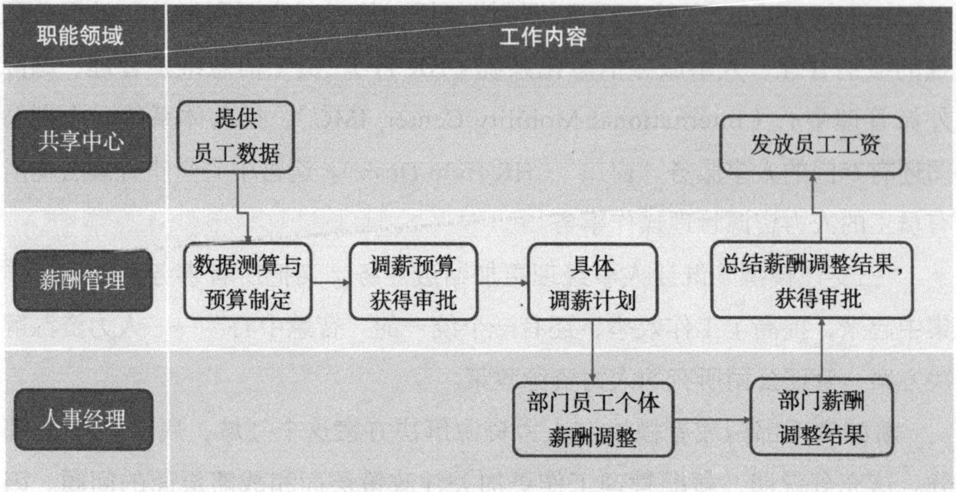

图 1-2　年度薪酬调整流程图

2. 薪酬管理部门不仅要制定各项薪酬管理规章制度，也需要分析业务部门的员工实际薪酬。图 1-3 所示的这个案例来自于公司的产品市场部门。

由于公司重组，原有的产品部和市场部合并为产品市场部。部门经理发现来自产品部和市场部的员工都向他投诉各自的收入低；来自北京和上海的同事也说对方城市的员工收入高。因此，部门经理直接找到业务部门的人事经理。人事经理向薪酬管理部门反映该情况和需求。这个时候薪酬管理部门就需要提供具体的分析和解决方案。

薪酬管理部门首先会联系人力资源共享中心，共享中心提供必要的员工信息。然后，薪酬管理部门根据内部公平和外部竞争的原则，利用内部薪酬级别数据，结合外部不同城市的薪酬市场数据，进行数据分析。薪酬管理部门还要和人事经理及时沟通，分享分析情况，结合部门人员的实际情况，提供解决方案。最后，根据部门经理的需要，既有可能是人事经理单独和部门业务经理讨论，也有可能是薪酬经理和人事经理邀请业务经理一起开会讨论制定解决方案。如果方案涉及员工工资调整，并且部门具备此项预算，在不违反公司薪酬调整政策的情况下，人力资源共享中心会按照新的员工工资标准发放工资。

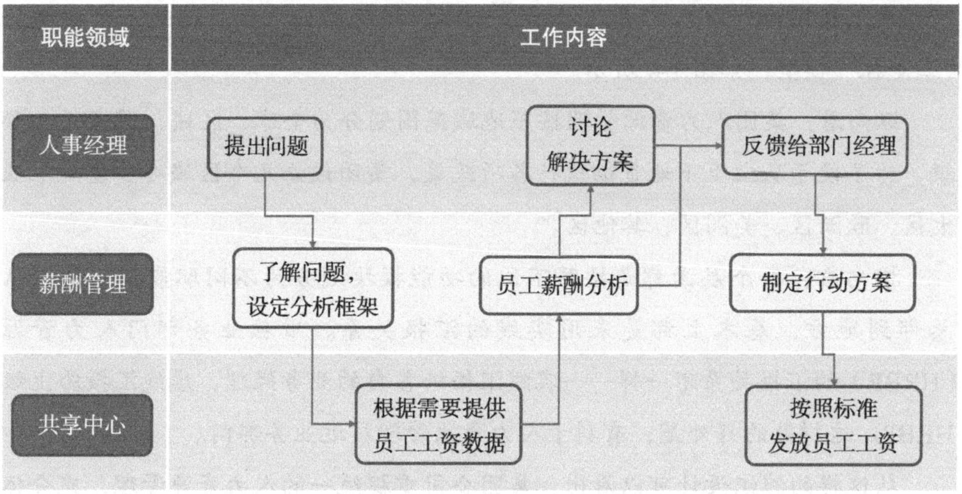

图 1-3　薪酬管理分析业务部门员工薪酬流程图

案例分享一　某跨国公司 A 人力资源部门的组织架构

某跨国公司 A 主要从事成套设备的研发、生产和销售工作。公司的主要经营战略包括两个方面，一方面围绕主营业务不断开发周边产品，从以生产销售为主导，转变为提供解决方案的一站式服务；另一方面通过并购外部企业，扩大经营范围。这样的经营策略，不仅会有新的公司被并购进来，还要根据业务需要进行组织重组。

随着进入集团的分 / 子公司越来越多，人力资源部门也变得“越来越复杂”——不同领域的人力资源部门仅仅支持自己业务的管理工作。纵观集团全局，出现了很多内部问题：（1）无法及时准确地将总部的人力资源管理策略下达到各个分 / 子公司；（2）即便在一个地区，也会因为不同分 / 子公司的历史原因，使人力资源管理存在不同的政策；（3）整体管理效率不高，很多重复性工作不能实现集约化。

为此，集团从总部开始梳理内部组织流程。业务上按照产品和区域两条线施行矩阵管理。人力资源部门施行统一的“三支柱”模式管理。从总部到各个区域，再到各个地区的分 / 子公司逐层梳理各个职能领域的汇报关系。本章主要介绍薪酬管理部门的实际架构。

首先我们看一下人力资源管理在全球的组织结构设计。这是一个典型的“三支柱”模型，如图1-4所示。

纵向看：集团人力资源管理按照地域范围划分为全球、区域、国家三个层级。为了便于从上至下地贯彻执行各项政策，集团设立几个区域办公室——亚太区、欧洲区、美洲区、其他区。

横向看：每个层面都是按照不同的功能模块划分为不同职能部门的。从总部到地方，基本上都是采用实线的汇报关系。唯独业务部门人力资源（HRBP）的汇报关系不一样——实线汇报给各自的业务经理，虚线汇报给上级HRBP。这样做的好处是，有利于人力资源管理接近业务部门。

从这样的组织设计可以看出，集团公司重视统一的人力资源管理，充分体现了人力资源部门的“一站式”服务宗旨，有利于提高内部管理效率，降低沟通成本。同时，把人力资源管理的各个职能模块化，使从业者明确各自的职责。在人员数量的配备上，易于比较不同国家、不同区域的人力资源管理人员与其所支持的全体员工的比例关系，通过人员配比关系控制公司支持人员的数量增长，降低内部管理成本。

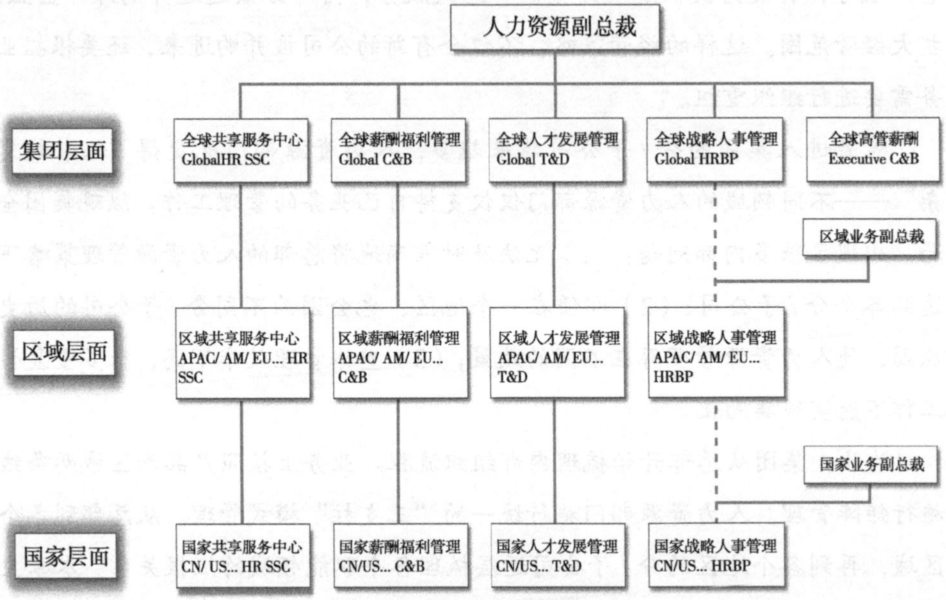

图1-4　跨国公司人力资源管理的组织架构

接下来剖析一下亚太区薪酬福利管理部门的组织设定，如图 1-5 所示。

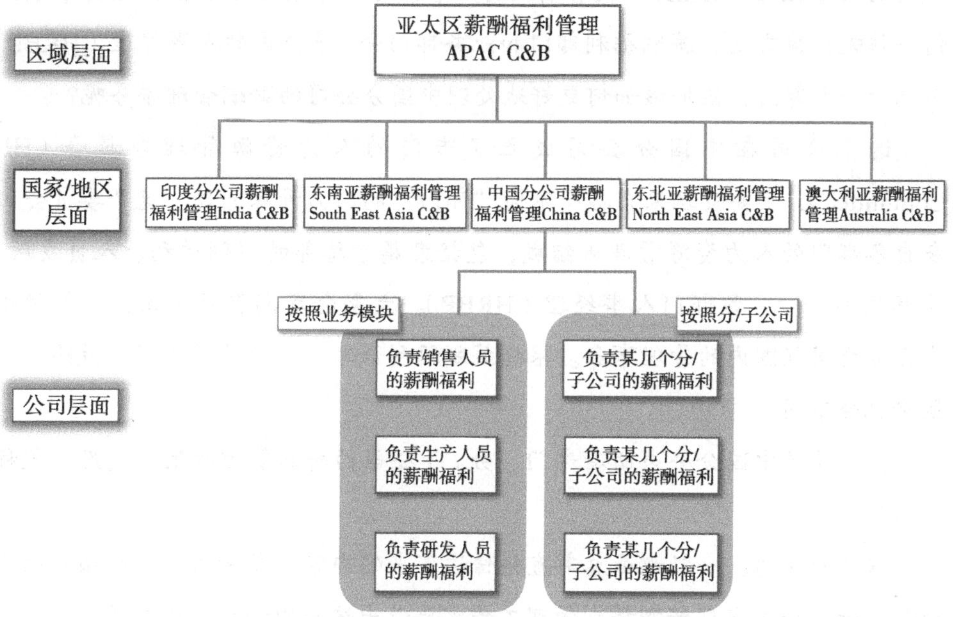

图 1-5　亚太区薪酬福利管理部门的组织架构

在亚太区的薪酬福利管理体系里，根据不同地区情况分别设定办公室，由专门的团队承担每个国家具体的薪酬福利管理职责。我们可以分析一下中国分公司的情况：在中国分公司的薪酬管理团队内部，既可以根据不同的业务模块，由专门人员处理某一个业务领域的事情，也可以根据不同的分 / 子公司，由专门人员处理所管辖分 / 子公司的薪酬事务。

这样设定一个国家层面的薪酬管理机构的优点在于：集中有效的专家资源处理相同的工作；利于内部政策的统一执行。

该集团公司全球薪酬福利管理组织架构的特点如下：

（1）按照不同的地域范围划分不同的职责等级；

（2）所有下级机构直接向所属区域上级汇报；

（3）最基层的信息能够通过直接的汇报关系，迅速传递到集团总部；

（4）集团总部的各项管理政策，能够被及时、统一地下达到各个国家分 / 子公司的执行层面。

在中国分公司的内部管理中，薪酬福利管理部门直接向总部汇报，而各个部门的人事经理（HRBP）向各自的分/子公司业务总经理汇报，这其中该如何合作呢？换言之，薪酬福利部门和业务部门分/子公司的人事经理（HRBP）不属于一个部门，他们该如何更好地处理中国分公司的薪酬管理事务呢？

这家公司在中国分公司成立了专门的人力资源管理委员会（HR Committee），主要处理来自各个不同"部门"的人力资源问题。这个委员会由来自各部门的人力资源管理者组成，包括隶属于总部的薪酬福利、人员发展、共享服务中心、各部门人事经理（HRBP）。大家会定期召开会议，一起讨论中国分公司范围内的管理事务。根据薪酬福利话题涵盖的范围不同，最终的决策者也会不同。

（1）涉及中国分公司所有部门、分/子公司的薪酬管理政策、制度、流程等话题

这样的话题，一般都是总部直接传达下来的内容，或者由于某个城市的宏观管理造成公司内部薪酬福利管理工作需要做出统一的调整。这样的话题通常由中国分公司公司的薪酬管理部门发起，制定文件后放在中国分公司的人力资源管理委员会讨论。对于有些话题，全体与会人员会立刻认同，形成统一的文件，推广执行；而对于有些话题，各个部门的人事经理（HRBP）会回去和各自的总经理进一步讨论，然后在下一次的管理委员会继续讨论，或者通过邮件来确认。具体流程如图1-6所示。

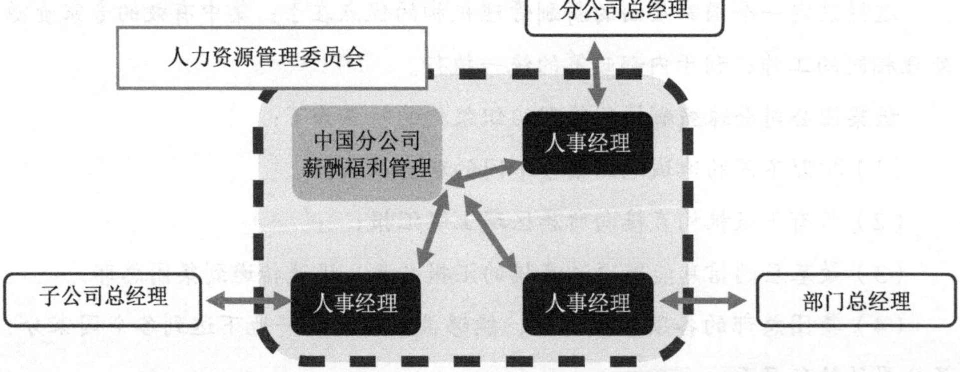

图1-6 涉及中国分公司所有部门、分/子公司的薪酬管理政策、制度、流程等话题的处理流程

（2）涉及某一个部门或者分 / 子公司的专有的薪酬制度、流程等话题

由于某个业务部门人事经理（HRBP）提出的薪酬福利制度、流程等仅适用于该部门，因此薪酬管理部门会根据需要制订一个相应的计划。薪酬管理部门和业务部门人事经理（HRBP）会反复讨论这个文件，最后由业务部门总经理审批。但是，在执行前，该文件会在中国分公司的人力资源管理委员会（China HR Committee）进行沟通，确保其他相关部门知道该部门施行的某个制度，对于其他部门是否存在潜在的影响。具体流程如图 1-7 所示 。

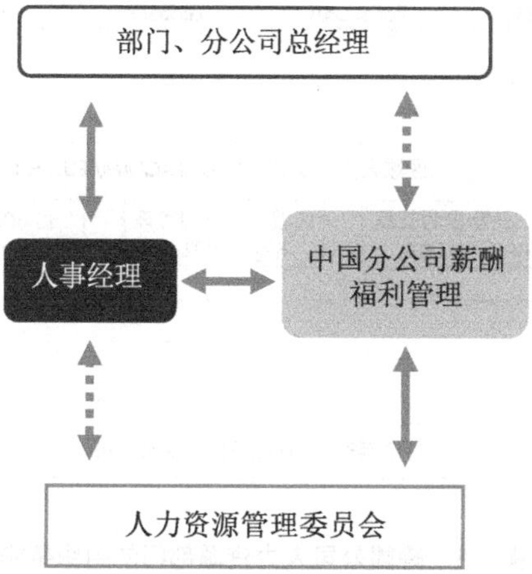

图 1-7　涉及某一个部门或者分 / 子公司的专有的薪酬制度、流程等话题的处理流程

总结一下两个话题不同的管理模式，如表 1-1 所示。

表 1-1　两种薪酬管理话题的不同管理模式

	薪酬管理话题 1	薪酬管理话题 2
适用范围	中国分公司所有部门、分 / 子公司	某部门或者分 / 子公司特有
内容发起者	中国分公司薪酬管理部	部门总经理，HRBP
内容制定者	中国分公司薪酬管理部	中国分公司薪酬管理部
内容审批者	中国分公司人力资源管理委员会	部门总经理

案例分享二　某跨国公司B人力资源部门的组织架构

某跨国公司B围绕单一产品开展全球业务。由于公司产品单一，所以各个分公司的组织架构比较类似。公司为了加强集团内部的人力资源管理，采用了设立区域人力资源管理中心的做法。

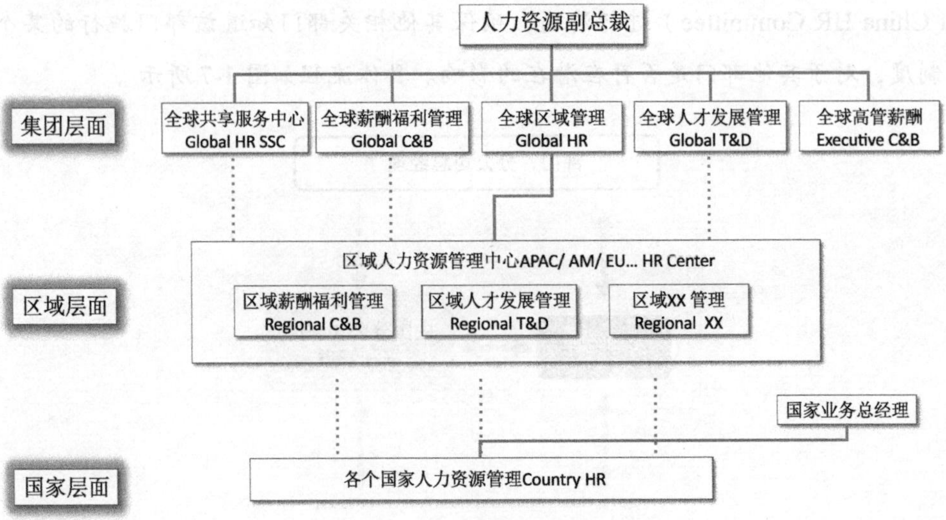

图 1-8　跨国公司人力资源部门的组织架构

如图 1-8 所示，类似案例分享一公司的情况，这家公司的人力资源部门同样设立了三个管理层级——集团、区域、国家层面。这家公司和案例一公司最大的不同点如下。（1）区域管理中心的功能更加集约化。在案例一公司的架构中，实际上并没有明确的“区域中心”的概念。每一条人力资源业务线都有自己的区域中心。本案例中的集团公司，采用统一的区域中心的平台，将各个功能模块放在一起管理，这样做有利于协调本区域内各个职能之间的轻重关系。（2）案例一公司的管理是总部直接管理基层的，更加利于总部政策的下达和基层问题的汇报。案例二公司的管理基本上都是虚线执行的，管理体系比较松散，总部下达的指令，可能会在区域或者国家层面进行适当调整。（3）国家层面的人力资源管理工作都是向业务总经理汇报的，容易和集团总部的政策产生分歧。

案例分享三　某大型 IT 设备生产制造集团公司人力资源部门的组织架构

该集团公司主要从事大型 IT 设备的生产制造工作，主要的生产制造、研发工作都是在总部进行的，是一个比较典型的“大脑袋”组织结构。该集团公司同样采用“三支柱”模型来建立人力资源部，同样体现了薪酬管理的顾问作用。但是如图 1-9 所示，相比前面两家集团公司，这家公司的薪酬福利管理工作就显得弱化一些。换言之，地方 / 国家的人力资源管理部门具备了更多的灵活性。

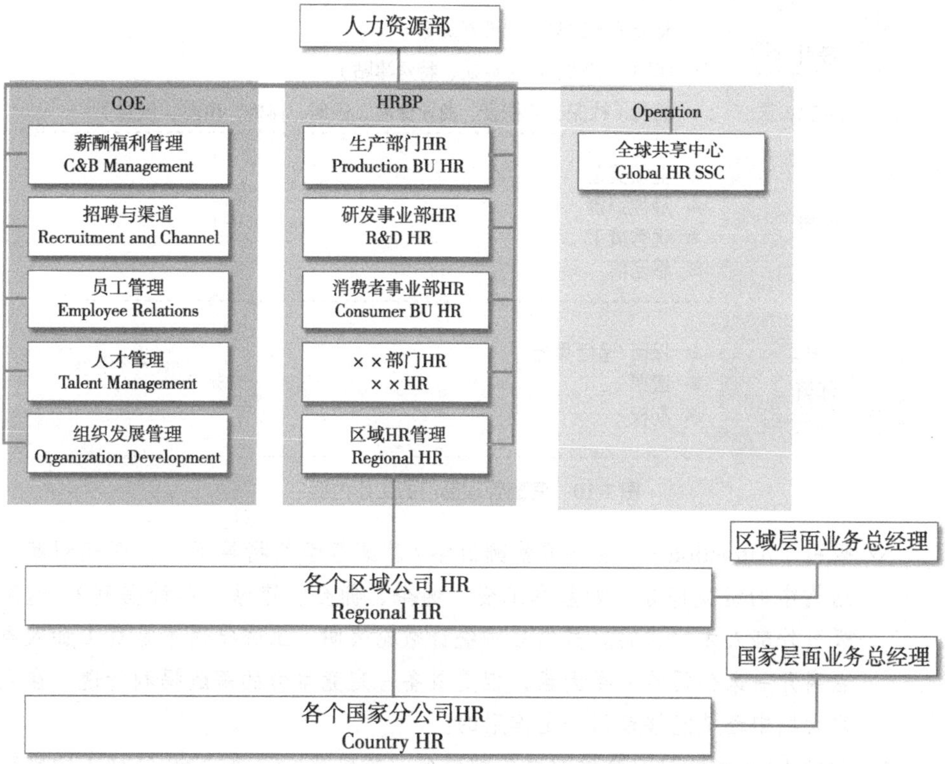

图 1-9　某大型 IT 设备生产制造集团公司人力资源部门的组织架构

与前两家跨国公司的管理相比，这家公司的薪酬管理部门更加偏重于总部的管理，对于总部以外的区域层面、国家层面的薪酬福利工作，仅仅做业务上的指导。各个区域分公司、国家分公司的人力资源管理以向各自的业务总经理汇报为主。

1.1.3 薪酬管理部门的实际工作

了解到薪酬管理的定义，以及薪酬管理工作应该承担的主要职责后，我们发现：在管理实践工作中，薪酬管理工作都是围绕着如何吸引、激励、保留员工来展开的。有些内容如员工发展机会等则不属于薪酬管理部门的工作范畴。接下来我们举例说明薪酬管理部门的工作内容，如图 1-10 和表 1-2 所示。

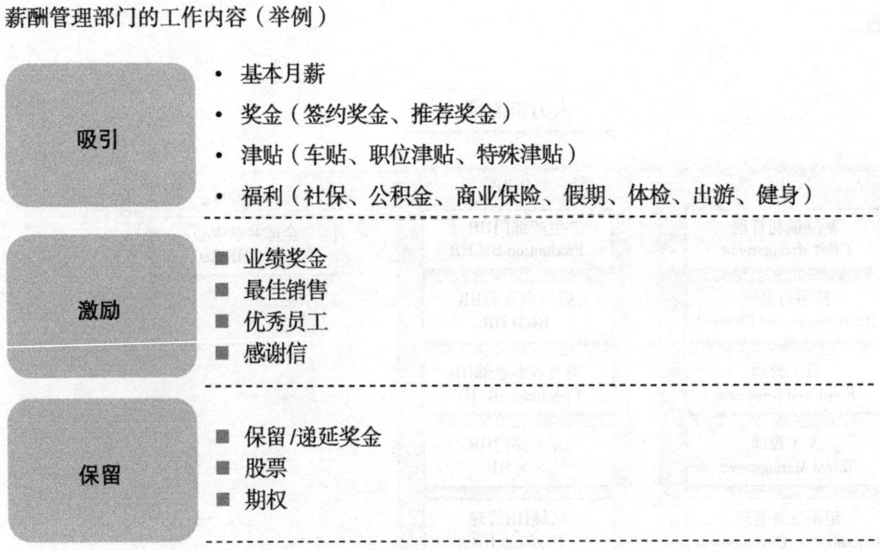

图 1-10 薪酬管理部门的工作内容

√ 吸引（Attraction）：在公司薪酬战略 / 薪酬哲学的指导下，合理规划薪酬结构中的组成部分（如基本工资、奖金、佣金、津贴、各种福利），达到吸引外部人才的目的。虽然各种统计数据表明，工资待遇不是员工加入或者离开一家公司的主要因素，但是具备一定竞争力的薪酬福利待遇，在人才大战中还是能够起到一定作用的。

√ 激励（Incentive）：通过运用各种现金、非现金（Cash/ Non-Cash）的管理工具，激励员工在职期间取得更好的业绩。常见的激励手段包括奖金、佣金、年度最佳员工的评选、针对研发人员的公司内部专利奖项，等等。

√ 保留（Retention）：保留员工的办法包括待遇留人、事业留人、制度留人、感情留人、文化留人，等等。虽然薪酬待遇留人只是其中一个维度，但是依然是很“流行”的做法之一。常见的保留方法包括股票期权计划、保留奖金、递延奖金，等等。

案例分享　某公司薪酬管理部门的主要工作职责

表 1-2　某公司薪酬管理部门的主要工作职责

部门主要任务
根据公司总体业务战略，制定并执行薪酬战略，确保薪酬福利管理制度、流程能够起到吸引、激励和保留员工的作用，为公司人力资源管理工作持续发展提供薪酬保障
部门主要工作职责
1. 根据公司总体业务战略，制定公司薪酬战略 2. 建立、维护薪酬福利体系，提供合理的薪酬方案 3. 监督、实行职位管理，组织开展绩效考核，确保绩效管理体系按时完成 4. 维护、更新员工激励措施与政策 5. 创建员工认可的组织氛围

1.1.4　薪酬经理的素质和角色

薪酬管理工作在人力资源管理中属于比较神秘的“工种”，很多人力资源从业者并不了解薪酬经理应该具备哪些能力素质。

总体来看，薪酬管理人员首先要具备敏锐的战略眼光，要善于观察公司业务模板的变化；其次是具备全面的逻辑思维能力，能够把薪酬各个模块的细节内容关联在统一的逻辑之下；最后要具备良好的数学运算能力，这里的数学运算能力主要是指对数学知识的逻辑性理解，而不是某些数学公式或者 Excel 操作能力。

（1）敏锐的战略眼光。在人力资源管理的“三支柱”模型中，薪酬管理人员一般不直接和业务部门打交道，但是我们又需要为公司总体管理提供支持。因此，一名优秀的薪酬经理必须深刻了解公司业务，明确公司所处行业的特点，了解公司业务动向，知晓公司处于什么样的市场竞争位置。著名的哈佛大学商学院教授迈克尔 · E. 波特（Michael E. Porter）在其著作《竞争优势》中说明了企业竞争的五种竞争力量，如图 1-11 所示。薪酬经理能够利用这样的工具，了解本公司的外在竞争对手是谁，进而了解他们的薪酬福利管理趋势。

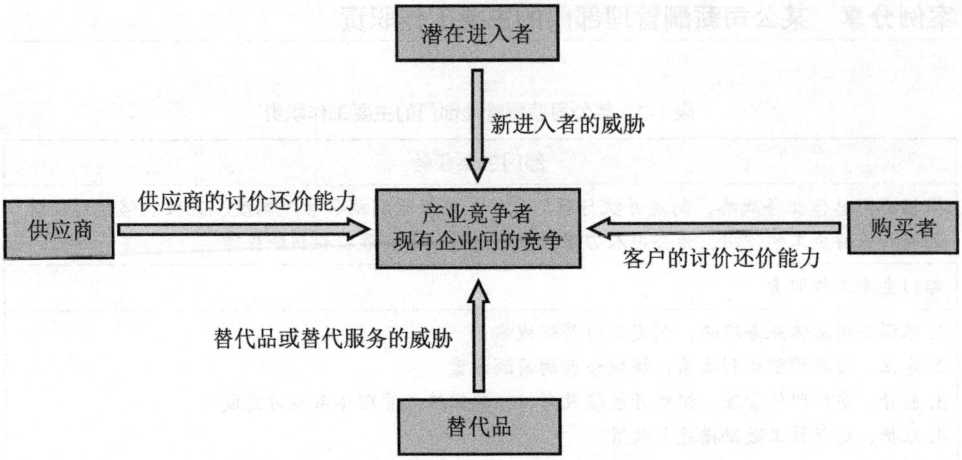

图 1-11 企业竞争的五种力量

在“互联网 +”的新时代中，外部市场的变化可能会超出我们的“预期”：潜在的竞争对手可能是来自完全跨界的企业。例如，经营多年的数码相机公司，一不小心被高像素的手机产品挤出了市场；某几家公司在方便面市场竞争多年，未料到被快速崛起的外卖公司打得一塌糊涂。

对于我们薪酬管理者而言，要知道本公司在市场中所处的位置，了解我们竞争对手惯用的薪酬福利手段，才能够在调整公司竞争地位的情况下不断平衡薪酬和福利的关系。从宏观上说，就是处理以现金为主的薪酬和以非现金为主的福利之间的关系；从微观上说，就是考虑我们的基本工资、固浮比等是否能够有效地吸引、激励和保留骨干员工。

（2）全面的逻辑思维能力。薪酬福利的管理工作，要根据公司文化、组织氛围进行适当调整。这就需要薪酬管理人员具备全面的逻辑思维能力，将各个点状的薪酬管理内容串在一起。例如，在调整员工年度薪酬水平的时候，需要定义什么样的员工具备参与薪酬调整的资格。有些公司会考虑员工在上一个工作年度的工作天数情况（如员工是不是新入职，员工的出勤情况等）。如果考虑员工的出勤情况，就要从逻辑上划定：员工缺勤多少天以上，会影响工作业绩。有的公司约定，员工在上一年度累计缺勤 60 个工作日及以上，就被认为可能会影响工作业绩，从而不能参加年度薪酬调整；有的公司约定，员工在上一年度累计缺勤半年及以上，就被认为无法完成工作业绩，不能参加年度薪酬调整。这些约定都是根据公司管理实践制定的。不论哪一种约定，如果考虑在职员工的缺勤问题，就要同等考虑新员工的入职工作时间。假如约定了“员工在上一年度累计缺勤超过半年及以上就不能参加年度薪酬调整”，那么如果员工入职第一年工作不满半年，同样不能参加年度薪酬调整。两个时间应该具备逻辑上的统一。

（3）良好的数学运算能力。在很多人，包括人力资源从业者的印象里，薪酬福利经理首先应该具备对于数字的“敏感度”。实际上，在人力资源管理的工作领域中，工资发放（Payroll）人员对员工个体的工资会比较熟悉，薪酬管理人员更加关注公司总体的薪酬福利布局。薪酬经理接触的数字，往往是更加宏观的数字：涉及公司总体的经营业绩，总体的奖金、薪酬的比例，人工成本和销售收入的比例等。这种敏感度和具体的工资发放人员是不同的。薪酬管理人员具备的数学运算能力，也并非单纯的加减乘除，应该是明确在工作中的哪些地方应该使用哪个数学工具来解决实际问题。当然，作为常用的操作工具，掌握 Excel 技巧是很有必要的，它可以帮助薪酬经理提高工作效率。

在人力资源管理大师戴维·尤里奇（Dave Ulrich）的里程碑之作——《人力资源转型》（Human Resource Champions）中，作者认为，人力资源从业者如果想创造价值，不能只关注六大模块的“活动”，而要关注“成果和产出”。人力资源管理工作应该在以下四个方面做出贡献：推动战略执行、助推组织变革、打造敬业员工队伍、提升人力资源管理职能效率。

为此，尤里奇提出四个主要的人力资源角色：（1）战略性人力资源管理；（2）基础事务流程管理；（3）员工贡献管理；（4）转型与变革管理。如表 1-3 所示。

在这几个管理角色中，除了“基础事务流程管理”之外的三种角色，都是薪酬管理者应该具备的。

√ 薪酬管理人员必须时刻站在战略角度思考公司面临的各种薪酬挑战。通过分析内部 / 外部信息，结合外部市场的最佳实践，引领公司管理变革，最终的“成果和产出”应该是支持员工的贡献，确保持续吸引、激励和保留优秀员工。

√ 通过有效的长期、短期激励措施，薪酬管理部门可以提高员工的贡献度。作为公司内部管理的核心岗位之一，薪酬管理人员应该多倾听业务经理的声音，结合自身专业，以及外部市场应用的某个激励手段，制定符合本公司特点的激励措施。

√ 薪酬管理人员不是组织转型与变革的推动者，但是必须是有力的支持者。公司业务的转型，必定带来公司内部人员职责、技能的转型，以及公司外部对标的人才市场的变化。因此，薪酬管理部门需要仔细研究公司转型的业务方向，明确未来的竞争对手，尽快制定适应新业务的薪酬福利体系。

表 1-3　薪酬经理的四个角色

角色	成果 / 产出	比喻	活动
战略性人力资源管理	执行战略	战略合作伙伴（Strategic Partner）	使人力资源策略与业务战略保持一致：组织诊断
基础事务流程管理	建立高效的基础事务流程	HR 效率专家（Administrative Expert）	组织流程再造：共享服务
员工贡献管理	提高员工的能力	员工支持者（Employee Champion）	倾听员工声音并及时反馈：为员工提供资源
转型与变革管理	创造一个崭新的组织	变革推动者（Change Agent）	管理转型与变革：确保变革的能力

案例分享　公司战略转型带来的薪酬管理转型

某国际大型 IT 公司主要从事网络设备的研发与生产工作。随着软件产品利润空间的提升，公司开始逐步转型，从硬件设备供应商转变为技术解决方案提供商。为了加强解决方案这个新业务，公司从内部召集各类技术人才成立了事业部。同时，公司从外部人才市场招聘相关人员，希望迅速开展业务。

人力资源部承担了很重要的工作，如变革管理、组织结构管理、招聘管理、薪酬管理等。薪酬管理是重头戏之一。

为了配合组织转型，有效吸引新员工，激励和保留现有员工，公司薪酬管理部门需要做很多功课：（1）研究新业务面对的人才市场和公司固有人才市场在薪酬管理上存在哪里区别；（2）研究内部薪酬战略是否需要调整；（3）研究现有薪酬福利待遇是否需要调整，是否需要增加股票期权，是否需要发放某些特殊的津贴。这几项工作就是薪酬管理工作从战略转型到操作转型的过程。

为此，公司薪酬管理部门专门成立了针对本次新业务转型的项目组。小组成员如下。

√ 薪酬管理人员——了解新事业部的基本架构，明确组织架构和职位管理，为外部市场对标寻找基础工具；与招聘经理和业务经理合作，了解外部员工之前就职的公司，明确新业务主要的人才市场；对内进行内部人员薪酬福利公平性分析；对外分析外部市场薪酬水平对本公司薪酬体系的压力。提出薪酬解决方案，以便迅速开展招聘等工作。制定新事业部整体的薪酬福利战略。

√ 招聘管理人员——了解新事业部的用人需求，明确每个职位的主要职责，选择恰当的招聘渠道；与薪酬管理人员合作，将外部候选人的薪酬福利“偏好”传递给薪酬管理人员，便于调整新部门的薪酬战略。

√ 部门人事经理、业务经理——与招聘、薪酬管理人员合作，对内明确新部门的组织架构和人员职责安排，对外划分主要业务和人才竞争者，并积极参与内部、外部候选人的面试、筛选工作。

为了给大家一个直观的概念，接下来介绍一下本次项目的主要工作计划，如表1-4所示。

表1-4 公司战略转型带来的薪酬管理转型计划

No.	项目内容（Activity）	项目产出（Output）	参与者（Participant）
1	明确薪酬战略 / 原则 Define Rewards Principle/Strategy		
1.1	人事经理和业务经理面试 Biz/ HR Management Interview	业务经理面试报告 Line Manager Interview Report	薪酬管理部 / 招聘人员 / 人事经理 / 业务经理 C&B/ Staffing/ HRBP/ Line Manager
1.2	定义薪酬战略 Define Rewards Strategy	明确薪酬战略 C&B Strategy	薪酬管理部 C&B
1.3	审批 Approval	新业务部门薪酬战略以及下一步工作计划 C&B Strategy for New BU and Next Step	公司管理层 Senior Management

（续表）

No.	项目内容（Activity）	项目产出（Output）	参与者（Participant）
2	外部差距研究 External Gap Analysis		
2.1	外部人才市场趋势分析 Market Trend Analysis	定制化调研获得外部市场数据 External Market Trend Through Customised Survey	薪酬管理部 / 人事经理 / 招聘人员 C&B/ HRBP/ Staffing
2.2	内外部差距分析 External and Internal Gap Analysis	内部政策和外部实践的差异分析报告 Gap Analysis Report	薪酬管理部 C&B
3	整体薪酬战略 Total Rewards Strategy		
3.1	定义固浮比 Define Pay Mix	新部门固浮比政策 Policy of Pay Mix in New BU	薪酬管理部 C&B
3.2	定义薪酬级别体系 Define Salary Band	新部门薪酬级别框架 New Salary Band for New BU	薪酬管理部 C&B
3.3	定义激励体系 Define Incentive Plan	新部门激励政策 Incentive Plan for New BU	薪酬管理部 C&B
3.4	定义其他薪酬福利项目 Define Other C&B Elements	薪酬管理政策 C&B Policy	薪酬管理部 C&B
4	审批 Approval	所有薪酬福利政策 All C&B Policies	公司管理层 Senior Management
5	沟通与实施 Communication and Implementation	沟通文件 Communication Document	薪酬管理部 / 招聘人员 / 人事经理 / 业务经理 C&B/ Staffing/ HRBP/ Line Manager

附录 1　有问有答

1. 薪酬管理的广义定义在理论上有一定的研究价值，在实际工作中有哪些意义呢？

答：在理论上，薪酬管理的广义定义是“提供给员工的货币形式或者非货币形式的回报”。在管理实践中，这样的定义提醒我们每一位管理者：面对有关员工“薪酬”的问题，不要仅仅停留在用现金解决问题的层面，可以从非现金——工作生活平衡、员工职业发展、绩效认可、成长机会等角度来处理。

2. 我公司正在根据“三支柱”模型改组人力资源管理部门，但是感觉无法推行：部门的业务HR（HRBP）觉得其他职能模块“抢走”了他们的工作；HR专家部门觉得业务HR不配合工作。如何才能更加顺畅地推行“三支柱”模型呢？

答：“三支柱”模型很好地解决了人力资源领域不同功能模块的划分问题，并且这种划分从对待客户需求和强调功能集约化的角度出发。在组织重组的过程中，各位从业者要尽快转变固有角色和能力。人力资源解决方案人员（Center of Expertise, CoE），如薪酬管理、组织发展、战略培训人员要具备一定的专业能力，具有高瞻远瞩的战略视角和较丰富的专业知识；善于搭建体系和推进各种项目。人力资源运营管理（HR Operation），如共享中心（HR Share Service Center, HR SSC）人员需要将现有工作流程梳理清晰，使各项工作分工明确。人力资源业务经理（HR Busienss Partner, HRBP）需要从繁杂的事务性工作中跳出来，站在业务的角度看待人员管理，能够综合运用CoE人员提供的各种工具，有效地吸引、激励、保留员工，真正成为业务的战略伙伴。

3. 在组织架构设定中，薪酬福利管理工作是不是包括具体的工资支付环节呢？

答：这个由公司的组织规模和管理效率决定。从工作的关联程度看，薪酬福利管理一般侧重于处理政策、流程层面的工作；而工资、社保、公积金的支付缴纳工作更加偏重于操作层面。两者虽然工作性质不同，但是属于“上下游”的合作关系。这就有点类似医院，医生开出处方，护士根据处方内容为患者提供具体的服务。因此，有些公司的薪酬福利管理部门仅负责战略性的政策工作，而把工资、社保、公积金的支付缴纳工作交给共享中心去做；有些公司则合二为一。

4. 外资企业的薪酬福利管理部门是不是已经成为公司内部的咨询顾问，对于其他HR部门要收取一定的费用吗？

答：越来越多的跨国企业希望把薪酬福利管理人员变成内部咨询顾问，从而站在战略层面为公司的业务发展提供管理工具。为了加强各个业务部门HR的成本意识，有些公司施行内部支付原则，即业务部门如果需要设置某些特殊的薪酬福利项目，就需要给总部的薪酬管理部门一定的“费用”，用来支持薪酬管理人员的差旅工作等；而很少有公司真正支付项目费用。现在有另外一种趋势，就是把薪酬福利人员的年度奖金，按照内部各种项目的费用拆分出来，做成“项目奖金”。从激励的角度看，让薪酬管理人员完成一个项目就可以根据项目评估获得奖金；从管理的角度看，让薪酬管理人员从“成本中心”变为“利润中心”。

5. 由于历史原因，公司的老板总是喜欢在各种补贴上做文章。今天听说别的公司针对不同职位有不同的补贴，我们就增加职位补贴；明天因为老板的司机工作时间不固定，就专门给老板司机补贴。“补来补去”造成公司的工资体系非常凌乱。该如何调整这种情况？

答：出现这样的情况就是因为公司没有统一的薪酬战略指导框架，导致很多薪酬项目具有一定的“随意性”和“主观性”。一般来说，调整的方向要回到薪酬战略：公司设定补贴的导向是什么？是要区别不同员工的薪酬定位还是要体现不同职位的薪酬状况？如果是为了补贴而补贴，就建议采用“从简”的原则。将目标年度总现金（Target Annual Total Cash）作为员工薪酬调整的总体方向。在这个基础上测算员工目标年度总现金的内部公平性和外部竞争力情况。然后适当合并补贴，或者将有些补贴合并到基本月薪。减少补贴的名目，降低薪酬操作的管理成本。实际上，这样的调整在组织结构和业务流程都非常稳定的跨国外企也会出现。很多公司会在一段时间调整薪酬里面的不同组合内容。例如，某外企公司由于历史原因，一直执行内部的补充住房公积金（当然，合理纳税是必须的）。补充住房公积金主要是和员工的基本工资相关联。随着外部市场竞争不断激烈，公司越来越倡导“绩效导向”和“为业绩付薪”的原则。公司开始考虑是否保留补充住房公积金。理由就是：这个补贴项目并不能体现员工的业绩，仅仅是和员工基本月薪关联。经过反复讨论和测算，薪酬管理部门提出以下几个解决方案。（1）取消补充住房公积金，合并进入基本月薪。这样做的结果是，和基本月薪相关联的目标奖金被相应提高。（2）停止补充住房公积金，所有员工的该项补贴都“静止”在目前的金额，永远不再进行调整。对新加入的员工不再提供该项目。确保新老员工年度总现金基本一致。（3）将补充住房公积金按照一定比例分配给基本月薪和目标奖金，并且合并年度薪酬调整一起计算。但是这个方案操作复杂，很多员工需要两年的时间才能完全过渡。公司管理层经过慎重考虑，最后采用了第二种方案——停止目前现有员工的补充住房公积金，不再为新员工提供该补贴。

6. 如何全面管理各种津贴？

答：津贴是固定薪酬的一部分，带有福利的色彩。一般来说，某种津贴的设定，都是为了解决某种特定的需要。例如，交通补贴一般用于补偿员工上下班的交通不便利；高温补贴用于弥补高温环境下工作造成员工身体上的某些损失。因此，管理各种津贴首先要看公司薪酬管理文化——是否支持多元化的薪酬需要？其次，津贴属于固定薪酬的一部分，属于年度总现金的一部分。因此可以将其放置在大框架里进行总金额控制。最后，公司在设定各种津贴的时候，也需要考虑薪酬发放的行政成本。津贴的名目越多，操作起来就越复杂。考虑到员工会在不同职能部门之间换岗，员工会有晋升等职位变化，如果津贴设置过多，在操作方面的影响就会很大。

7. 在人力资源盘点中，从哪些维度分析薪酬更有价值？

答：很多公司会开展人力资源盘点、人才盘点这样的工作，只是每个公司操作的目的、方式、方法不尽相同。因此，如果说从哪些维度分析薪酬更有价值，就要看盘点的真正目的了。一般来说，人才薪酬的内部公平、外部竞争分析是最基础的分析目的。另外，很多公司会考虑所谓的人力资源管理效能。例如，销售收入（或者利润）和销售人员奖金的比例关系，利润和支持人员薪酬的比例关系，等等。

8. 在公司薪酬基础薄弱的阶段，如何抓住关键点，支持薪酬体系从零到一、再到十的过程？

答：对于薪酬管理比较薄弱的公司来说，首先是“保稳定”，然后才能“求发展”。“保稳定”阶段就是确保当前涉及薪酬福利正常运行的流程性工作有效率。然后，根据本书薪酬架构建立的内容，考虑建立薪酬架构，确保公司的基本工资结构逐步走入正轨。由此延伸下去，再处理好短期激励、长期激励、员工保留等项目，不断丰富薪酬福利管理体系。

9. 我想应聘外资企业的薪酬福利经理，需要具备哪些素质呢？

答：关于薪酬经理应该具备的素质要求，本章已经进行了介绍。应聘薪酬管理职位时，求职者可以从以下几个方面准备：（1）语言方面的准备；（2）培养了解业务的思维习惯；（3）扎实的 Excel 等软件操作技巧。

10. 一名招聘专员希望向薪酬领域发展，你有哪些建议？

答：薪酬管理和招聘工作关系紧密。从事招聘工作的人员会比较熟悉外部人才市场的变化，熟悉公司相关部门的用人需求。这些都是你未来从事薪酬工作的基础。你需要多参与一些薪酬福利的项目，多了解一些管理的体系框架，这样才能为日后顺利转型做好准备。

附录2　有关薪酬管理的中英文词汇

常见的英文词汇	常见的中文翻译
Total Rewards, Total Remuneration	整体薪酬、全面报酬、整体报酬
Compensation	泛指薪酬福利管理中的薪酬
Compensation & Benefit Department	薪酬福利管理部门
Salary	泛指工资，特别是现金部分
Wage	泛指工资，一些外企公司会把 Wage 和 Salary 混用，没有区别。一些学院派的教授，喜欢指定 Wage 主要针对蓝领使用；Salary 主要针对白领使用。实际上很多书籍里面，Wage, Salary 及 Compensation 三个单词经常是混淆的
Benefit	福利
Cash/ Non-Cash	现金 / 非现金
Monetary/ Non-Monetary	货币形式 / 非货币形式的
Payment, Payroll	工资支付、工资发放
Base Pay,Monthly Base	基本工资
Variable Pay	浮动工资
Bonus	奖金
Allowance	补贴
HR Business Partner, HRBP	人力资源战略伙伴（很多公司称为人事经理）
HR Solution	人力资源解决方案管理
HR Operation	人力资源运营管理

（续表）

常见的英文词汇	常见的中文翻译
Share Service Center, HR SSC	人力资源共享服务中心
Center of Expertise, CoE	人力资源专家中心
Center of Competency, CoC	人力资源专家中心
Organization Development, OD	组织发展管理
Recruitment, Staffing	招聘管理
Strategy Training	战略性培训管理
HR IT System	人力资源信息化系统
International Mobility Center, IMC	国际外派管理中心
HR Helpdesk	人力资源“窗口”服务
Attraction, Incentive, Retention	吸引、激励、保留

第二节　做好薪酬管理必备的数学知识

做好薪酬管理工作需要用到很多数学知识。作者曾经在设计销售激励体系的时候，就采用了抛物线的方程模式。

1.2.1　平均数和分位数

1. 平均数

平均数是大家非常熟悉的数学概念之一。

平均数分为算术平均数和加权平均数（从数学的角度讲，还有几何平均数、调和平均数、平方平均数、指数平均数等。这些和我们的工作无关）。

算术平均数是一组数据的总和除以这组数据的个数所得的商。

加权平均数是不同比重数据的平均数，就是把原始数据按照合理的比例加以计算。如果 n 个数中，x_1 出现 f_1 次，x_2 出现 f_2 次，…，x_k 出现 f_k 次，

那么叫作 x_1，x_2，…，x_k 的加权平均数。$f_1, f_2, \cdots, f_k$ 是 x_1，x_2，…，x_k 的权。

用公式表示就是 $\bar{x}=\dfrac{x_1f_1+x_2f_2+\cdots+x_kf_k}{n}$

我们举一个例子说明。

某公司的业绩考核分数按照 5/4/3/2/1 的等级评估。今年不同考核等级的员工分布比例如表 1-5 所示。

表 1-5　某公司业绩考核等级分布情况

考核分数	5	4	3	2	1
比例分布	10%	15%	70%	3%	2%

如何计算今年业绩评估的平均分数呢？这里就需要采用加权平均数了。

平均业绩考核分数 = 5 × 10% + 4 × 15% + 3 × 70% + 2 × 3% + 1 × 2% = 3.28

2. 分位数

简单地说，分位数就是：有这样一串数字，把它们按照从小到大的顺序排列之后，排在第几个位置的数字，就是几分位。在薪酬管理工作中，最常使用的分位数就是中位数（也叫 50 分位）。接下来我们就用中位数来说明分位数的内容。

例如，我们有一组员工的年度总现金的数字如表 1-6 所示。

表 1-6　员工年度总现金

252,000	283,000	275,000	351,000	330,000	297,000	264,000	348,000	319,000	302,000	321,000

怎么计算它们的中位数呢？

先要把它们按照从小到大的顺序排列，然后找到排在中间位置的数字，（也就是说，有一半的数字大于它，另外一半的数字小于它）。在这组数字里面，排在第 6 个位置的数字（302,000）就是这个数列的中位数。如表 1-7 所示。

表 1-7 中位数

年度总现金	排序
351,000	11
348,000	10
330,000	9
321,000	8
319,000	7
302,000	6
297,000	5
283,000	4
275,000	3
264,000	2
252,000	1

细心的小伙伴一定会说，这个数列恰好有 11 个数字，是一个奇数的数列。如果是一个偶数的数列该如何计算中位数呢？数学上是这样约定的：如果观察值有偶数个，通常取最中间的两个数值的平均数作为中位数。

大家看图 1-12 所示的例子，就能明白了。

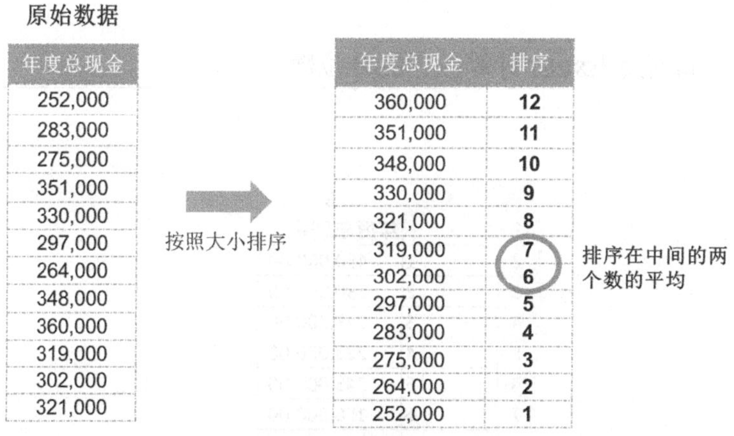

图 1-12 偶数列的中位数

在这个案例里，中位数就是排在第 6 和第 7 两个数字的算术平均数，也就是：（319,000+302,000）/2 = 310,500。

明白了中位数的概念，也就不难理解其他分位数了。如 75 分位数、90 分位数。75 分位数可以大致理解为排在第 75 个位置的数字。

在薪酬管理工作中，我们使用分位数的好处是：它不受少数几个极端值（即特别高的几个高数值，或者特别低的几个低数值）的影响。这样，我们在未来考虑薪酬水平定位的时候，会比较稳定。

最后比较一下平均数和中位数的区别。

在一个数列里面，我们可以同时计算平均数和中位数。一般来说，如果数据的样本量不大，平均数往往大于中位数。当数据的样本量足够大时，两者之间会越来越接近。另外，中位数不容易受到数列中最高值或者最低值的影响。因此，中位数比较稳定。这也是很多公司在开展薪酬管理工作时喜欢采用中位数而不是采用平均数的原因之一。当然，我们不是否定平均数的价值。在很多分析项目中，平均数依然发挥着很大的作用。

外企在涉及公司薪酬管理战略、薪酬定位的时候，喜欢采用分位数的概念。例如，很多公司在制定本公司的薪酬福利定位时，喜欢将其定为外部人才市场的中位值。另外，在分析薪酬福利数据的时候，有的公司喜欢采用平均数分析，也有的公司采用中位数分析。这需要结合具体情况来具体应用。

案例分享　如何用 Excel 计算数列的分位数

K6

	A	B
1		年度总现金
2	1	450,000.00
3	2	230,000.00
4	3	123,000.00
5	4	223,000.00
6	5	345,000.00
7	6	156,000.00
8	7	158,932.00
9	8	678,342.00
10	9	784,561.00
11	10	956,371.00
12		

图 1-13　案例

问题来了：如果我们手里有几百个、几千个数字的数列，该怎么计算分位数呢？从统计学的角度说，可以用数学公式来计算分位数。但是，对于我们薪酬管理人员来说，不必纠缠于数学理论，我们有很多现成的函数来帮助计算。

用 Excel 计算一个数列的分位数，就不需要排列这些数字了。在图 1-13 所示的这个练习里面：

（1）如果计算中位数，可以使用这个公式：=MEDIAN（B2：B11）= 287 500

（2）如果计算 75 分位，可以使用这个公式：=PERCENTILE（B2：B11,0.75）= 621,256.50；

（3）如果计算 50 分位（中位数），可以同样使用这个公式：=PERCENTILE（B2：B11,0.5）= 287,500。

提醒大家注意的是，PERCENTILE 公式里面的那个参数应该是 0 和 1 之间的一个数字。这个数字就是大家希望计算出来的分位数。

感兴趣的读者可以自己查找计算分位数的函数 Median, Percentile 等的具体使用技巧。

1.2.2 回归分析

回归分析是统计学里面经常用到的一个工具。这也是很多外资企业薪酬经理喜欢的数学工具之一。在薪酬管理的实际工作中，回归分析主要是用于薪酬的内部公平、外部竞争分析；或者帮助我们建立薪酬价格，考虑公司整体的薪酬趋势。因此，回归分析被经常应用于薪酬管理工作中。考虑到大家的工作习惯，我们大多采用指数回归和直线回归两个模型。

1. 什么是回归分析

回归分析是确定两种或两种以上变量间相互依赖的定量关系的一种统计分析方法。我们先看图 1-14 所示的四个图形，观察一下两个变量 X 和 Y 之间有没有规律。

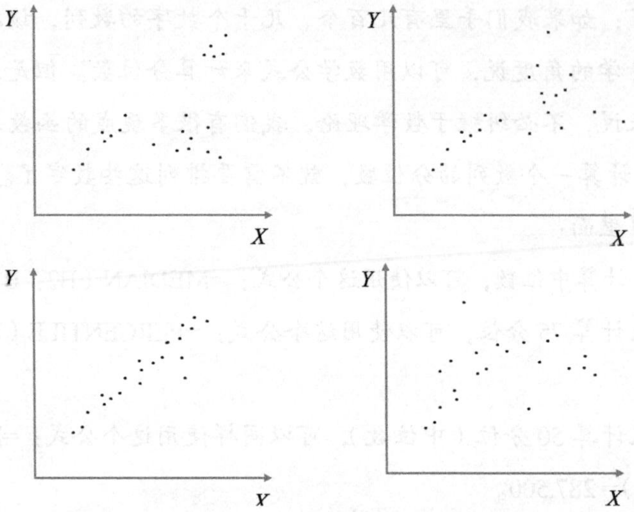

图 1-14　变量规律

我们似乎能看出一些规律，又不能完全看出什么规律。这时，我们就要借助统计学的回归分析了。

接下来，我们用下面的案例来说明回归分析的实际作用。

表 1-8 所示是一些员工的基本信息。

表 1-8　员工基本信息

姓名	性别	入职日期	部门	薪酬级别	基本月薪
ABC	男	2015 年 3 月 1 日	市场部	2	2,500.00
BCD	男	2016 年 4 月 2 日	销售部	3	3,700.00
BED	女	2015 年 9 月 4 日	销售部	4	5,100.00
ABH	男	2016 年 9 月 5 日	销售部	2	2,200.00
MNS	女	2016 年 5 月 6 日	市场部	2	2,350.00
SDF	女	2014 年 3 月 2 日	市场部	3	3,450.00
NBY	女	2013 年 8 月 3 日	市场部	3	3,900.00
HID	男	2012 年 2 月 1 日	市场部	4	4,800.00
KIH	男	2015 年 6 月 1 日	销售部	1	1,250.00
BOD	男	2015 年 8 月 1 日	销售部	1	1,500.00
KPW	女	2012 年 7 月 8 日	市场部	2	2,750.00
GPE	女	2013 年 3 月 1 日	市场部	1	1,700.00
LIS	女	2013 年 7 月 1 日	市场部	2	2,100.00

我们用回归分析的方法看一下员工的基本月薪和薪酬级别之间有什么关系。

首先，我们需要展示一下员工的基本月薪和薪酬级别的分布关系。在数学领域有一个词汇叫散点图（散点图的数学意义就是说，数据点在直角坐标系平面上的分布图。散点图表示因变量随自变量变化而变化的大致趋势，据此可以选择合适的函数对数据点进行拟合）。

当我们把基本月薪和员工薪酬级别的数据放在一个坐标系里面时，我们就会看到图 1-15 所示的情况。

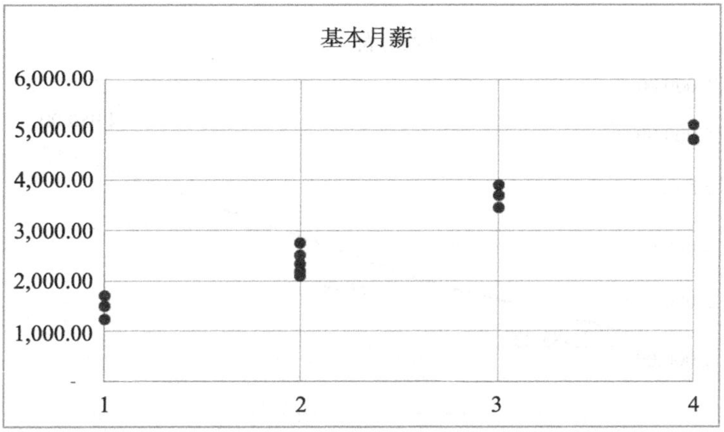

图 1-15　基本月薪与薪酬级别的变化

作为一名薪酬管理领域的从业者，我们可以用这个图表告诉老板：本公司的薪酬状况随着级别的升高在发生变化。但是，作为一名专业的薪酬经理，这样的表述显然是不够的。以下几种方法可以帮助我们用数学分析来找寻数据规律。我们先介绍用平均数分析的方法，然后介绍回归分析的方法。

（1）用平均数反映总体趋势

很多公司的薪酬人员会计算出每个层级的平均数，然后把这个平均数做成一个图表展示给老板。用这样的平均数分析显示公司薪酬的总体趋势。

具体方法就是先做一个平均数的表格。我们可以通过 Excel 里面的数据透视工具或者分别计算每一个级别的平均月薪，汇总成表 1-9 所示的表格。

表 1-9 每个级别的平均月薪

级别	平均月薪
1	1,483.33
2	2,380.00
3	3,683.33
4	4,950.00
总计	2,869.23

然后用 Excel 把这个表格转化为图表，如图 1-16 所示。

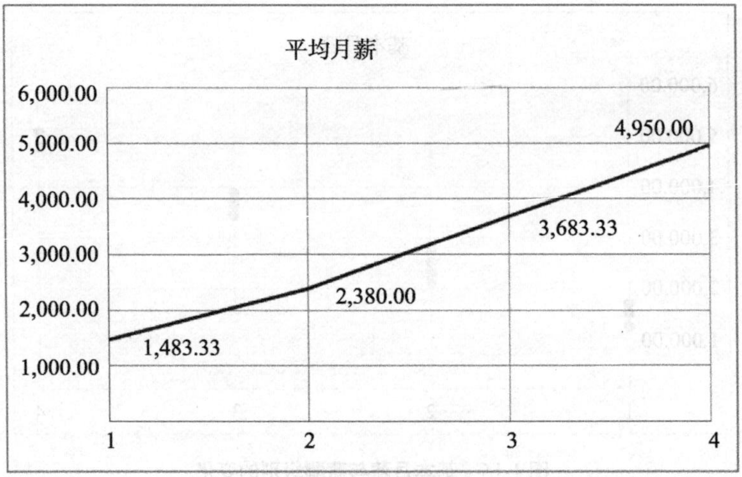

图 1-16　每个级别的平均月薪变化图

薪酬管理人员将这样的图表展示给老板，就明显有别于刚才的散点图。我们看到的不再是一个个点状分布的数据，而是清晰的数据趋势。具体包含以下三个要点。

√ 每一个层级的平均月薪。

√ 平均月薪随着级别升高而提高。

√ 平均月薪的增长率呈现下降趋势。即 1 级和 2 级的差距最大，3 级和 4 级之间的差距最小。

（2）用回归分析反映总体趋势

平均数仅仅是针对某个级别进行的平均计算。它不能表示全公司整体的薪酬分布趋势。因此，在这里还会用到回归分析。也就是说，我们需要找一个数学上的线（数学家一般称之为模型或者方程），来代表散点图里面所有员工的基本月薪。从图形上来说，这样的方程能够使散点图中的所有点到这个线的距离之和最短。

在图 1-17 里面，我们把所有员工的基本月薪散点图作出来，然后画出它们的回归线，就能比较清楚地看出：（1）公司整体的薪酬随级别调整的变化情况；（2）每一个层级的每一个员工的薪酬状况，和公司整体趋势的对比情况。

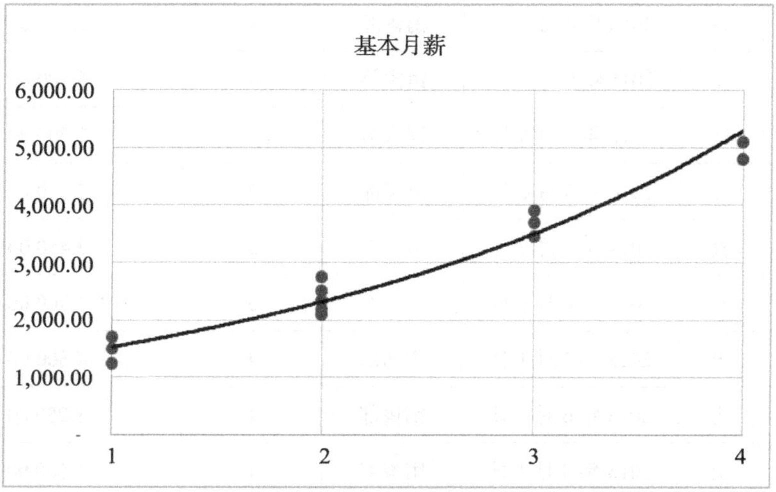

图 1-17　员工基本月薪与薪酬级别的回归分析图

2. 如何利用 Excel 作回归分析

以下内容会涉及一些数学知识，但是本书会尽量避免使用专业词汇，而是用我们熟悉的语言来描述我们要做的事情。

首先，必须介绍一下常用回归分析的数学公式。

a. 线性回归：$Y=ax+b$

b. 指数回归：$Y=a^x$

其中，相关性函数为 R^2，这个数值表示通过回归分析计算出来的这个方程，和原始的散点之间的关系。换句话说，如果 R^2 越大，说明回归出来的方程越接近实际的散点分布。一般来说，如果这个数值大于 80%，我们就认为这次的回归分析质量非常好。

我们仍然延续刚才的回归分析案例。

第一步，先在 Excel 里面建立员工工资和级别的列表，如表 1-10 所示。

表 1-10　员工基本信息

姓名	性别	入职日期	部门	薪酬级别	基本月薪
ABC	男	2015 年 3 月 1 日	市场部	2	2,500.00
BCD	男	2016 年 4 月 2 日	销售部	3	3,700.00
BED	女	2015 年 9 月 4 日	销售部	4	5,100.00
ABH	男	2016 年 9 月 5 日	销售部	2	2,200.00
MNS	女	2016 年 5 月 6 日	市场部	2	2,350.00
SDF	女	2014 年 3 月 2 日	市场部	3	3,450.00
NBY	女	2013 年 8 月 3 日	市场部	3	3,900.00
HID	男	2012 年 2 月 1 日	市场部	4	4,800.00
KIH	男	2015 年 6 月 1 日	销售部	1	1,250.00
BOD	男	2015 年 8 月 1 日	销售部	1	1,500.00
KPW	女	2012 年 7 月 8 日	市场部	2	2,750.00
GPE	女	2013 年 3 月 1 日	市场部	1	1,700.00
LIS	女	2013 年 7 月 1 日	市场部	2	2,100.00

第二步，选取薪酬级别和基本月薪两列。然后在 Excel 里选择“插入”，在插入图表里选择“散点图”。如图 1-18 所示。

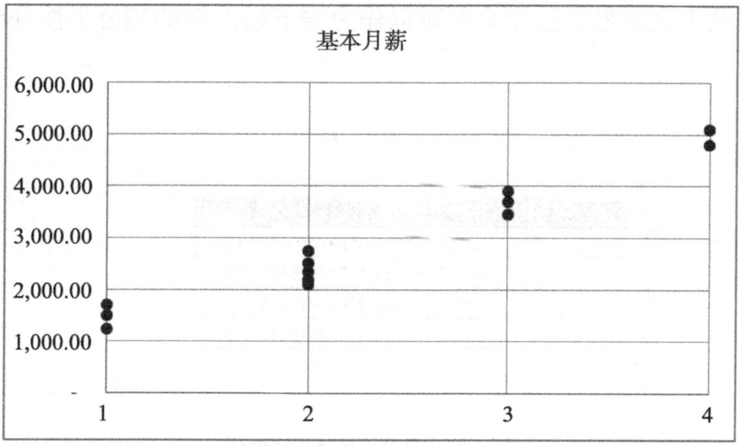

图 1-18 散点图

第三步，用鼠标右键点击散点图中任意一个散点，在弹出的对话框里选择“添加趋势线”。然后在添加趋势线对话框里选择“指数回归”，同时选择“显示公式”和“显示 R 平方”，如图 1-19 所示。

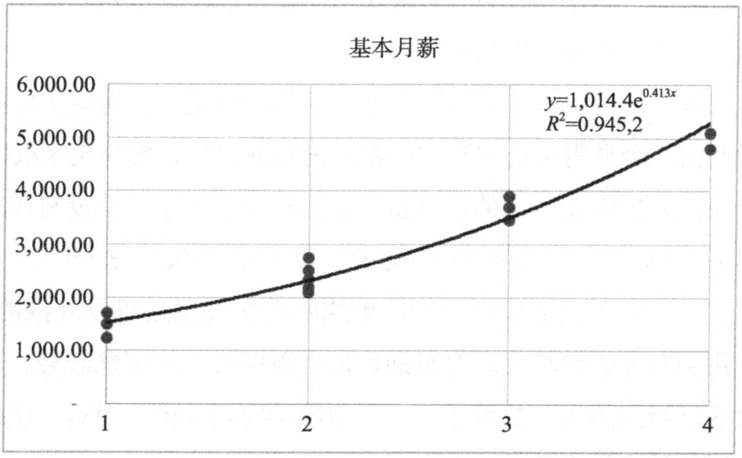

图 1-19 趋势图

在图 1-19 中，Y=1,014.4^{e}（0.413x）就是这个回归的方程公式，相关性函数 R^2=0.945,2，说明这个回归出来的结果非常好，我们可以理解为：这次回归的结果，能有 94.52% 的可能性代表图中的所有散点。

第四步，把回归出来的曲线变成数值。这里利用 Excel 自带的指数函数公式 EXP（ ）来计算（如图 1-20 所示）。计算出来的这个数值就是每个级别回归出来的工资金额。这个金额可以作为接下来内部薪酬公平性分析的主要依据。

薪酬级别	回归月薪	回归月薪公式
1	1,533	=1014.4*EXP(0.413*A2)
2	2,317	=1014.4*EXP(0.413*A3)
3	3,502	=1014.4*EXP(0.413*A4)
4	5,293	=1014.4*EXP(0.413*A5)

图 1-20　用公式计算工资金额

3. 回归分析需要注意的问题

回归分析是薪酬分析的常用工具，它可以迅速发现数据的趋势。

在使用回归分析的时候，薪酬管理人员要注意以下要点。

（1）明确我们的分析目的。如果我们需要用定性分析判断两个变量之间可能有相互关系，就可以用回归分析。

（2）从理论上说，回归可以进行分段回归。但是，在实际工作中，如果采用分段回归，会显得全公司整体的薪酬没有规律性，解释起来很困难。

（3）回归分析需要一定的数据量。如果数据量太小，就没有代表性。所以，我们在用回归分析的办法解决问题时，最好对全部数据进行一次性分析。

（4）避免回归预测的任意外推。单纯的数学模型是可以外推的。例如，我们可以用回归分析计算出现有级别内每个级别对应的薪酬趋势。对于更高级别或者更低级别的人员的薪酬，可以用数学模型外推。但是，这仅仅是主观预测，不能随意外推。

（5）回归分析只是一种数学分析工具，并非万能的解决方案。回归出来的数据很可能受到最高值或者最低值的干扰，造成整条曲线“上翘”或者“下翘”。如图 1-21 所示，如果数据的分布比较正常，没有很多异常高 / 低的数据，应该回归出来一个标准线。但是，如果在工资级别较低或者较高的层级有特别高或者特别低的异常数据，会导致新的回归线“上翘”或“下翘”。

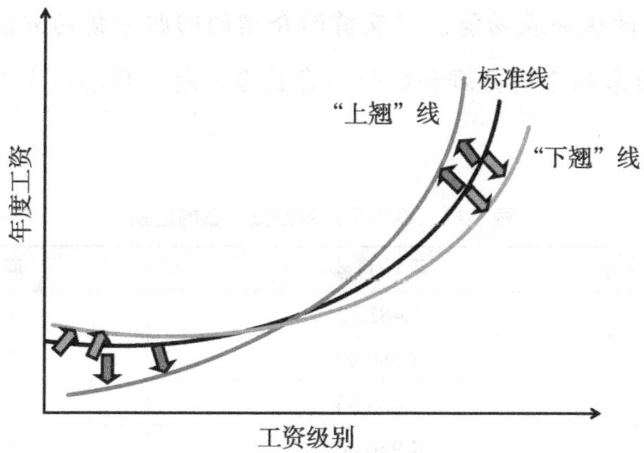

图 1-21 回归线"上翘"或"下翘"

案例分享 回归分析和平均数分析的区别

我们采用上面案例的数据，看一下回归分析和平均数分析的区别。

现有某公司员工的基本信息（如表 1-11 所示），需要我们判断公司内部总体（不考虑部门之间差异）的薪酬级别和基本月薪之间的关系。

表 1-11 某公司员工基本信息

姓名	性别	入职日期	部门	薪酬级别	基本月薪
ABC	男	2015 年 3 月 1 日	市场部	2	2,500.00
BCD	男	2016 年 4 月 2 日	销售部	3	3,700.00
BED	女	2015 年 9 月 4 日	销售部	4	5,100.00
ABH	男	2016 年 9 月 5 日	销售部	2	2,200.00
MNS	女	2016 年 5 月 6 日	市场部	2	2,350.00
SDF	女	2014 年 3 月 2 日	市场部	3	3,450.00
NBY	女	2013 年 8 月 3 日	市场部	3	3,900.00
HID	男	2012 年 2 月 1 日	市场部	4	4,800.00
KIH	男	2015 年 6 月 1 日	销售部	1	1,250.00
BOD	男	2015 年 8 月 1 日	销售部	1	1,500.00
KPW	女	2012 年 7 月 8 日	市场部	2	2,750.00
GPE	女	2013 年 3 月 1 日	市场部	1	1,700.00
LIS	女	2013 年 7 月 1 日	市场部	2	2,100.00

通过Excel的透视表功能，以及前面介绍的回归分析的方法，我们把按照薪酬级别计算出来的平均月薪和回归工资放在一起，观察一下二者的区别。如表1-12所示。

表1-12　平均月薪和回归月薪的区别

薪酬级别	平均月薪	回归月薪
1	1,483.33	1,533.11
2	2,380.00	2,317.06
3	3,683.33	3,501.87
4	4,950.00	5,292.53

将这个表格转化为图形。具体如图1-22所示。

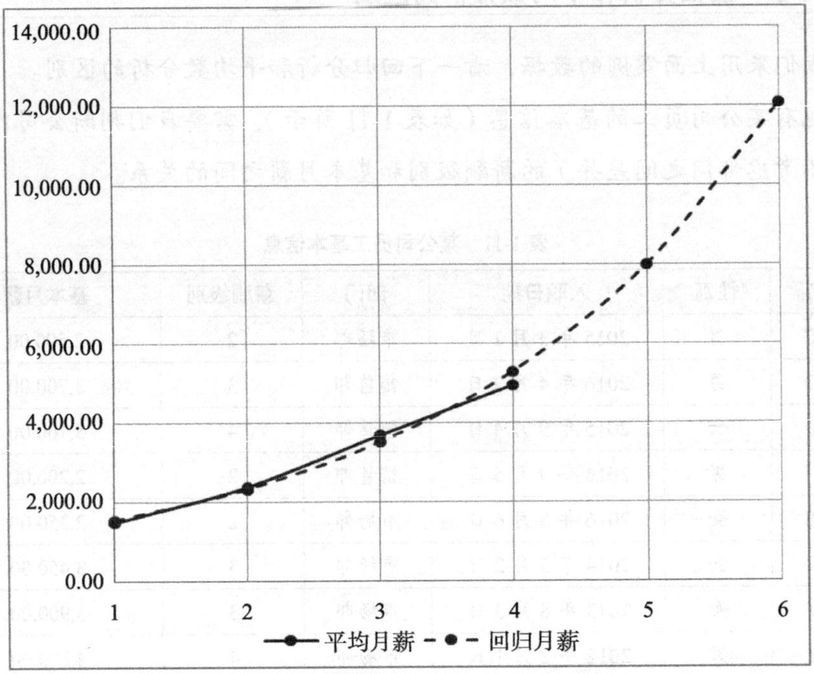

图1-22　平均月薪和回归月薪的区别示意图

（1）虚线是回归分析的结果，实线是按照每一个级别的平均工资计算出来的结果。

（2）回归分析是考虑所有数据的分布之后得出的统计结果。因此，它可以根据数学模型，预测出更高级别员工的工资（图 1-22 中表示级别 5 和级别 6 的工资情况）。薪酬管理人员一定要注意：这种“预测”必须结合管理需要，否则将没有任何意义。我们不能简单地说，未来 5 级、6 级员工的工资就是多少。

（3）按照每个级别工资平均数描绘出来的线段，考虑的都是每个级别的情况。因此，薪酬管理人员会发现这条线段其实并不“平滑”。这样做的好处是比较贴近实际情况，弊端是忽略了全体员工的薪酬总趋势。另外，在某一级别之内，很可能会由于某一些特别高或者特别低的工资数据，造成分析结果的失真。

为进一步说明二者的差异，我们调整原始数据，观察变化。

我们改变了原始数据中一个薪酬级别为 4 级的员工的工资（也就是修改了表 1-13 中灰色工资）。

表 1-13　修改后的员工基本信息

姓名	性别	入职日期	部门	薪酬级别	基本月薪 1	基本月薪 2
ABC	男	2015 年 3 月 1 日	市场部	2	2,500.00	2,500.00
BCD	男	2016 年 4 月 2 日	销售部	3	3,700.00	3,700.00
BED	女	2015 年 9 月 4 日	销售部	4	5,100.00	5,100.00
ABH	男	2016 年 9 月 5 日	销售部	2	2,200.00	2,200.00
MNS	女	2016 年 5 月 6 日	市场部	2	2,350.00	2,350.00
SDF	女	2014 年 3 月 2 日	市场部	3	3,450.00	3,450.00
NBY	女	2013 年 8 月 3 日	市场部	3	3,900.00	3,900.00
HID	男	2012 年 2 月 1 日	市场部	4	4,800.00	3,000.00
KIH	男	2015 年 6 月 1 日	销售部	1	1,250.00	1,250.00
BOD	男	2015 年 8 月 1 日	销售部	1	1,500.00	1,500.00
KPW	女	2012 年 7 月 8 日	市场部	2	2,750.00	2,750.00
GPE	女	2013 年 3 月 1 日	市场部	1	1,700.00	1,700.00
LIS	女	2013 年 7 月 1 日	市场部	2	2,100.00	2,100.00

然后，我们计算新的基本月薪的平均数和回归数据，并且和第一次计算出来的数据放在一起。如表 1-14 所示。

表 1-14 修改前后的平均月薪和回归月薪

薪酬级别	平均月薪 1	回归月薪 1	平均月薪 2	回归月薪 2
1	1,483.33	1,533.11	1,483.33	1,604.24
2	2,380.00	2,317.06	2,380.00	2,278.12
3	3,683.33	3,501.87	3,683.33	3,235.07
4	4,950.00	5,292.53	4,050.00	4,594.00

同样，我们将这个表格转化为图形。如图 1-23 所示。

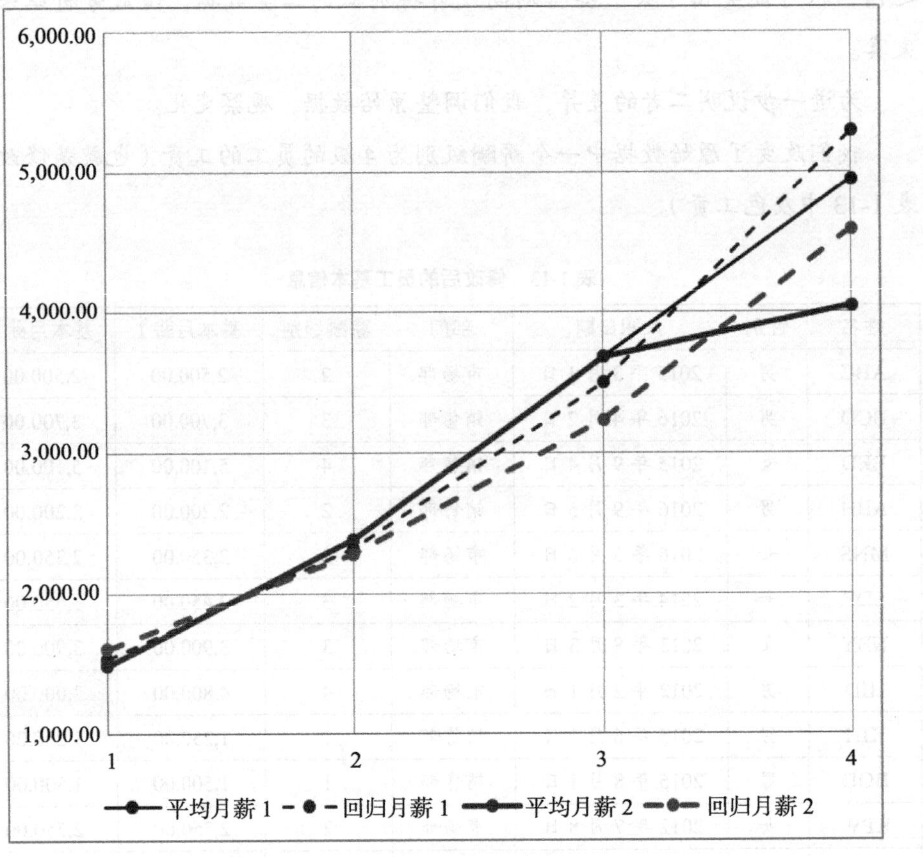

图 1-23 修改前后的平均月薪和回归月薪示意图

图 1-23 中，更粗一点的两条线（虚线和实线）是第二次的数据统计结果。两条虚线都是回归数据分析的结果，两条实线都是平均数分析的结果。我们直观地看一下：仅仅调整一个数字，造成两种分析的差异在哪里。

（1）对于平均数分析来说，仅仅是4级薪酬一个数字的改变，就改变了4级员工的平均工资。因此，对于平均数分析来说，特殊数字的变化仅仅影响了某个特定级别。

（2）对于回归分析来说，一个特殊数字的变化，影响的是回归整体的结果。整体的回归有效性（R^2），第一次是0.945,2，第二次是0.808,3。一个数字改变了整体回归的效果。

（3）只是大幅降低一个员工的工资，就造成了第二次的回归曲线在右端“下翘”、左端“上翘”。如果用数字进行客观分析，我们看到：随着级别的升高，回归2和回归1的差距越来越大。这就是不要轻易用回归分析的结果去“预测”未来的原因。表1-15显示了两次回归数据之间的比例关系。第二次回归是第一次的105%；但是，第二次回归的其他级别数值低于第一次。

表1-15　两次回归月薪的比例关系

薪酬级别	回归月薪1	回归月薪2	回归2/回归1
1	1,533.11	1,604.24	105%
2	2,317.06	2,278.12	98%
3	3,501.87	3,235.07	92%
4	5,292.53	4,594.00	87%

由此可以看出，平均数和回归分析的区别表现在以下四个方面。

（1）平均数分析的重点在于每一个层级的逐级分析。

（2）回归分析的重点在于公司整体薪酬趋势。

（3）某一个级别的“异常”数据会影响整体回归的效果。

（4）某一个级别的“异常”数据仅仅会影响该级别的平均数分析。

附录1　有问有答

1. 平均数分析会因为一个级别的某个极值影响级别的平均数，能否采用中位数分析的办法？

答：采用中位数分析的方法类似于平均数分析：对于每一个级别分别计算该级别

的中位数，然后用中位数进行分析。这样的分析工具是可行的。由于中位数比较稳定，所以相对于平均数分析而言，这样的分析结果比较稳定。但是，如果对每一个级别分别计算中位数，就会比较麻烦。

2. 既然回归分析受到某个特殊数值的影响很大，有没有更好的分析工具?

答：所有分析工具都是为支持某个管理决策服务的。如果数据量足够大，可以用大数据的分析方法或者很多统计软件来分析。分析软件本身没有所谓的好与坏，只有符合需要与否。

3. 只要是两个因素的分析都可以用回归来完成吗?

答：用回归分析解决问题的前提是：这两个变量因素之间存在一定的关系。例如，通常我们理解随着工资级别的升高，工资水平就会逐步提高。在这样的前提下，我们采用回归分析来看一下公司的薪酬管理是否符合这样的规律。反之，有些分析不适合用回归分析。例如，我们要分析一下员工在公司的服务年限和基本工资之间有什么规律？一般针对这样的分析，就可以计算不同层级、不同年份基本月薪的平均数和中位数，然后呈现在一个图表里，看看是否具备一定的规律。

4. 对原始数据的分析，总会由于某些特殊的极值影响到最终的分析结果，有没有更好的分析办法?

答：我们介绍了用平均数、中位数、回归分析的方法来分析公司现有员工数据。如果说，我们在分析原始数据之前就看到有一些数据存在特别异常的情况，我们可以先把它们“剔除”出去。待分析之后，再将这些数字放回到分析模型中。这样做的好处是，分析时避免了受到特殊数据的影响，造成回归分析质量下降。

附录2　有关数学分析的中英文词汇

常见的英文词汇	常见的中文翻译
Average, Mean	平均数
Median	中位数
Percentile	分位数，如 75P，就是 75 分位

（续表）

常见的英文词汇	常见的中文翻译
Weighted Avergae	加权平均数
Regression Analysis	回归分析
Linear Regression	直线回归
Exponential Regression	指数回归
Scatter Diagram	散点图

CHAPTER 2

第二章

薪酬管理的内部公平性管理

在跨国公司里经常出现的一个词就是“公平性”（Fairness, Equity）。公平性在薪酬管理工作中也经常被用到。因为员工经常会跨部门、跨国家流动，确保薪酬管理的内部公平性就显得很重要了。

在薪酬管理工作中，经常要给职位定价。换句话说，就是一个职位的工资由哪些因素决定。

√ 在员工看来，工资是谈来的：入职的时候谈得好，入职工资高。

√ 在经理看来，工资是比较来的：看看部门里面其他人的工资，比一比某一个职位的工资，然后做一个决定。

√ 在招聘经理看来，工资是由外部市场决定的：这个职位热门，工资自然就高。

在薪酬经理的眼中，如何确定职位的薪酬待遇呢？这里介绍一个简单的模型，如图 2-1 所示 。

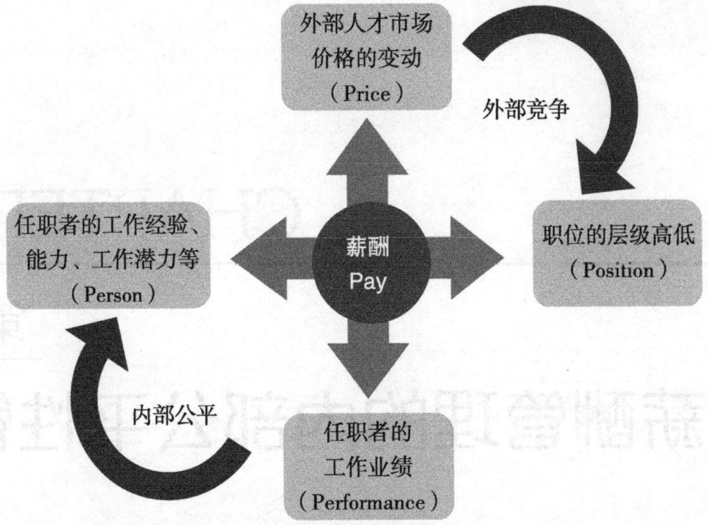

图 2-1 薪酬的决定因素

如图 2-1 所示，一个职位的薪酬由以下四个因素决定。

1. 外部人才市场价格（Price）的变动。如果人才市场比较封闭，薪酬就基本不受外部人才市场的影响。例如，在计划经济体制下，人才被固定在某个单位，基本没有流动，也就不受外部环境的影响。在当前的市场环境下，人才市场越来越开放，人才的流动越来越频繁，人才信息的交流越来越及时、准确。因此，薪酬越来越受到外部人才市场的影响。当人才供给大于企业需求的时候，人才的价格就会下降；反之，就会提高。曾经有过极端的案例：某年一家企业为钳工岗位开出月薪两万元的薪酬价格，这就是因为当时该工种的从业者人数较少。再比如，现在互联网公司大量涌现，新兴的跨界职位的从业者在人才市场上并不多见，因此他们的工资就会比较高。

2. 职位的层级高低（Position）。在全球各家公司薪酬管理体系中，普遍流行的模式无外乎两种：以职位为基础的薪酬（Job-Based System）、以能力为基础的薪酬（Competency-Based System）。其中，绝大部分公司的主流管理模式都是“以职位为基础的薪酬管理”。虽然很多公司在管理薪酬时都提倡引入能力要素，但是这很难成为主流模式。主要原因在于：内部管理方面很难给能力一个公平的描述；外部市场很难通过对标其他公司的能力水平来获取薪酬数据。在“以职位为基础的薪酬管理”模式中，职位层级的高低通常反映了该职位的职责重要性。因此，一个职位的工资和该职位的层级是有关联的。

3. 任职者的工作业绩（Performance）。新入职的员工对新公司尚无业绩而言，但是薪酬经理在面试过程中，秉承"过去预测未来"的原则，一般认为"高绩效者持续高绩效"。因此，在面试以及背景调查中，对于历史上高绩效的员工，往往给予其较高的工资。对于已经在公司工作的员工，一般来说，工作业绩好的员工，获得的薪酬待遇更好、薪酬调整机会更多一些。这就是很多公司倡导的"为业绩付薪"（Pay for Performance）的原则。

4. 任职者（Person）的工作经验、能力、工作潜力等。一般来说，一个任职者的资历越丰富，企业越倾向于为其提供更高的薪酬待遇。这个逻辑可以部分理解为"以能力为基础的薪酬管理"。但是，要说明的是，我们为任职者的经验、能力、工作潜力等付薪的前提，依然是职位管理。换言之，薪酬经理在招聘低级别职位的时候，不会因为候选人的能力特别强，而给出特别高的工资待遇。例如，即便当前前台职位候选人的工作经验、工作能力等都超出职位要求很多，他 / 她也很难获得高于部门经理的工资待遇。

图 2-1 这样一个模型从四个方面说明我们在制定职位工资的时候，需要综合考虑多维度的内容。同时我们必须恪守以下两个原则。

1. 内部公平性（Internal Equity）——确保我们提供的薪酬待遇，在企业内部的不同职位、员工的不同业绩之间具备公平性，从而避免"不患寡患不均"的管理问题出现。

2. 外部竞争性（External Competitiveness）——确保我们提供的薪酬待遇在外部市场具备竞争力，从而保留住优秀员工。

第一节　职位管理 ABC

职位的定义、构成要素等内容在理论研究方面有很多，一般来说，大家认为职位有如下内涵。

√ 职位是一个组织最基本的构成要素，我们经常会凭感觉来判断一个职位的构成是否合理，一个职位是不是已经属于最小构成要素。

√ 职位就是承担一定的工作任务 / 职责，具有明确的工作行为。

√ 职位具备一定的权力范围。

√ 职位需要承担一定的责任。

√ 职位是属于一个组织的，它不属于职位的任职者。

√ 职位一般比较稳定，但是组织会根据需要对其进行动态的调整。

……

很多成熟稳定的跨国公司都有专门的部门负责职位管理。有些公司将职位管理的职责放在薪酬管理部门，有些放在组织发展（Organization Development, OD）部门。不管由哪个部门负责，跨国公司都很重视职位的设定、职位的主要职责以及职位的层级。

在实际工作中，有的时候人力资源从业者对于职位的看法会比较困惑。比如，职位是组织中最基本的构成要素，那么如何设定一个职位的内容才算合理呢？以前台和打字员、复印员为例。后者的工作内容、职责较之前台更加单一，虽然工作职责单一，但是这类工作的工作量可能会非常饱满。所以，这样的职位设定是合理和必须的。

再如，职位的设定往往是将公司的业务细分到部门，然后再划分为不同的职位。相对于市场销售专员、行政人事专员等，销售工资专员这个职位就很奇怪。仔细想想，设定这个职位并非没有道理。很多公司的工资发放时间都是每月月底。销售工资专员就在月底处理工资发放的事情，在月初从事销售工作。这样的职位安排有效地解决了职位复用这个问题，同时丰富了员工的工作内容。听起来是不是特别有创意？但是，为什么在实际工作中并没有这样的职位呢？主要原因在于：销售工资专员这个职位的工作职责跨度大，对于任职者的工作要求高。因此，组织不会设定这样的职位。

职位和任职者的关系，就像椅子和坐在椅子上的人。如果公司是一间大房子，里面放着的各种椅子就是设定好的各种职位。椅子本身有高有矮，椅子摆放的位置有前有后。这些就是我们研究职位管理的目的——澄清每一把椅子的状态（职位说明书），澄清各把椅子之间的相互关系（职位评估）。一旦椅子上坐了人，这个人就会有高矮胖瘦（个人素质），就会说说笑笑（绩效管理）。

外企常用的关于职位管理的英文

JA – Job Analysis（职位分析）

JC – Job Clarification（职位梳理、职位澄清）

JD – Job Description（职位描述/职位说明书）

JE – Job Evaluation（职位评估）

JF – Job Family（职位族群），Job Function（职位类别）

JG – Job Group（职位组），Job Grade（职位级别）

JH – Job Holder（任职者）

“职位”概念之间的联系如图 2-2 所示。

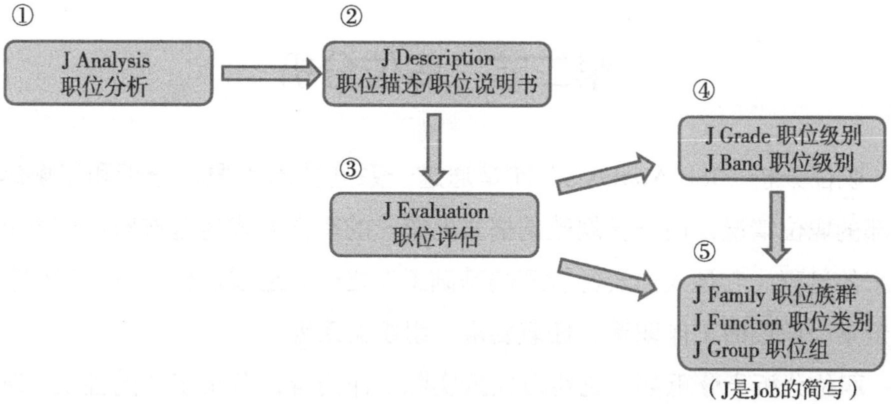

图 2-2 “职位”概念的联系

（1）对于“陌生”的职位、新职位或者重新安排的职位（Reshaped Position），我们需要通过某个技术手段了解职位的主要职责、任职资格等，这个过程被称为职位分析①。

（2）职位分析是个过程，不是结果。其结果是职位说明书②。职位说明书是记录职位分析研究内容的文本。

（3）专业人员通过研究职位说明书，结合必要的技术手段，开展职位评估③。

（4）职位评估的结果就是把公司职位分为不同的职位级别④。在外企，一般称职位级别为 Job Grade/ Job Level。有些公司喜欢作宽带的职位层级管理，所以称其为 Job Band（宽带职位体系）。

（5）一些跨国企业因为业务领域比较多元化，仅仅把职位划分为不同的层级，这不能完全解决职位管理的一些问题。因此，这些公司会把职位按照不同的类别划分为不同的职位族群（Job Family）、职位类别（Job Function）、职位组（Job Group）⑤。

如果说职位的层级是按照职位的职责轻重横向划分为体系的，那么职位族群就是按照职位的接近程度进行纵向归类的。这样，一个横纵结合的职位管理矩阵（Job Matrix）就产生了。

在接下来的章节里，我们将按照这个顺序介绍职位管理的所有内容。

第二节　职位分析

职位分析（Job Analysis）就是通过一系列技术手段，分析和了解组织内部的职位情况，用一种规范的格式、统一的写作方式将这些职位信息描述出来的过程。它是人力资源管理的基础工作之一。通过职位分析，我们能够确定某个职位的工作职责、任职要求、组织关系等。

职位分析十分重要，它可以根据实际工作内容，分析工作的性质、难易程度、责任轻重，进而制定胜任工作所需的资格条件，考核该工作执行情况的指标要素，为其他人力资源管理工作奠定基础。具体工作内容如图 2-3 所示。

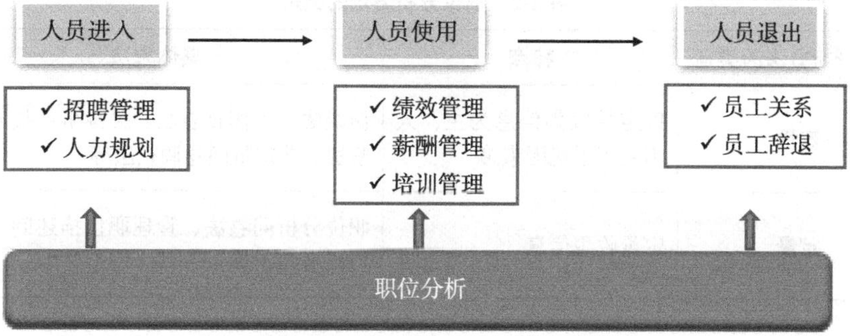

图 2-3 职位分析的内容

2.2.1 职位分析的目的

一般来说，职位分析有以下几个目的：（1）书写职位描述；（2）梳理组织内部各个职位之间的关系；（3）制定明确的招聘需求；（4）明确业绩考核的标准；（5）厘清职位的主要任职要求，在和任职者进行人岗匹配之后，有效发现任职者的能力差距，为接下来的培训工作提供基础信息；（6）有利于未来建立薪酬管理体系。

通过职位分析，我们一般需要解决表 2-1 所示的几个问题。

表 2-1 职位分析的内容

解决的问题	具体内容
职位的主要工作职责	工作内容、各部分工作内容的时间分配、主要考核指标等
这个职位的任职者需要具备什么样的知识技能	教育背景、年龄、必要的行业经历、管理经历等
这个职位的基本信息	职位的名称、汇报关系、经常打交道的内部和外部职能部门等

2.2.2 职位分析的主要方法

职位分析方法分为定性和定量两类，如表 2-2 所示。

表 2-2 职位分析方法的类别

职位分析方法的类别	特点	具体方法
定性	以定性收集信息为主，人为主观干扰因素多	访谈法、工作日志法、关键事件技术、观察法、非定量问卷调查法等
定量	定量收集信息	职位分析问卷法、管理职位描述问卷、通用标准问卷等

职位分析的具体方法如表 2-3 所示。

表 2-3 职位分析的方法

职位分析方法	具体操作
访谈法	与职位的上级主管或者任职者面谈，收集职位信息
问卷法	将关于职位信息的问题制作成问卷，让员工填写
关键事件法	用表格记录员工在工作过程中特别有效或者特别无效的关键行为
工作日志法	让任职者根据各自的工作时间顺序记录工作内容，然后归纳提炼
观察法	观察、记录和提炼任职者的工作情况

在实际管理工作中，大多数跨国公司采用访谈法来收集职位信息。很多公司为了保证收集信息的效果，会对访谈者的访谈技巧进行培训，并且从运行机制上给予管控。访谈法具有表 2-4 所示的优缺点。

表 2-4 访谈法的优缺点

访谈法的优点	访谈法的缺点
√ 操作简便 √ 可以在访谈现场获得第一手资料 √ 在访谈的过程中，能够了解管理者的心理感受 √ 通过双向沟通，可以了解职位背后的信息，而不仅仅是停留在书面的职位描述	√ 收集信息耗时长 √ 需要完整的管理机制进行管控 √ 需要有效过滤信息，防止信息被有意或者无意夸大

由于职位职责不同，访谈法会有以下不同的形式。

√ 处理的职位职责和其他职位有区别的时候，可以对职位的任职者进行单独访谈，也可以对该职位的上级经理进行访谈。在管理实践中更建议对上级经理进行访谈，因为上级经理不仅了解一个职位的主要职责，而且可以和其他职位进行横向比较，帮助访谈者更加全面地了解该职位的情况。一般称这样的访谈形式为个别访谈法（Individual Intcrview）。

√ 处理的职位职责属于同一类工作的时候，可以同时约谈多名员工，收集他们对于职位的看法。这个方法在理论上可行，但是在管理实践中一般不建议采用。主要原因是参与员工多，容易使大家有意夸大职位描述。这种形式的访谈一般被称为集体访谈法（Group Interview）。

√ 从访谈参与人员的角度看，有一个工作人员参与访谈的情况，也有多个工作人员一起访谈的情况。我们推荐至少有两名工作人员一起参与访谈的形式，一人负责沟通交流，收集必要的信息，澄清和进一步求证信息；另一人负责记录和对关键问题的追加提问。

2.2.3 访谈法的基本步骤

访谈法的主要步骤如表 2-5 所示。

表 2-5 访谈法的主要步骤

1. 准备阶段	
人员的准备	有哪些工作人员参与访谈，各位工作人员之间的分工（谁主要负责提问，谁主要负责记录和关键问题的重复确认），访谈哪位工作人员（该职位的任职者还是上级经理）
行政的准备	访谈的时间、会议室安排等。在此特别需要说明的是，职位分析的过程是一个非常严肃的流程，最好安排在不会被打扰的地方。另外，不建议采用电话会议的形式进行访谈。如果实在时间紧急、项目重要，不能安排面对面的访谈，可采用视频会议的形式开展异地访谈
文件的准备	访谈之前，访谈者需要对被访谈的职位进行大致了解。准备必要的文件，如该部门的组织结构图（最好是能够显示该职位的图）；明确这个职位是否有类似的其他职位可参考；可以参考的职位的基本信息（如参考职位的销售数据、年度预算数据等）；如果不是全新的职位，就要了解该职位的主要职责、历史业务信息等
问题的准备	访谈之前，访谈者必须确定本次访谈需要关注哪些问题。有必要的话，可提前将问题按照先后次序准备出来。如果是标准化问题，也可以在访谈之前将问题发给被访谈者，让对方做好准备

（续表）

2. 访谈阶段	
访谈开始	访谈者在访谈开始阶段需要做好以下几件事情：尽快与被访谈者建立融洽的关系，使访谈的氛围变得轻松；说明本次访谈的目的仅仅是澄清职位的具体信息，和业绩考核无关
访谈进行	鉴于访谈是讨论某个职位的情况，最好的切入手段就是首先展示一下部门的组织结构图，从宏观的架构层面获得一个整体的工作职责概念。然后，让被访谈人员谈一下该职位的主要工作职责，在组织结构图中看到该职位和相邻职位的工作关系。访谈的主要目的就是收集相关信息——一切工作都是基于客观事实进行的，访谈者不要加入主观判断。如果访谈者对对方提供的信息有不同的见解，不要和被访谈者争论。当被访谈者流露出不满时，访谈者也不要介入，不可发表任何肯定、否定的意见
信息求证	在访谈过程中，一个非常重要的环节就是信息求证。访谈者可以提出以下问题：该职位的工作职责和过去相比有什么变化？该职位的工作职责和部门其他职位是什么关系？今年该工作有什么特殊安排，等等。让被访谈人员作出横向与纵向、历史与现在的比较，访谈者可以更加清楚地获得必要的客观信息。求证过程中一个非常重要的内容就是业务指标。面对被访谈人员列举的工作职责，访谈者应要求对方提供相应的业务指标。这个业务指标最好是能够量化的。对于类似市场销售这样的职位，容易获得量化的业务指标，对于其他职位同样可以获得。例如，某财务人员说工作内容非常复杂。访谈者可以让对方说明，提供复杂的证据？是相关法规的管理复杂？还是支持的业务部门复杂？这些都是可以拿出数据说明的
访谈结束	访谈结束的时候访谈者要向被访谈者表示感谢，并根据今天的访谈内容，整理相应的材料，交被访谈者审核确认。如果本次访谈的对象是职位的任职者，就应该让该职位的上级经理审批访谈内容或职位说明书

2.2.4 职位分析访谈法常用的提问

在采取职位分析访谈法时，访谈人员常用的问题如表2-6所示。

表2-6 访谈法常用的问题

目的	常用问题
访谈开始：暖场并明确访谈目的	您好，感谢您于百忙之中抽出时间参加今天的访谈。我是人力资源部的×××，这位是我的同事×××。 今天我们邀请您参加本次访谈的主要目的是明确这个职位的工作职责。 我们今天讨论的内容主要是该职位的工作职责，不是讨论现在的任职者。所以，我们假设这个职位呈空缺状况

（续表）

目的	常用问题
访谈进行：收集客观信息并求证	“我手里有一份咱们部门的组织结构图，请您先简单介绍一下部门整体工作职责安排。” “我们目前分析的这个职位向哪个职位汇报？” “从部门整体工作职责上，我们看到需要访谈的职位在部门内部承担××××的职责。请您详细介绍一下具体的工作内容。” “您认为该职位和上级经理的职责相比，最大的区别在哪里？” “从您刚才介绍的内容看，该职位具有以下职责，您看对不对？请您根据这些职责的重要性进行排序。” “该职位在日常工作中，遇到的最大挑战是什么？” “您对该职位期望实现的业绩表现有什么要求？” “如果和部门里面的其他职位相比，该职位的重要性在哪里？” “该职位主要的下属职位有哪些？” “刚才您提到了这个职位的工作职责变得更加复杂，那么和以前相比，该职位职责的主要变化在哪里？” “目前，该职位的销售业绩是多少？未来两年的销售业绩有什么变化？当前的销售业绩和历史相比有什么变化？” “目前，该职位支持的员工数量是多少？历史上该职位支持服务多少员工？” “请不要考虑目前任职者的情况。假设我们现在需要从外部找到合适的候选人担任该职位。您觉得候选人具有哪些技能要求就可以？本科生还是研究生？五年经验还是十年，等等”
访谈结束：下一步行动计划	“再一次感谢您配合我们的访问。接下来，我们会把今天的沟通内容转化为会议记录，然后发邮件给您，请您确认。”

第三节　职位说明书

外企会把需要员工做的所有事情用文字描述固化下来，一个重要的文本就是职位说明书。

谁负责撰写职位说明书（Job Description）呢？

该职位的上级经理负责制定其下属的职位说明书。部门负责人是本部门所有职位的管理者，也是编制职位说明书的主要责任人。主管和下属应该通过讨论的形式，让双方认可职位说明书的内容。人力资源部负责提供职位分析方法和职位说明书模板。有些公司的职位说明书是人力资源部撰写的，职位说明书需要经过该职位的上级经理、部门经理的确认。

在撰写职位说明书的过程中，人力资源部、业务经理和员工的职责及相互关系如图 2-4 所示。

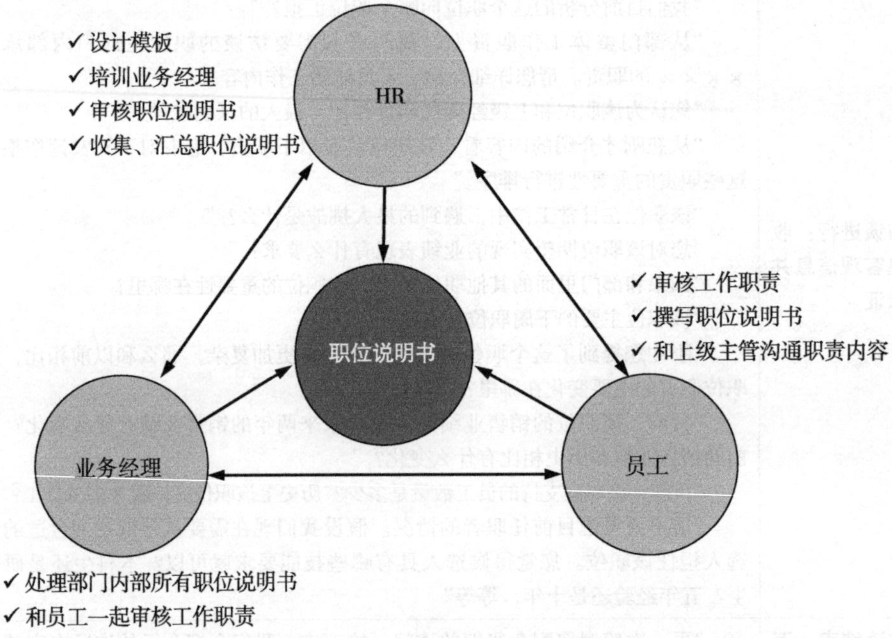

图 2-4　HR、业务经理和员工的职责

2.3.1　职位说明书的内容和撰写

职位说明书（Job Description，JD）是表述工作分析结果的人力资源管理文件。编写职位说明书是工作分析的重要环节，也是重要输出结果之一。很多公司管理者总希望职位说明书包含的内容越多越好。事实上，做任何事情都需要适度。内容丰富固然有利于员工开展工作，但是公司要花费较多的人力成本去维护。

那么，一份全面的职位说明书到底需要包含哪些信息呢？表 2-7 列出了基本要素。

表 2-7 职位说明书的基本要素

主要内容	提供信息的目的
基本信息	说明该职位的基本信息，如职位名称、所在部门等
职责描述	说明该职位的主要工作职责
任职资格	说明具备什么样资质的任职者可以胜任该职位

1. 基本信息：说明这个职位有别于其他职位的基本信息。内容包括职位名称、所在部门、任职者姓名、直属上级职位、审批部门、审批日期、工作地点、职位编号等。具体形式如图 2-5 所示。

一、职位基本信息　　　　职位说明书编制日期：____年__月__日

职位名称		职位编号	
所在一级部门		所在二级机构	
工作地点		上级职位名称	
上级主管签字			

图 2-5 职位基本信息

目前外资企业开展职位编号管理时一般遵循以下几个原则。

√ 唯一性——不同职位在公司内部具备唯一编号的原则。
√ 层级性——职位编号能够体现出不同职位的汇报层级和汇报关系。
√ 属地性——职位编号能够体现不同国家/地区/部门/二级部门（等），以及同一部门内部不同管理职位之间的隶属关系。

案例分享一　某跨国公司 A 职位编号与规划范例

职位编号的总规则及举例

总体构成规则：分公司代码－部门代码－职位顺序号。

例如，AB 分公司人力资源部福利助理的职位编号是：ABGS-HR-B-02。构成方法是：AB 分公司的代码是 ABGS；人力资源部门的代码是 HR；在其人

力资源部经理下有一个职位是薪酬福利经理（职位编号 ABGS-HR-B），此职位下设若干职位，其中一个是福利助理职位，则命名为 ANBGS-HR-B-02。

（1）职位汇报层级代码：每增加一个汇报层级，就增加一个分隔符“-”。根据不同职位汇报层级的不同，用“-”连接下一层级。“-”越多，表示汇报层级越多。

（2）分公司代码：表明该职位所属的分公司。如武汉分公司为 WHGS。为此，该公司可制定详细的“分公司代码表”。

（3）总部所属单位不采用分公司代码，直接采用总部部门代码。同样地，公司有详细的“总部部门代码表”。

（4）部门代码：每个部门都有唯一一个编号。部门下设子部门采用单一字母编号。例如，可用“A”“B”“C”作为代码依次类推。例如，市场部在任何分公司统一采用 MK。市场部如果下设市场推广部，采用 MK-A 表示。

（5）职位顺序号：处于同一层级内的职位，用阿拉伯数字排序。例如，武汉分公司市场部下设市场推广部的市场专员，表示为 WHGS-MK-A-01。

案例分享二　某跨国公司 B 职位编号与规则范例

在跨国公司 B 的职位代码编号中，能够看到职位的编码构成和组织设置、所在国家、工作职能以及汇报关系和职位级别有关系。

总体构成规则：业务领域－国家（区域）－职能领域－职位顺序号。

（1）业务领域：集团公司在全球根据不同的业务领域，用字母划分不同的编号。如销售部门是 S，人事部门是 P。

（2）国家（区域）：说明该职位所在的国家或者区域。如中国 CN, 澳大利亚 AU。

（3）职能领域：说明该职位具体从事哪个领域的职能工作。如人力资源管理 P。

（4）职位顺序号：处于同一层级内的职位，用阿拉伯数字排序。如同样都是人力资源部门，就用 P-1, P-2 编号。

和案例一公司不同的是，该公司并未对所有职位都进行编号。一定层级以下的职位就没有单独的编号。它们都使用上级经理的职位编号。在此，“一定层级”是由几个维度来控制的：a. 该职位的全球职位等级必须是经理级别之上；b. 该职位的下属汇报关系满足一定的数量。这样的经理级职位，可以有唯一的职位编号。该职位下面的职位，则使用该职位的编号。

例如，向中国销售业务总经理汇报的人力资源部，其编号为 S-CN-P。人力资源部内部负责薪酬福利的经理为 S-CN-P-1；如果该薪酬福利经理下面还有汇报的职位，就不用单独编号，都使用 S-CN-P-1。

2. 职位总体概括：用准确又高度概括的语言介绍该职位的主要职责。换言之，用最简短的语言描述该职位和其他职位的最大区别在哪里？该职位为什么能够存在？该职位的主要使命、职能是什么？具体呈现形式如图 2-6 所示。

二、职位的目的

用一句话概括该职位设立的目的和意义

图 2-6　职位总体概括在职位说明书中的表现形式

“职位目的”的撰写要点如下。

√ 用一两句话描述该职位的主要职责。

√ 主要目的至少包括两部分内容：该职位做什么；该职位要达到什么目的或结果。

或者增加工作活动的约束条件，如“在……指导下，根据……”

“职位目的”撰写的模式包括“为了……，在……的指导下（影响下），（做）……（工作）”或者“在……的指导下（影响下），（做）……（工作），确保……（实现）”。

案例分享三　人力资源部门经理的职位目的

（在国家相关劳动人事政策法规的指导下，）建立健全公司的人力资源管理体系，提高公司全体员工的业务素质和管理水平，确保公司得到持续发展。

其中，做什么是：（在国家相关劳动人事政策法规的指导下，）建立健全公司的人力资源管理体系。

要达到什么目的或结果：提高公司全体员工的业务素质和管理水平，确保公司得到持续发展。

3. 职责描述：职责描述是职位说明书中的重要组成部分，详细列举了该职位所有的职责内容。职责描述包含的内容有：该职位的主要工作职责、每一项工作职责对应的绩效衡量指标、每一项工作职责在所有工作内容中的权重等。

职责描述的原则如下。

√ 工作职责描述不受当前任职者的情况的干扰。

√ 根据工作职责的权重，从重到轻分别描述该职位的职责。

√ 按照逻辑顺序排列不同的工作职责。工作职责的撰写者应先列出所有工作职责，然后按照不同的属性归类，依据轻重缓急进行排序。

√ 主要职责的数量最好不要超过8条，不要少于4条，所有职责加起来需要体现该职位在职人员的主要工作产出。从理论上说，所有工作职责的总和应该是100%。如果工作职责超过10条，有些职责的重要性就会低于10%。这样的工作职责就会过于分散。因此，撰写者可将有些工作职责合并起来。

√ 工作职责的表述要通俗易懂。撰写者要慎用技术缩略语，以免引起不必要的歧义。

职责描述在职位说明书中的形式如图2-7所示。

三、职位主要职责和衡量标准

职位主要责任 主要职责是对该职位需要达成的最终结果的概括，包括什么（输入）和怎么样（输出）两部分（按重要顺序排列，4~8 项最佳）	绩效衡量标准
1. 标题（主要职责概括，如诉讼案件管理、法律事务咨询等）	•
2.	•

图 2-7　职位描述在职位说明书中的形式

职责描述 = 行为动词 + 工作本身 + 预期结果

√ 行为动词：完成该职位需要什么等级的“动作”，如审核、组织、设计等。这里面提到的各种工作行为的描述，实际上是具有一定层级要求的。在外企的职位管理工作中，薪酬管理人员会根据相应的描述，“有意或者无意”地划分职位级别。为了方便大家使用，在此列举一些常用词汇（如表 2-8 所示）。如果大家需要撰写英文的工作职责，可以参考本节附录的英文词汇。

表 2-8　职位描述常用的词汇

工作性质	动词举例
制定政策 / 设定目标	制定、指导、建立、控制、计划、准备
实施具体工作	分析、评估、实施、安装、维护、监控、谈判、建议、回顾、落实、提高
较低的工作	校对、收集、分配、整理、运作、加工、提交

√ 工作本身：经过整理归类的工作职责。
√ 预期结果：工作完成之后应该达到的效果。

以招聘经理的职责描述为例解释说明。

招聘经理的工作职责：计划、组织并实施招聘活动，以满足用人部门的需求。”

我们按照撰写公式进行分解，如表 2-9 所示。

表 2-9　招聘经理的职责描述

职责描述	计划、组织并实施	招聘活动	以满足用人部门的需求
撰写公式	行为动词	工作本身	预期结果
反映内涵	做了什么……	对什么 / 谁……	有什么结果

4. 任职资格：什么样的人员才能胜任该职位。在撰写任职资格的时候，完全不需要考虑现在任职者的情况。撰写者需要思考：假如这个职位需要从外部招聘，该候选人具备什么样的最低资格？任职资格里面描述的所有内容都是担任该职位的人员的最低要求（注意，这里说的是最低要求）。

任职资格如图 2-8 所示，包括专业知识要求、从业经验要求、专业资格证书、能力素质要求等。

四、任职要求

专业知识要求 （包括但不限于职位要求的专业背景及最低学历）	**从业经验要求** （含行业或专业年限）
	• 专业、行业经验： • • 管理经验：
专业任职资格要求 （职位要求的最低从业资格）	**能力素质要求** （按重要性排序列出 4~6 项所要求的能力素质）
•（没有写“无”）	•

图 2-8　任职资格的内容

5. 各个公司会根据需要对职位说明书的内容进行增减。例如，有些公司会增加该职位在公司内部、外部的组织关系，该职位涉及的工作环境，该职位处于什么样的保密级别，等等。

案例分享四　职位说明书样本（中文）

职位说明书

一、职位基本信息　　职位说明书编制日期：____年__月__日

职位名称		职位编号	
所在一级部门		所在二级机构	
工作地点		上级职位名称	
上级主管签字			

二、职位的目的

用一句话概括该职位设立的目的和意义

三、职位主要职责和衡量标准

职位主要责任 主要职责是对该职位需要达成的最终结果的概括，包括什么（输入）和怎么样（输出）两部分（按重要顺序排列，4~8 项最佳）	绩效衡量标准
1. 标题（主要职责概括，如诉讼案件管理、法律事务咨询等）	•
2.	•

四、任职要求

专业知识要求 （包括但不限于职位要求的专业背景及最低学历）	从业经验要求 （含行业或专业年限）
	• 专业、行业经验： • • 管理经验：
专业任职资格要求 （职位要求的最低从业资格）	**能力素质要求** （按重要性排序列出4~6项所要求的能力素质）
•（没有写“无”）	•

五、职位在组织内部的工作关系

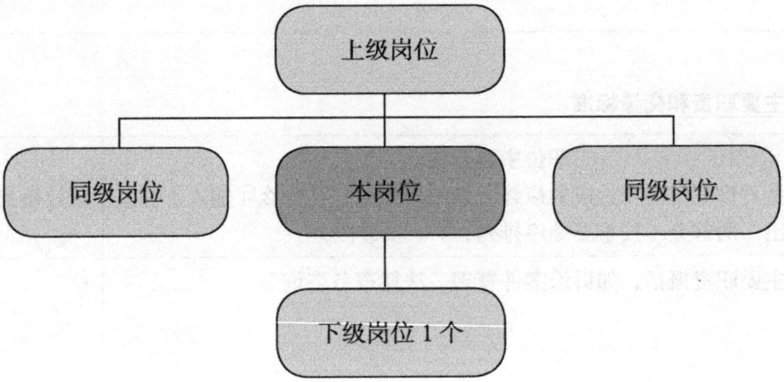

案例分享五 职位说明书样本（英文）

Job Description
Basic Information：
Job Title：　　　　Job Level： Department：　　　Job Location： Report to ：
Description：
Describe the main dutries and responsibilities of the position：
Qualifications：
Education：
Experience：
Required Skills (Must have), Necessary industry experience and associated number of years of experience：
Any Certifications Required：
Last updated on：

2.3.2 职位说明书的维护和未来

职位说明书是对现有职位的工作职责、任职资格等情况的真实描述，是公司开展内部管理的基础。但是，不得不承认的是，现代企业的发展日新月异，薪酬经理在做好职位说明书的撰写、收集、整理、存档工作后，很多职位都已经发生变化了，甚至原来的部门也已经发生了变化。

为了应对快速变化的组织结构，很多公司采用了以下办法。

√ 职位说明书电子化、模块化。为了能够快速留存、修改、查阅职位说明书，很多公司开发了人事管理信息系统。这样既加快了信息维护速度，提高了工作效率，还将职位说明书的常用术语、工作内容模块化，便于公司管理和维护。

√ 采用外部咨询公司提供的职位说明书范本，在此基础上适当修改后使用。很多从事薪酬调研工作的咨询公司会根据所调研的行业情况，总结该行业内的职位情况，汇编成标准的职位说明书手册。

√ 采用“职位族群”的描述办法。职位族群（Job Family, Job Group）是一系列从事类似工作，需要类似的知识、技能和素质要求（尽管要求的等级不同）的职位组合。通俗地说，采用职位族群的方法之后，人力资源部不必再针对某一个职位进行描述，而是针对某一类职位进行描述。这样的管理方式具备一定的稳定性。

案例分享　某公司销售族群第一级的描述

一个职位族群内部根据应负职责、绩效衡量指标、专业知识技能和素质的差异，划分不同的级别。职位族群的划分取决于公司业务的需要：如果划分的通用程度太高，将不利于实际应用；如果划分的专业程度太高，会缺乏灵活性和前瞻性。薪酬经理可从以下几个角度考虑公司应当有多少个职位族群，销售族群的职位说明书样例如图 2-9 所示。

√ 技术专业 / 技能知识。
√ 工作的特性 / 属性。
√ 人员素质要求。
√ 以上各项的组合。

<table>
<tr><td>职位族群：</td><td colspan="3">销售职位族群</td></tr>
<tr><td>版本编号：</td><td>V1.1</td><td>生效日期：</td><td>年　月　日</td></tr>
<tr><td>层级：</td><td>SL01</td><td>角色：</td><td></td></tr>
<tr><td>典型职位：</td><td colspan="3"></td></tr>
</table>

<table>
<tr><th colspan="2">角色目的</th></tr>
<tr><td colspan="2">这是一个提供销售职能支持以及标准销售工作的最基本的专业性级别。该级别员工主要负责基础的标准化销售工作，通过承办具体的事务学习销售工作的专业经验，如起草文件、输入数据、归档、保管、查阅、文件收发等工作。它需要任职者维持某个或某些标准产品一定数量的客户群。工作的开展往往遵循已有的流程和程序，按照规定开展日常性的行动。</td></tr>
<tr><th>职责</th><th>续效指标</th></tr>
<tr><td>• 协助销售人员进行客户拜访和日常客户 / 渠道销售商、伙伴经销商联络，以维持良好关系
• 收集、记录并整理相关数据信息（如需拜访客户的背景信息、对拜访结果的总结等）
• 准备标准的销售文件，包括标准合同的填写，并按预定的程序处理合同问题和有关销售的文档
• 为销售人员提供行政支持，包括资料装订、会务安排、谈判会议纪要等
• 进行简单的销售工作（技术含量低的单一或标准产品），跟踪项目流程和销售进度</td><td>客户满意度、渠道销售商 / 伙伴经销商满意度
信息的准确性（错误率）、及时性、完整性
销售人员的满意度
及时性、规范性、服务对象的满意度销售指标</td></tr>
<tr><th colspan="2">知识 / 技能 / 经验</th></tr>
<tr><td colspan="2">了解自己工作领域所涉及的政府法规、行业动态知识
对与自己工作直接相关的公司产品、服务有较清晰的认识
了解自己工作领域内涉及的业务流程、绩效指标、政策和相关工作程序的知识
具备良好的沟通技巧，能够有效地解释服务 / 产品的好处，恰当地表达观点，能够有效地进行社会交往活动（根据专业需要多语言）
可以使用数字分析的标准，能够熟练地记录和交流数据
能熟练地应用软件，包括文件处理，图形演示，电子表格以及数据库的使用；熟练使用一般的办公设备</td></tr>
<tr><th colspan="2">素质 / 行为</th></tr>
<tr><td>服务精神（CSO）2</td><td>求实进取精神（ACH）2</td></tr>
<tr><td>团队合作精神（TW）1</td><td>交流能力（RB）1</td></tr>
<tr><td>主动性（INT）2</td><td></td></tr>
</table>

图 2-9　销售族群的职位说明书样例

附录1　有问有答

1. 在我公司的职位说明书里，薪酬经理需要在“主要职责”一栏中填写每一个职责在全部工作职责中所占的权重。请问，这个权重是指该职责的重要性还是这个职责所占工作时间的重要性？

答：这个“重要”是指工作职责，并非工作时间。有的时候，重要职责所耗费的工作时间可能不是很长，而任职者花费很多时间完成的工作并不是很重要。因此，这里的权重是指该职责的重要性。

2. 在职位分析访谈的过程中，部门经理总是有意无意地夸大某一个职位的职责，有什么办法能够当场“戳穿”他们的“小把戏”呢？

答：这是正常的情况，在我们针对某一个职位的情况和部门经理交流的时候，对方总会有意无意地表示这个职位非常重要。访谈人员千万不要和业务经理争辩，不要随便“贬低”职位的重要性。访谈人员可以借鉴以下几个办法。(1) 拿出部门的组织结构图，向部门经理询问该部门其他职位的主要职责，或者向其询问部门内部不同职位之间的工作流程。然后，让部门经理按照职责的轻重对所有职位进行排序。(2) 双方讨论该职位的工作职责和当前变化，让部门经理说明这种变化对于部门业务以及其他相关职位的影响程度。通过使用这些小技巧，访谈人员就能看出这个职位的重要性。但是，我们要记住，明确职位的主要职责的目的并不是要“戳穿”部门经理的某些“小把戏”。

3. 在填写职位说明书中“工作职责”一栏的时候，很多业务部门都要在最后增加一条“执行领导安排的工作”。这样空洞的职责是否适合写进职位说明书呢？

答：从理论上说，这样的工作职责肯定不适合写进职位说明书。但是在实际工作中，下属的工作安排会受到上级领导的影响，并且具有很强的“随机性”和“突发性”。从工作时间的占比看，“执行领导安排的工作”所占比例并不小。如果这属于公司管理文化的一部分，就应该在职位说明书里列明。当然，最好在这个项目中适当列出一些具体的工作内容。

4. 在职位说明书的“主要职责”一栏里，有的业务部门经理特别喜欢使用“负责”这个词，这个词属于什么级别的动词呢？

答：在撰写职位说明书时，对于撰写者采用什么样的动词来描述职责，是有一定的层级要求的。我们很难从“负责”中判断出工作的级别，如“负责中国区销售业务”“负责公司网络安全”“负责电话转接顺利”等。因此，建议所有参与撰写职位说明书的人员避免使用“负责”一词。

5. 有没有研究结论证明，一个上级经理管理多少名下属合适？

答：这属于管理幅度的问题，一般都是根据内部的管理经验以及外部其他公司的管理实践来决定。从管理经验来说，通常一个上级经理直接管理4～10名下属。由于不同公司的管理方式、产品业务不同，实际上很难得出固定的比例。综合很多公司的管理实践，有两个内部数据可供参考：一个是公司历史上各个部门的平均管理幅度，另一个是目前公司各个部门的平均管理幅度。还有一个办法：在业内寻找参考数据，看看外部公司的人员管理幅度，然后在本公司通过制度明确组织结构的人员管理比例。

附录2　有关职位管理的中英文词汇

常见的英文词汇	常见的中文翻译
Internal Equity	内部公平
External Competitiveness	外部竞争
Individual Interview	单独访谈
Group Interview	小组访谈
Position, Job	工作、职位
Performance Driven, Performance Oriented	业绩导向
Pay for Performance	为业绩付薪
Job-Based System	以职位管理为基础的系统
Competency-Based System	以能力管理为基础的系统
Job Analysis	职位分析
Job Band	职位级别

（续表）

常见的英文词汇	常见的中文翻译
Job Clarification	职位梳理
Job Description	职位描述 / 职位说明书
Job Evaluation	职位评估
Job Family	职位族群
Job Function	职位类别
Job Group	职位组
Job Grade	职位级别
Job Holder	任职者

附录3　有关职责描述的英文动词

Job Nature	Verb
Policy Design/ Objective Setting	Develop, Direct, Establish, Control, Plan, Forecast, Indentify, Implement, Design
Execution of Task	Analyse, Install, Assess, Maintain, Enforce, Evaluate, Review, Propose, Specify, Set, Provide
Junior Task	Check, Collate, Distribute, Operate

第四节　职位评估

所谓职位评估（Job Evaluation），就是通过考察职位的工作职责、复杂程度以及职位在组织结构中的位置等因素，用一系列连续、有序、清晰的方式，在组织内部确定不同职位相对重要性的方法。职位评估是一个比较和分析判断的过程。需要强调的是：职位评估、工作要以职位为中心，而不是以任职者为中心。职位评估的结果就是划分出来各个职位在公司内部的层级关系，即职位层级（Job Level, Job Grade, Job Band）。

2.4.1 职位评估基础

职位评估工作解决的是职位相对价值的问题。通过有效的职位评估，确保公司内部处于不同职能领域的职位之间具有横向可比性，为公司建立职位层级体系、工资级别体系等奠定良好的基础。从这个角度说，职位评估工作设定了职位的层级，为将来实现“同工同酬”创造了基础。这里说的“同工”不仅是指相同的工作，还指具备相同“价值”的工作。当然，一个完美的职位评估工作不仅能够处理内部管理事务，还可以通过适当的转化工具，将内部的职位级别，甚至薪酬管理和外部市场薪酬水平的变化连接起来，确保本公司的薪酬福利管理工作可以对标外部劳动力市场。

职位评估的管理原则如下。

- √ 职位评估面对的是工作职位，而不是该职位的任职者。因此，在职位评估的过程中，评估人员必须抛弃当前任职者的个人特质。可以对空缺职位进行职位评估。
- √ 评估正常情况下该职位给公司带给的价值。
- √ 评估者应始终保持中立性和一致性。中立性是指没有任何偏见。一致性就是公平一致地对待所有需要评估的职位，特别是以前曾经评估过的，和现在就要评估的职位。
- √ 从事职位评估的工作人员要全面了解该职位及其工作内容。评估人员不仅要了解该职位的工作内容，还要知道在组织结构中，该职位处在什么位置。工作人员需要详细阅读职位说明书，进行全面评估。

职位评估工作是依靠经验和主观认知判断的。只不过这样的经验和主观判断，是通过一套逻辑性强的评估体系实现的。职位评估的特点如表2-10所示。

表 2-10　职位评估的特点

特点	内容
判断性的	评估人员利用职位评估的工具，根据每一个职位的具体职责，判断该职位的重要程度
对比性的	职位评估强调的是各个职位之间相对价值的高低，这样的高低并非是绝对的。当组织结构发生变化的时候，层级高低可能会随之变化
层级性的	职位评估一定是基于公司的组织结构进行的；在评估的时候，一定是按照由上至下的层级顺序进行，而不是“随机”抽取职位来评估
以工作为中心的	职位评估一定是建立在以工作职责为核心的工作上，不应考虑当前职位任职者的学历、业绩、经验等

2.4.2　职位评估方法

职位评估方法有很多，按照复杂程度可以划分为如图 2-10 所示的四种。

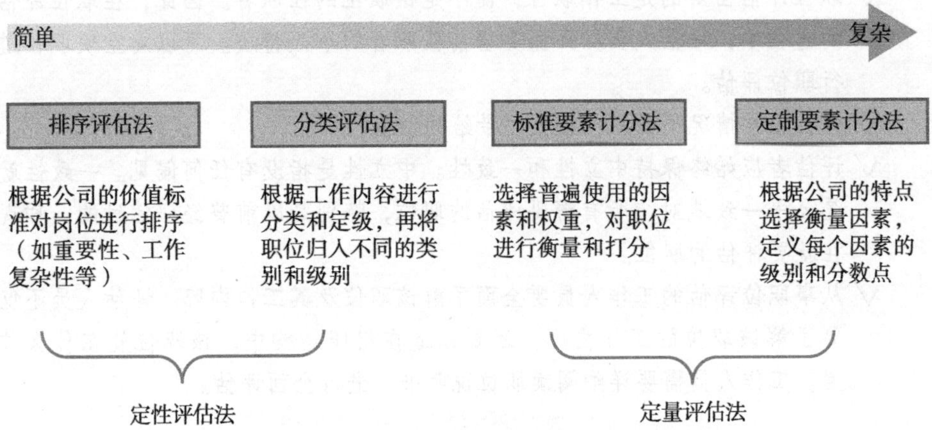

图 2-10　职位评估方法

在实际管理工作中，评估人员通常采用定量的职位评估方法。通俗地理解就是，用一把通用的尺子测量不同职位的“分量”——职位在组织内部的相对价值。“尺子”的精确性并不重要，重要的是用它衡量所有职位。

2.4.3 构建定量职位评估方法

在定量职位评估方法中，最常见的方法就是要素计点法（Point System）。跨国公司采用这样的方法来建立公司内部的职位体系，并且把这样的层级体系应用到薪酬福利管理、员工国际外派管理、高管薪酬管理等工作中。评估方法的建立和使用逻辑如下。

评估方法的建立逻辑包括以下三点。

（1）根据职位的工作性质，抽象地设定职位评估的维度。

（2）根据设定这些维度的重要性，为不同维度分配不同的分数。

（3）把所有维度的评估分数累加在一起，就是评估的总分数。按照该评估方法的内在逻辑，把不同的分数段划分为不同的层级，就形成了一个要素计点。

评估方法的使用逻辑包括以下四点。

（1）通过职位分析结果，梳理职位的主要职责。

（2）按照评估维度的具体描述，寻找对应工作职责的等级。

（3）按照评估系统预设的分数，将对应级别转化为不同的分数。

（4）确定了每一个维度的分数后，累加所有分数，形成一个职位的“分数”总和，再将这个分数总和转化为相应的级别。

为了更加清楚地解释要素计点法的工作原理，在此引用一个案例来逐层解析。

案例分享　某公司自行开发的职位评估体系

某公司主要从事互联网产品的研发、生产、销售与维护工作。公司业务发展势头迅猛，内部职位管理却非常混乱。职位名称不统一，各个分 / 子公司的职位层级也是“各自为政”。由于职位层级的不统一，导致很多员工抱怨业务上的“福利”不统一。如什么层级的职位可以配车、可以享受车辆补贴等不统一。因此，公司总部希望设计整体的职位层级体系，实现全国统一管理。

为此，公司管理层委派人力资源部建立内部的职位层级体系。

人力资源部首先成立了项目组，对该职位体系的建立进行可行性评估。评估的结果是：公司在各个城市之间的业务发展不平衡，存在很多的不明确性。因此，公司此时不适宜盲目引入外部顾问公司的职位评估体系，公司可以根据自身情况，建立一个具备自己特色的职位层级体系；日后根据公司业务发展的稳定情况，再决定是否引入外部评估体系。

明确方向之后，人力资源部开始组建公司内部的项目组。项目组成员包括人力资源部员工、业务部门经理、分公司经理、公司管理层。

项目组的目标非常明确：根据公司特点，建立自己独特的职位评估体系；然后对内部职位进行评估，建立职位层级体系。职位评估体系的搭建过程如下。

1. 研究公司的组织结构特点。公司业务范围覆盖全国，但是在各个城市的业务量差异很大。公司下设总部、大区两个层级，大区下设A/B/C类城市，并且考虑城市差异的特殊性，将几个特大型城市定义为“特A城市”。

2. 项目组对各层级管理人员、骨干员工进行项目访谈，了解大家对于职位层级体系的看法。最终，明确职位层级体系的目标为：（1）让职位层级体系为公司发展战略服务；（2）让职位层级体系为将来更加系统的薪酬福利体系服务；（3）让职位层级体系为员工提供顺畅的内部发展通路；（4）重视个人能力发展，体现员工在公司中的重要性。

3. 项目组对公司内部的组织情况、人员情况进行综合分析：（1）公司员工年龄普遍较年轻、学历较高，员工期望获得更多的职业发展机会；（2）公司业务范围覆盖全国，但是各个分公司的业务规模差距很大，员工数量分布的差距也很大。

4. 基于以上所有信息，项目组决定在设计职位评估体系的时候，不仅要考虑职位的主要职责，还应考虑该职位在公司中承担的责任、公司所在地域的经济发展差距。同时，由于公司业务发展迅速，项目组在设计职位评估体系的时候，还要兼顾任职者的情况（这一点实际上是有别于一般职位评估体系中仅仅关注职位这个原则的）。

5. 最终的职位评估体系设计为三个主要的维度，并分解为七个因素，并且按照这些要素的重要性分配不同的权重。具体内容如表 2-11 所示。

表 2-11 职位评估体系设计的三个维度

评估维度	任职资格（20%）	角色定位（30%）	个人能力（50%）
主要因素	学历背景	沟通用途	学习能力
	经验积累	地域划分	工作能力
		职位类别	

接下来详细说明每一个维度的情况。

（1）任职资格：描述该职位任职者应该具备的基本条件，包括学历背景、经验积累两个要素。

（2）角色定位：描述该职位任职者在公司中的作用。主要包括三个要素：沟通用途——考察该职位是在公司内部沟通还是与外部沟通，体现该职位在沟通中的重要性；地域划分——考虑到公司各地分 / 子公司发展不均衡，区分各个职位对公司的影响程度；职位类别——为职位划分类别，体现不同职位群对公司的不同影响。

（3）个人能力：考察任职者具备的相关工作能力。主要包括两个要素：学习能力——考察任职者学习业务知识并将其转化到工作中的能力；工作能力——考察任职者接受工作任务、分析问题、解决问题或恰当授权、监督管理的能力。

项目组将所有考察维度细化为不同等级的描述，配合不同的分数，就形成了评估工作表格。

以下是当时的评估工作表格以及设定的分数情况。

①任职资格。为了操作方便，在经验这个维度里面以工作年限作为参考，在学历中增加了“半分”的层级。例如，在学历中可以选择“大专及本科无学位”，经验选择 1~2 年。那么对应的分数就是（74+92）/2= 83。如表 2-12 所示。

表 2-12　任职资格及分数情况

级别	学历＼经验	1	2	3	4	5	6
级别	经验／学历	不必有经验	熟悉标准性的工作 6 个月~1 年	必须有处理某专门项目的经验 1~2 年	必须有工作范围所需的深度和广度的经验 2~5 年	技术专业经验或广阔的职务经验 5~8 年	又深又广的职务经验或跨几个职务的管理经验 8~12 年
1	高中教育 技校（1.0）技术职业高中（1.5）	20	38	56	74	92	110
2	高中教育后的教育 中专（2.0） 大专及本科无学位（2.5）	38	56	74	92	110	128
3	本科（学位）教育 大学本科（3.0） 研究生同等学历、双学士（3.5）	56	74	92	110	128	146
4	硕士（学位）教育 硕士（4.0） 博士无学位、双硕士（4.5）	74	92	110	128	146	164
5	博士（学位）教育	92	110	128	146	164	182
6	博士后教育	110	128	146	164	182	200

② 角色定位：公司的业务在各个城市的发展不平衡，不同的职能部门对于公司的业务影响也会不同。因此，在这里项目组要特别把这几个要素约定出来。如表 2-13 所示。

表 2-13　角色定位及分数情况

		沟通用途	内部 1	外部 2	内部 3	外部 4	内部 5	外部 6	内部 7	外部 8	内部 9	外部 10	内部 11	外部 12
		地域划分／职位类别	C 类城市		B 类城市		A 类城市		特 A 城市		大区		总部	
支持类	1	后勤支持类	28	44	60	76	92	108	124	140	156	172	188	204
支持类	2	战略支持类	44	60	76	92	108	124	140	156	172	188	204	220

（续表）

		沟通用途	内部 1	外部 2	内部 3	外部 4	内部 5	外部 6	内部 7	外部 8	内部 9	外部 10	内部 11	外部 12
		地域划分 / 职位类别	C 类城市		B 类城市		A 类城市		特 A 城市		大区		总部	
技术类	3	网络研发类	60	76	92	108	124	140	156	172	188	204	220	236
	4	网络维护类	76	92	108	124	140	156	172	188	204	220	236	252
业务类	5	销售支持类	92	108	124	140	156	172	188	204	220	236	252	268
	6	市场类	108	124	140	156	172	188	204	220	236	252	268	284
	7	销售类	124	140	156	172	188	204	220	236	252	268	284	300

③ 个人能力。这个设计体现了在快速发展的公司里，对于人员能力素质的挑战。如表 2-14 所示。

表 2-14　个人能力及分数情况

	级别	1	2	3	4	5	6
级别	工作能力 / 学习能力	接受上级指示，按照公司规范处理问题明确的工作	接受上级指令，对工作进行分析，处理有难度的工作	接受上级提示，仔细分析、分解问题，并适当授权下级处理 / 或创造性解决	按照部门目标分解复杂问题，制定解决方案，授权并监督	按照分公司 / 大区目标，结合当地情况寻找解决方案，授权并监督	按照总部战略，分析复杂问题，制定解决方案，授权并监督
1	对业务知识有学习的欲望，但不能将所学知识有效地应用到实际工作中	52	108	164	220	276	332
2	对业务知识有强烈的学习欲望，并能够在实际工作中有所应用	108	164	220	276	332	388

（续表）

	级别	1	2	3	4	5	6
级别	工作能力 学习能力	接受上级指示，按照公司规范处理问题明确的工作	接受上级指令，对工作进行分析，处理有难度的工作	接受上级提示，仔细分析、分解问题，并适当授权下级处理/或创造性解决	按照部门目标分解复杂问题，制定解决方案，授权并监督	按照分公司/大区目标，结合当地情况寻找解决方案，授权并监督	按照总部战略，分析复杂问题，制定解决方案，授权并监督
3	能够把业务知识转化到实际工作中并提升自己的业务能力	164	220	276	332	388	444
4	主动把业务经验融入到实际工作中，使业务能力得到大幅度提升	220	276	332	388	444	500

④ 职位评估分数转换表。从分数设计看，这个体系的设计非常简洁。按照三个要素的权重在总分1,000分之内进行分配。任职资格总计200分，角色定位总计300分，个人能力总计500分。考虑到这个体系仅仅在公司内部使用，因此，这个评估分数体系是一个有最高值的封顶体系。如表2-15所示。

表2-15 职位评估分数转换表

总分数幅度	职位级别
100 ~ 200	1
201 ~ 300	2
301 ~ 400	3
401 ~ 500	4
501 ~ 600	5
601 ~ 700	6
701 ~ 800	7
801 ~ 900	8
901 ~ 1,000	9

建立了职位评估体系之后，项目组利用这样的职位评估方法，对公司内部

所有职位进行了评估，并建立了职位体系。表 2-16 列举了一个 HR 职位评估的层级结果。通过这样的评估体系，在公司内部各个分子公司与总部之间建立了一整套职位层级体系。为接下来的薪酬福利、员工调动等工作奠定了管理基础。

表 2-16 HR 职位评估层级结果

<table>
<tr><th colspan="2">职位名称 / 因素</th><th colspan="2">培训经理</th><th colspan="2">培训专员</th><th colspan="2">HR 录入员</th><th colspan="2">总部前台</th></tr>
<tr><th colspan="2"></th><th>级别</th><th>分数</th><th>级别</th><th>分数</th><th>级别</th><th>分数</th><th>级别</th><th>分数</th></tr>
<tr><td rowspan="2">任职资格</td><td>学历</td><td>3</td><td rowspan="2">128</td><td>3</td><td rowspan="2">110</td><td>2</td><td rowspan="2">74</td><td>1</td><td rowspan="2">38</td></tr>
<tr><td>经验</td><td>5</td><td>4</td><td>3</td><td>2</td></tr>
<tr><td rowspan="2">角色定位</td><td>职位类别</td><td>1</td><td rowspan="2">188</td><td>1</td><td rowspan="2">188</td><td>1</td><td rowspan="2">188</td><td>1</td><td rowspan="2">188</td></tr>
<tr><td>地域、沟通</td><td>11</td><td>11</td><td>11</td><td>11</td></tr>
<tr><td rowspan="2">个人能力</td><td>学习能力</td><td>3</td><td rowspan="2">332</td><td>2</td><td rowspan="2">220</td><td>1</td><td rowspan="2">108</td><td>1</td><td rowspan="2">52</td></tr>
<tr><td>工作能力</td><td>4</td><td>3</td><td>2</td><td>1</td></tr>
<tr><td></td><td>总分</td><td colspan="2">648</td><td colspan="2">524</td><td colspan="2">370</td><td colspan="2">278</td></tr>
<tr><td></td><td>级别</td><td colspan="2">6</td><td colspan="2">5</td><td colspan="2">3</td><td colspan="2">2</td></tr>
</table>

2.4.4 合益的职位评估方法

合益（HAY Group）的职位评估体系是全球第一个系统的职位评估方法。创始人 Edward N. Hay 于 19 世纪 40 年代创建了职位评估的方法（Hay Guide Chart & Profile Method of Job Evaluation），并成立了合益咨询公司。该方法逻辑严密、结构清晰，并且具备自检功能。历经大半个世纪的全球实践应用沿用至今。该体系除了应用于薪酬管理工作，还可应用于组织架构设计、人岗匹配、职业生涯发展等环节。

合益的职位评估体系主要包含三个评估维度和八个评估要素。如表 2-17 所示。

表 2-17 合益的职位评估体系

评估维度	知识技能（Know-How）	解决问题（Problem Solving）	责任性（Accountability）
评估要素	专业技术知识	思考的环境	采取行动的自由
	管理范围	思考的挑战	影响范围
	人际沟通		影响性质

√ 知识技能——为了实现职位绩效必备的各种知识、技能与经验的组合。

√ 解决问题——任职人员需要具备的思考能力。

√ 责任性——对于某一个行动以及该行动的后果所需负责的程度。

合益职位评估体系三个维度的建立具有非常严谨的内在逻辑性。或者说，这个体系就是在回答下面三个主要问题。

首先，究竟是哪些因素让该职位能够存在？

答案：职位存在的意义是为了实现最终结果——承担相应的责任。因此，在合益的职位评估体系中，建立了“责任性”（Accountability）这个维度。

其次，为了承担这样的工作职责，需要哪些因素来支撑呢？

答案：任职者必需具备适当的技术和经验。因此，在合益的职位评估体系中，建立了“知识技能”（Know-How）这个维度。

最后，具备了知识技能之后，该如何应用到具体的职位职责中呢？

答案：为利用知识技能获得最终结果，任职者必须能够处理并解决问题。因此，在合益的职位评估体系中，建立了“解决问题”（Problem Solving）这个维度。

因此，合益围绕这三个维度之间的关系建立了职位评估体系（如图 2-11 所示）。其内在的逻辑关系就是：一个职位有哪些关键的输出信息（应该承担的工作责任）；为了承担这样的责任，该职位的任职者需要具备哪些具体的知识；任职者具备了这样的知识技能，如何在工作实践中解决问题，实现最终的责任输出呢？

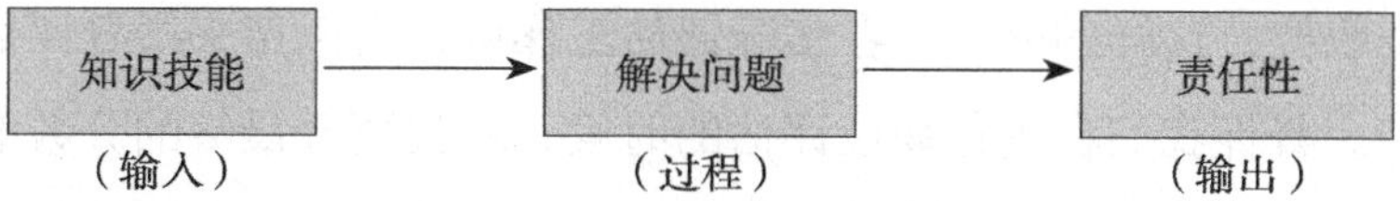

图 2-11　三个维度之间的关系

本书不详细介绍合益的评估体系，仅仅说明一下该评估体系的主要特点。

1. 该职位评估体系创新性地引入了级差的原理。经过理论和实践的研究，该评估体系将不同级别之间的差距设定为 15%。合益的职位评估体系将这种相对差异应用于职位之间差异的比较及结果的设计，使得结果更加科学、合理地反映人心理体验的差异。

2. 该职位评估体系首先创立了评估职位的相对价值。因此，我们在评估所有职位的时候，一定是相对于另外某个职位的，并非一个绝对的概念。这样就给我们在实际操作中提出了一个启示：先找出基准职位，其他职位再与其进行比较。

3. 该职位评估体系具备自检功能。这也是该体系非常独特的特点。不仅通过职位之间的级差来检验职位评估的结果，还可以通过职位评估三个维度之间的得分来检验评估的结果是不是可以接受。这其中的逻辑就是基于该体系建立时的严谨基础——如果要实现某一个职位的最终责任性（职位输出），就需要该职位的任职者具备高于最终责任性的知识技能。也就是说，知识技能的评估等级应该大于等于责任性和解决问题。通俗地解释，只有具备一桶水的基础才能拿出来一杯水承担一定的责任。

4. 该职位评估体系对于职位类型的研究远远超过其他的评估工具。它并不仅仅局限于职位评估的最终分数和层级划分，它还重视研究职位的特性。根据职位评估中分数侧重在解决问题还是责任性的问题，该体系将职位类别又划分为“以解决问题为主的职位”和“以突出最终责任为主的职位”。例如，典型的“以解决问题为主的职位”就是研发类职位。这些职位的主要挑战就是处理各种难题。越是基础研发类职位，就越重视解决问题的能力。典型的“以突出最终责任为主的职位”就是销售类职位。越是高级别的销售职位，就越需承担更多的责任。还有很多职位的特性处于两者之间，如行政后勤支持类职位。这样的分析，在实际评估工作中，可以用来指导评估结果的“完美性”。督促我们在进行职位评估的时候，不仅要看最终的分数能否将层级划分出来，还要看评估出来的职位特征是否符合职位的主要特性。如果销售职位评估出来的结果是“以解决问题为主的”特性，那么，即便层级结果可以接受，也说明评估是有问题的。

5. 该评估体系适用范围广泛，几乎适用于各种类型企业的职位评估，特别适用于知识技能型企业。

2.4.5 美世的职位评估方法

作为全球著名的人力资源管理咨询公司，美世（Mercer）公司拥有自己独特的职位评估方法。该体系称为 IPE 体系（International Position Evaluation）。美世公司利用 IPE 建立的职位层级称为 PC 层级（Position Class）。

美世公司的职位评估主要包含五个评估维度和十二个评估因素。具体如表 2-18 所示。

表 2-18 美世的职位评估体系

评估维度	影响（Impact）	沟通（Communication）	创新（Innovation）	知识（Knowledge）	风险（Risk）
评估要素	组织	沟通	创新	知识	环境
	影响	框架	复杂性	团队	危险性
	贡献			宽广度	

√ 影响——主要是考虑职位影响力的性质及其相应的贡献程度。在评分时，首先确定职位的影响力性质，随后确定贡献的程度是有限、部分、直接、显著，还是首要的。

√ 沟通——着眼于任职者经常用到的沟通技巧。首先确定任职者在日常工作中经常用到的最具挑战性的沟通类型，然后依据该沟通类型中最困难的场景作相应调整。如果此类沟通的出现并不频繁或只是偶然发生，应在评估结果中减去半分。相反，如果此类沟通持续出现，则在评估结果中加半分。

√ 创新——着眼于就任该职位所需要的创新水平。评估人员首先确定低职者要具备的创新水平，然后决定该创新水平的复杂程度。

√ 知识——关于职位职责要求完成的工作目标和价值创造所需要具备的知识性质。知识获得的途径既可能通过正规教育，也可能通过工作经验，或两者兼有。评分时，评估人员首先区别该职位应用知识的深度；然后确定任职者是团队成员、团队领袖还是多团队经理；最后确定该职位的知识应用是否具有跨地域、跨文化的背景。

√ 风险——考虑在工作中任职者所经历的事情的性质。首先，评估人员决定任职者所承受风险的级别，然后决定来自于环境的危险的频率。对于在正常工作环境下极少承受风险的职位，则不需考虑该因素。

美世公司的职位评估体系的主要特点如下。

1. 该职位评估体系非常重视不同类型不同规模的组织对于职位的影响。在美世的评估体系中，首先需要特别关注和明确的就是组织的规模。为什么如此重视组织规模的影响呢？该体系认为：低级别的职位，在不同组织规模内的工作职责差异不大；随着职位层级的提高，不同组织规模对于高级别职位的影响越来越大，职位之间的差距也越来越大。

举例来说：在一家 50 人规模的公司从事前台工作，和在一家 50 万人的公司从事前台工作，两者之间的工作职责、难度、挑战差异不大。但是，在一家 50 人规模的公司担任总经理，和在一家 50 万人的公司担任总经理，这两者之间的工作职责、工作难度、面临的挑战就有很大的差异。

为此，在美世公司的评估体系中，首先需要定义“组织”。在职位评估中，“组织”必须满足以下三个条件。

√ 至少包括一个“核心 / 业务”部门，如生产、服务、研发、市场或销售。
√ 至少包括两个“支持”部门，如信息系统、财务和 / 或人力资源。
√ 其运营能带来的增值。

满足以上条件之后，在确定规模级别的时候，还需要考虑诸多要素。例如，根据组织所创造的价值，确定组织的类型，是属于产品型、服务型，还是金融型，等等；根据该组织参与的价值链环节，选择组织的工作性质；根据员工人数、组织的净销售额、资产或者成本 / 预算来综合衡量组织的规模大小。由此我们看出，这个评估体系非常重视公司规模对于职位的影响。美世公司还会不断调整和更新计算组织规模的系数，确保职位评估体系能够持续如实反映当前的组织情况。应该说，这是该评估体系的一大亮点。

2. 在该评估体系中，所有分数的权重不是平均分配的。该职位评估体系比较重视组织规模和团队的影响。换言之，它更加重视一个职位对于组织内部管理的影响力。在分数的后台设计方面，美世的评估体系给予“贡献 / 影响”“团队”因素较大的权重。因此，如果用这样的体系评估以技术导向为主导的职位，就可能存在一定的局限性。例如，当前很多公司都有“管理——技术”双职业发展通路。很多技术人员是从知识体系专家成长为“资深”层级人员的。在该体系中，就需要着重在“复杂性、创新、知识”等几个维度给予更多的分数，否则就不太容易从评估上得到更高的层级。

3. 该评估体系更具有灵活性。美世的评估体系是面对全球所有企业各类职位建立的评估体系，具备普适性。在评估大部分职位时，评估人员不需要考虑“风险”这个要素。对于需要考虑风险的职位，如野外勘测、矿井类的职位，评估人员可以根据需要调整评估维度。

4. 该评估体系操作简便。从体系设计来说，该系统的几个要素之间没有明显的关联关系，从而简化了评估流程。

以上我们介绍了合益咨询公司和美世咨询公司的职位评估体系，以及职位评估体系背后的逻辑。公司管理者可以根据自己的需要，或者寻找外部资源，或者建立独特的评估体系。当然，需要企业管理者格外注意的是：自己制定的评估标准，未来要能够和外部咨询公司的评估体系适当对接，以便更好地和外部竞争公司的类似职位进行比较。你可以自己建立“英尺、英寸”体系，但是要确保自己的体系能够和标准的“米、公里”实现互相转化。

第五节　职位级别

公司内部的层级管理非常重要，它涉及到不同部门、不同职位之间的薪酬福利，甚至是办公室的配置标准等问题。

2.5.1　职位级别的通用模式

人力资源部完成职位评估工作后，可以按照这些职位的责任大小排序，形成公司内部不同层级的职位级别（Job Band/ Job Grade）体系。人力资源部一般每年或者每两年整理一次职位级别体系。人力资源部可能会根据组织结构的调整、新业务的出现而适当调整职位层级。

职位评估就是打破了公司原有的按照职位之间汇报关系构成的不同层级，建立了一套按照职位相对价值大小排序的层级关系。评估前后对比情景如图 2-12 所示。

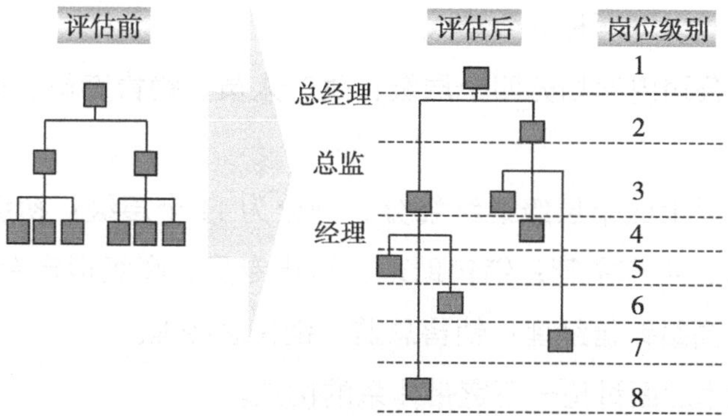

图 2-12　职位评估前后的层级关系对比

职位评估之后，人力资源部绘制如表 2-19 所示的工作表格。这个表格列举了公司内部几乎所有职位的层级情况。这将是公司开展薪酬管理的基础，也是员工晋升、职业发展的主要通道。

表 2-19　公司所有职位的层级情况

级别	层级	职位名称
总经理	7	总经理
副总 / 总助	6	副总经理、副总裁、总经理助理、首席科学家
高级经理	5	高级销售经理、高级市场经理、总监、高级财务经理
经理	4	销售经理、技术经理、主任工程师、财务经理
主管	3	销售主管、人事主管、高级工程师、财务主管
专员	2	销售专员，人事专员、工程师、财务专员
助理	1	销售助理、人事助理、助理工程师

2.5.2　职位级别的宽窄之说

职位层级的划分有宽带和窄带两种模式。宽带的模式是指公司内部的职位层级很少；窄带的模式是指公司内部划分了很多职位层级。

例如，有一家拥有五千名员工的机械制造公司。在划分职位层级的时候有可能会出现以下两种划分模式。

（1）在公司内部划分四个层级：生产人员、销售专员、销售经理、高级管理层。

（2）将以上四个层级继续细分，划分为 11 个层级：初级生产人员、高级生产人员、生产主管；销售助理、销售专员、高级销售专员；销售主管、销售经理、高级销售经理；销售总监、销售总经理。

先从技术层面讨论一下宽带体系的优点。

√ 在宽带体系下，从最低层级到最高层级的职位层级数少于窄带体系。这样一来，公司内部的职位层级少，可以在同一个层级里面容纳更多的职位名称，便于模糊不同职位名称之间的层级差距。例如，如果公司仅仅划分生产人员层级、销售专员层级、销售经理层级和高级管理层四个级别，那么人力资源部可以将销售主管和高级销售专员划分在一个层级里。在一定程度上使员工对职位名称不是那么敏感。

√ 在宽带体系下，职位的层级减少了，员工就会从单纯看层级、看职位名称转变为看工作内容本身。

√ 在宽带体系下，强调的不是员工的纵向职位晋升，而是员工在同一层级内部的横向流动。外企一般称之为职位轮换（Job Rotation），即公司为员工提供一个横向更换职位的机会，丰富员工的工作技能，扩大员工在公司内部的人际关系，为员工晋升到更高级别奠定基础。

√ 宽带体系减少了人力资源部管理职位体系的成本。宽带体系肯定比窄带体系稳定。也就是说，即便公司的业务模式、组织结构发生了变化，对于宽带体系的影响也会小于窄带体系。

√ 如果公司采用宽带模式来管理职位体系，与之关联的另外一个体系——薪酬体系往往会随之采用宽带体系。这样在同一个层级之内，薪酬的变化幅度比较大。益处是对工资的管理比较灵活，弊端是需要管理者具有更强的成熟度，否则会导致同一级别内工资的混乱。

无论是宽带体系还是窄带体系，本质上体现的是公司的管理文化。在管理实践上两者并没有明确的优劣势之分。一般来说，采用宽带职位层级的公司希望通过宽带的管理，弱化不同业务部门之间职位层级的差距。例如，从理论架构看，美世咨询公司的 IPE 评估工具评定出来的职位层级，一般级别比较窄。如果在一个大型跨国公司内部，不同业务部门之间的管理模式差距很大，采用窄带管理就有可能在跨业务领域、跨不同分 / 子公司之间出现职位的层级差距，导致员工在不同公司之间调动岗位的时候，需要“转换”职位层级。

另外，采用宽带职位体系管理的公司，不提倡员工通过不断内部晋升来获得职业发展的机会，提倡的是员工在同一个层级内部横向流动。事实上，我们看到有些公司在员工晋升，特别是晋升到一定的管理层级之前，必须要求其在一个后勤支持类部门（人事、行政、财务等）、一个业务部门（生产、销售、市场、售后）加上一个其他部门工作过，才可以有晋升管理层的机会。

2.5.3 职位名称的管理模式

在职位层级管理这个话题中，往往还涉及另外一个非常现实的话题——职位名称（Job Title）的管理。每一家公司都有自己的职位名称管理体系，很多公司还有对应的英文词汇来保证“秩序不乱”。

一般来说，职位名称通常的组成方式如表 2-20 所示。

表 2-20 职位名称的组成方式

职位要素	名称举例
资深程度	高级 Senior，初级 Junior
职位类别或者部门	销售 Sales，市场 Marketing
职位所属国家、区域、城市	北方区 North China，北京 Beijing
标准职位层级	经理 Manager，主管 Supervisor

高级销售经理=高级（资深程度）+销售（职位类别）+经理（职位层级）

北方区高级人事主管=北方区（职位所属区域）+高级（资深程度）+人事（职位类别）+主管（职位层级）

公司是否实行内部、外部两套职位管理体系，完全是根据公司的实际情况来决定的。从管理的复杂性来说，一套体系是最简单易行的。但是，我们也要考虑业务的实际需要，应从管理需要出发。

有些公司在内部的人事管理系统里，按照一定逻辑把内部、外部的职位名称预设在系统里，并且任何一个名称的使用都需要得到一定权限人员的审批。这样的职位名称管理，不会引发混乱，而且显得“井然有序”。但是，有些公司没有完整的系统支持。内部、外部的职位名称完全靠员工填写 Excel 表格手工维护。一旦表格的更新维护不及时，就会造成一定的混乱。为了减少内部管理的成本，有的公司在外部职位名称管理上，采用业务部门自主制定、自主支配的原则。换言之，公司内部所有职位名称都是由人力资源部统一管理的。但是，公司对于经常和外部客户联系的业务部门的职位管理是完全开放的。业务部门可以根据外部市场的惯常做法命名本公司的职位名称。这样做的最大好处就是降低了内部管理的成本。弊端就是容易引发不同业务部门之间的攀比，造成另外一种混乱。

完成上述工作后，对于一般的公司来说，已经完成了职位管理的核心——按照不同职位的职责重要性，在公司内部划分统一的职位层级体系。但是，对于一些产品价值链（Value-Added Chain）很长的公司来说，仅仅划分出不同职位的层级是不够的。某些产品价值链很长的公司，职位可能涵盖从研发、采购、物流、生产到销售、市场、售后、分销等很多方面。因此，这样的公司在划分了层级之后，还涉及职位族群的划分工作。

2.5.4 职位族群

简单地说，职位族群（Job Group/ Job Family / Job Function）是一系列从事类似工作，需要类似的知识、技能和素质要求（尽管要求的等级不同）的职位组合。一个职位族群内部根据应负职责、绩效衡量指标、专业知识技能和素质的差异，划分为不同的级别。有些公司称为职位族群（Job Family），有些公司称之为职位类别（Job Function/ Job Group）。

职位族群的划分，将本来只有横向的职位层级划分出不同的序列，让不同的职位序列更加清晰。公司所有职位族群、职位层级、级别等共同构成公司整体的职位体系。它成为了员工职位变化、薪酬调整等工作的基础体系。

职位族群的划分取决于公司业务的需要，如果划分的通用程度太高，将不利于实际应用；如果划分的专业程度太高，会导致缺乏灵活性和前瞻性。一般可从以下几个角度考虑公司应当有多少个职位族群。

（1）技术专业 / 技能知识。

（2）工作的特性 / 属性。

（3）人员素质要求。

（4）以上各项的组合。

一般来说常见的职位族群包括市场营销职位族群、技术研发职位族群、客户服务职位族群、生产组装职位族群、行政支持职位族群等。

按照职位族群划分公司内部的职位有很多好处，例如，为员工的职位发展开拓了横向和纵向的发展通道；有利于薪酬管理人员考虑市场薪酬的时候，更好地对比市场数据，等等。

我们把职位体系的工作简要介绍一下。请大家记住，从 JA（职位分析）开始：JA 的结论是 JD（职位说明书）；有了 JD，我们就可以做 JE（职位评估）；JE 的结果，就可以划分 JB/JG（职位级别）；另外，我们还可以划分出来 JF/JG（职位族群）。职位的管理过程（Job Clarification）如表 2-21 所示。

表 2-21 职位的管理过程

管理过程	管理结果
职位分析（Job Analysis）	职位分析是审核职位的一种方法，通过有效的职位分析工作，可以得到《职位说明书》（Job Description）
职位评估（Job Evaluation）	专业人士使用某种职位评估方法，将各个职位评估出不同的职位层级（Job Grade）。有些公司会进一步将职位层级做成宽带的管理模式（Job Band）
职位族群（Job Family）	运用专业的方法，按照不同的职能部门，将不同层级的职位划分为不同的职位族群，或者叫职位组（Job Group）、职位类别（Job Function）

我们讨论的所有问题，都仅仅针对职位，完全没有涉及职位上的人——任职者（Job Holder）的情况。

案例分享一　某跨国公司重叠的职位名称体系

某跨国公司拥有不同的销售部门，其销售的产品具有很大的差异。向一个国家分公司的总经理汇报的销售部门一把手，部门经理管理的人员数量、业务收入可能会有数量级的差距。例如，最大的销售部门，部门经理管辖团队大约有千人，年销售收入达百亿元；最小的销售部门，销售经理管辖团队只有百人，销售收入仅几十亿元。但是，两个业务部门的领导都向一个国家分公司的总经理汇报，都参加总经理办公会议。

公司采用窄带的职位体系。职位评估人员发现：大业务部门的一把手的层级往往高于小业务部门一把手。这样在职位名称管理上就有点尴尬。例如，大部门的区域销售经理，在级别上等于小部门的部门总经理。但是，职位的统一管理只能给予其一个名称，小业务部门的一把手只能称为高级经理，而不能称为总经理。如表 2-22 所示。

表 2-22 重叠的职位名称体系

级别	层级	销售一部	销售二部
总经理	7	总经理	
区域经理	6	区域经理	总经理
高级经理	5	高级销售经理	区域经理
经理	4	销售经理	销售经理
主管	3	销售主管	销售主管
专员	2	销售专员	销售专员
助理	1	销售助理	销售助理

在实际工作中，小业务部门的一把手会向总经理抱怨："我作为部门的一把手，负责中国区这么大的一块业务，为什么不能给我一个总经理的名称？为什么要给我高级经理的职位名称？"这样的抱怨是有道理的。

于是，该公司采用了重叠的职位名称体系，有效地解决了这个问题。

图 2-13 就是该公司重叠的职位体系样本。

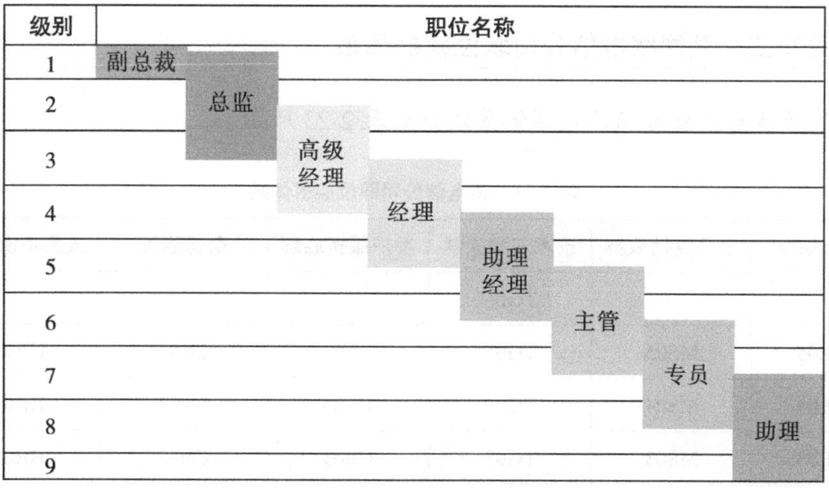

图 2-13 实际应用的重叠的职位体系样本

这样的职位体系有以下几个优点：（1）打破了职位名称和级别"一对一"的惯例，让员工不易从职位名称中猜测出来职位级别；（2）部门管理者有更大的灵活性处理部门内部的职位名称，同样的层级或者不一样的层级都有可能采用同样的职位名称；（3）跨部门的职位名称可以实现统一，同一个部门的职位名称由部门管理者确定；（4）员工晋升演变为两种：职位名称的晋升和职位层级的晋升，给了部门经理更多的管理自由度；换言之，由于采用了重叠的职位名称体系，一个职位层级内就允许两个职位名称的存在。经理可以在不提升员工级别的情况下提高员工的职位名称，然后在提高员工级别的同时不再提高职位名称。经理也可以先提高员工的层级，但是不改变职位名称，等待日后再调整职位名称。如图2-14所示。

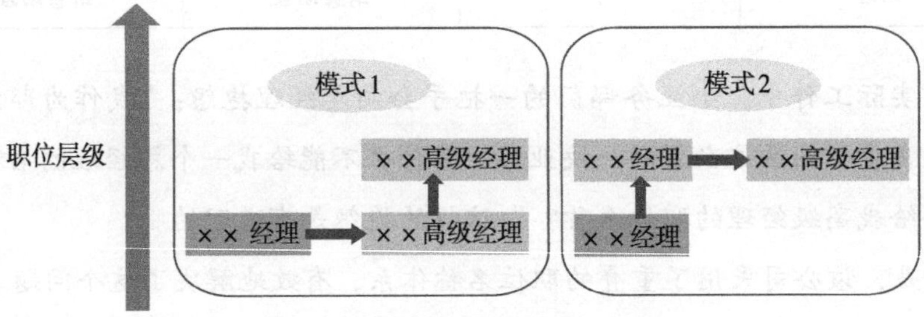

图2-14　职位层级的两种晋升模式

案例分享二　某网络电信公司职位族群体系

某网络电信公司职位族群体系划分如表2-23所示。

表2-23　某电信公司职位族群体系

销售族群	市场营销族群	技术工程族群	客户服务族群	财务族群	人力资源族群
		TG06			
SL05	MS05	TG05		FN05	HR05
SL04	MS04	TG04	CS04	FN04	HR04
SL03	MS03	TG03	CS03	FN03	HR03
SL02	MS02	TG02	CS02	FN02	HR02
SL01	MS01	TG01	CS01	FN01	HR01

附录1 有问有答

1. 在实际工作中，谁会用得上职位分析的结果呢？

答：职位分析是人力资源管理的基础性工作。招聘人员可以根据职位信息，选择合适的候选人；培训与开发人员可以根据员工的能力和实际情况的差距，安排适当的员工培训与发展机会；薪酬管理人员会根据不同职位的信息，做好职位评估工作，为薪酬的内部公平和外部竞争力分析奠定基础；绩效管理人员会按照职位分析结果审核员工的业绩。职位分析的书面结果——职位说明书，还可能作为劳动仲裁时的法律文本之一。

2. 在外企，一般由什么部门行使职位管理职能呢？

答：在很多外资企业里，职位管理是薪酬管理部门的职责之一。一名专业的薪酬管理者应该熟悉各种职位管理方法，善于建立职位体系，评估不同职位在公司内部的重要性。具体把职位管理工作划分在哪个部门，也是根据公司对于内部职级的重视程度而有所不同。有些跨国公司会设定专门的组织管理部门，专门负责各个部门的组织结构设定工作，同时处理职位分析、职位说明书的撰写维护、职位等级的评估等工作。更多的公司把职位管理作为薪酬管理的职责之一。

3. 我公司规模较小，是不是一定要用职位评估的办法来划分内部的层级呢？

答：职位评估仅仅是一种管理工具，其目的是根据不同职位在公司内部的相对价值不同，划分出不同的层级。如果公司规模较小，同时缺乏专业人员进行职位评估管理，可以采用其他管理手段来处理内部层级。其中一个非常简单易行的方案就是根据公司内部的汇报层级划分。虽然我们在前文中一直强调，职位管理可以避免由于内部汇报层级管理带来的弊端，但是如果公司规模不大，职位之间的汇报关系也就非常接近于实际的职位层级体系了。

4. 对于中小企业来说，用职位评估方法划分出来的层级，是不是一定科学合理？有没有其他解决方案？

答：职位层级的划分其实就是为我所用的管理工具之一。如果公司规模较小，可以不用开展职位评估。毕竟，任何形式的评估工具都需要由专业人员来管理和操作，耗费的成本会较高。因此，小型企业可以根据管理性质的转变来划分层级，如基层员工、团队主管、部门经理、多部门经理（总监），也可以“简单粗暴”地直接利用汇报关系来管理职位层级。

5. 设计职位层级时是层级越多越好，还是层级越少越好？

答：职位层级的设计应该遵从公司整体管理战略，层级的多少并不重要，重点在于公司希望这样的层级设计能够传递和解决什么样的管理问题。同样是100强中的跨国公司，在职位层级的设定上可能会有天壤之别。作者接触的公司里，有些公司从基层的生产操作工人到集团总裁一共有30多个层级。其中管理层级中，从主管到集团总裁也要20多个层级。也有的集团公司的管理层级从主管到集团总裁只有四五个层级。从表象看，如果层级多，员工就有职位“晋升”的机会，也就可能经常调整工资。反之，员工则没有更多的晋升机会。到了管理层之后，员工的职业发展不是职位的纵向晋升，而是职业的横向“丰富化”。公司鼓励员工在晋升到更高一级职位之前，能有更多的机会涉足其他领域的工作。

6. 是不是所有大型跨国公司都有成型的职位体系？

答：从管理实践上看，很多成熟稳定的跨国公司都有成型的职位体系。即便有些跨国公司在很长时间里没有统一的职位层级划分方案，也会采用另外的办法来解决这个问题。主要思路是：没有明确的职位体系的公司会有明确的管理汇报关系。公司就利用汇报管理来“替代”职位体系。具体到每一次操作的时候，人力资源部首先在公司汇报关系里找到一个“标杆”，然后用这个“标杆”沿着管理层级向上或者向下实施某个政策。以一家大型跨国公司的管理实践为例。该公司在推广某些和层级相关的政策的时候，用简单的“N-m”的模式来处理。例如，公司最近推行车辆使用政策时，政策中会有这样的描述“本政策适用于向中国区业务总经理汇报的所有‘N-2’及以上的管理者”。这里的N指的就是中国区业务总经理。那么N-2指的就是中国区总经理向下两层级汇报关系的业务经理。

7. 开展职位分析访谈的时候，部门经理总会说：“老张这个职位很重要，没有老张这个职位，我们部门的很多工作就无法开展了。”若访谈人员觉得这个职位并没有那么重要，该如何处理呢？

答：职位分析的对象是职位。访谈人员应提醒部门经理：“我理解您对这个职位重要性的认可。现在我们假设老张离开了公司，这个职位需要重新招聘。那么我们需要什么样的人呢？这样的人能承担什么样的职位职责呢？”运用本书介绍的内容，把这个职位的职责和部门的其他职位进行比较，让部门经理罗列出重要性的细节。这样就能帮助我们判断该职位的实际情况了。

8. 在进行职位评估的时候，感觉随着公司规模的不断扩大，业务复杂程度的不断提高，很多职位都在慢慢地从低层级上升为高层级。这样会不会造成“职位膨胀”？

答：在公司业务快速发展，营业收入不断增长的时候，出现“职位膨胀”是正常的现象。例如，公司一个销售经理三年前承担的销售收入是5百万元，三年后便成了1千5百万元。他管辖的团队规模也扩大了很多。那么销售经理这个职位的层级确实需要提高。出现这个情况的时候，一方面要多做外部对标，联系相关的人力资源咨询公司，用咨询公司的评估工具标定这样的职位是不是需要提高级别；另一方面就是内部的平衡性，判断一下如果提高了该销售经理的层级，相对于其他职位的层级是否公平。

9. 很多咨询公司都有自己的职位评估体系，但是在学习的时候发现其对于各个维度的描述特别枯燥。怎样才能快速地学习和掌握某一家咨询公司的职位评估工具呢？

答：很多咨询公司都有自己独特的职位评估工具。在学习的时候，首先，建议大家用自己的母语接受培训。你可能日后需要拿着英文的职位评估手册来工作，但是在接受培训的时候，建立采用中文的评估手册来学习，接受中文顾问的培训。这样有利于你迅速掌握这门技巧。其次，在学习每一个评估要素、维度的时候，需要掌握这个维度下不同层级之间的“分水岭”。例如，知识技能是比较常见的评估维度，学习的时候，就要找到“哪一个层级说明的是高中或者职业技校毕业的水平；哪一个层级相当于大学本科毕业的知识。”只要找到了分水岭，就很容易理解内在的逻辑。再次，就是要不断应用。职位评估培训只是对这个工具的大致了解，要想成为该领域的专家，需要在工作中不断实践，最好能亲身经历职位体系建立过程或者从事职位体系维护的工作。

10. 我在进行职位评估的时候，总是仔细阅读职位说明书，但是发现在里面很难找到能和职位评估工具对应的内容。例如，职位评估要考察这个职位的复杂性，但是我在职位说明书中看不到复杂性，我该如何处理这样的情况呢？

答：从职位说明书里抓取信息，然后转化为职位评估的语言，确实需要人力资源从业者具备一定的专业技能和实战经验。如果公司已经有了明确的职位评估工具，职位评估人员就可以结合这样的工具，修改职位说明书的内容。换言之，这份说明书已经把职位评估需要的内容罗列进去，方便了日后的评估工作。例如，职位说明书里增加了工作职位的区域范围（列明覆盖的城市、区域）；负责业务的主要内容（生产、销售、研发……）；直接和间接汇报的下属人员；内部和外部沟通的关系（冲突还是和谐一致）；工作中主要的变革和挑战。

附录2　外企常见职位名称的英文词汇

表达资深程度	Senior，Experience，Advanced
通用职位名称	Administrator，Analyst，Assistant，Clerk，Coordinator，Engineer，Executive，Inspector，Trainee，Technician，Supervisor，Specialist，Representative，Operator，Officer，Manager，Leader…
特殊的名称	Accountant，Advisor，Architect，Auditor，Buyer，Cashier，Controller，Writer，Worker，Tester，Receptionist，President，Designer，Counsel…

第六节　如何建立和管理职位体系

2.6.1　为什么要建立职位体系

建立完整的职位体系是人力资源管理人员的基础性工作。

√ 薪酬管理。全球几乎所有企业都采用“以职位为基础”的（Job-Based）薪酬管理模式。换言之，我们为某个职位付薪，很大程度上是基于职位层级或者职位价值。稳定、清晰、标准统一的职位体系，可以为薪酬管理奠定良好的基础。在明确的职位层级之上，薪酬管理工作可以分析内部公平和外部竞争力，为管理决策提供基础信息分析。

√ 福利管理。公司可以将很多福利体系设计框架和职位体系关联起来，针对不同职位层级，设计不同的福利项目。通过职位体系看到本公司内部福利和外部其他公司福利之间的竞争关系。

√ 招聘管理。招聘管理人员可以了解职位的主要职责范围和资格要求，并且比较该层级人员的薪酬待遇情况，方便开展招聘管理。

√ 员工职业发展。员工可以通过审查不同的职位层级、不同的职位族群，看到自己的职业发展路径。

√ 人才储备管理。公司可以根据各个职位的职责、层级要求对现有人员的任职资格进行盘点，有计划地开展各种培训，并且按照不同的职位层级要求，有针对性在公司内部培养后备人才。

√ 人员派遣管理。很多跨国公司在进行人员派遣的时候，非常依赖于内部统一的职位管理体系。通过全球统一的职位层级体系，易于判断外派员工应该具备的薪酬福利待遇等。

完善的职位体系需要确保内部的公平性——不同职位之间相对价值的公平，不同职能领域、不同职位族群之间的平衡，如图 2-15 所示。

图 2-15　内部公平性的职位体系

√ 首先，需要科学的方法，人力资源管理人员可以引进外部咨询公司成熟的体系，也可以自己定制和开发。但是，该方法应该是适应公司发展需要的，是科学严谨的。

√ 其次，要制定统一的标准。一家公司内部如何设计职位体系，应有一个统一的标准。切忌仅仅在某一个或某几个部门考虑某些特殊因素，给日后的管理造成内部不公平。

√ 然后，需要制定严格的管理程序。职位体系从建立到日后每一个新职位的评估、审批都要依据严格的管理程序。

√ 最后，所有参与人员必须接受专业的培训。职位体系的建立、维护，需要参与人员充分了解审批流程，确保大家在同样的层面工作。

2.6.2 如何建立职位体系

对于跨国公司来说，建立一个职位体系，至少需要如图2-16所示的“三个保障”。

图2-16 建立职位体系需要的“三个保障”

1. 组织保障。职位体系的建立，首先要获得集团最高层管理者的认可和审批。集团公司高层管理者始终要处在项目组的审批层面。如图2-17所示。

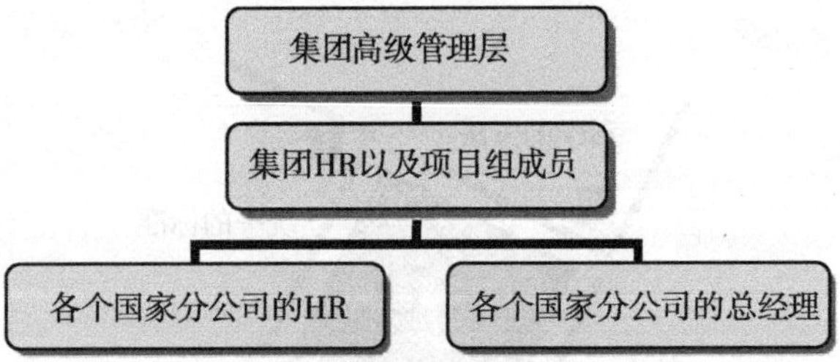

图2-17 建立职位体系的组织保障示意图

（1）集团高级管理层是整体项目的审批者，负责整体项目进展的确认、方向的把握以及最终结果的审批。

（2）集团HR以及项目组成员。通常在开展这样的全球项目时，项目组组长都是集团全球人力资源部门的某一个领导，或者就是集团人力资源部门的一把手。项目组成员可能是来自总部的 HR 人员，也可能是各个国家分公司抽调到总部从事这个项目的区域 / 国家分公司的人力资源管理人员。

（3）各个国家分公司的人力资源管理人员参与到项目组之中。他们会成为项目组在各个国家分公司建立职位体系的主要工作人员。这里面会有两种合作模式：一种模式是项目组成员会培训各个国家分公司的 HR，然后由各个国家分公司的 HR 按照总部统一的模式推广和实施职位体系。项目组起到统一的审批和平衡作用。另外一种模式是项目组成员亲自到各个国家分公司建立职位体系。各个国家分公司的 HR 人员，仅扮演行政安排角色。

（4）各个国家分公司的业务总经理。由于是集团的整体项目，通常各个国家分公司的总经理也会被告知，并且这种告知是从集团总部下达的。其目的在于引起当地分 / 子公司管理层的重视。各个国家分公司业务总经理被告知的另外一个目的就是，各个国家分公司的职位体系结果会在当地首先获得审批。

2. 过程保障。好的项目需要好的项目执行过程。职位体系建设项目一定要经历如图 2-18 所示的几个过程。

图 2-18 建立职位体系的过程保障示意图

（1）计划阶段——组建项目组，培训相关人员，设定项目组参与人员的职责角色，澄清项目大体时间周期。

（2）设计阶段——设计项目使用工具、相关工作表格，明确项目的主要工作模式。

（3）信息收集——收集组织结构图、职位信息，收集来自各个国家分公司的具体需求。

（4）信息分析——整理职责分析，寻找职位评估的业务指标，分析、整理和评估各个职位的层级。

（5）结果表达——综合与平衡各个国家分公司的职位体系设计结果，汇总为全球各分公司统一的职位体系。

3. 成果保障。集团总体的框架成果，需要得到集团最高管理层的审批。各个国家分公司的具体实施成果，首先需要得到各个国家分公司业务总经理的审批，然后项目组需要获得公司最高层管理者的最终审批。项目的最终成果包括公司职位体系建立的方法论、具体使用工具、职位层级划分办法、职位层级体系、主要职位的职位说明书、职位体系的维护与管理、审批权限与流程，等等。

案例分享　某跨国公司职位体系建立项目解析

某跨国公司在全球主要国家都有分支机构，近年来通过不断的企业并购，业务发展更加迅猛。但是在内部管理上，由于职位层级在各个国家的分公司不统一，造成内部管理的一些混乱。特别明显的就是国际外派人员的薪酬福利管理混乱、不同国家分公司业务总经理的薪酬福利待遇也有很大差别。因此，公司希望建立集团统一的职位体系。

我们按照“三个保障”来介绍本次全球项目的设计、执行和落地工作。

1. 组织保障

这样的集团项目必须有集团高层管理者的加入，必须有各个国家分公司业务总经理的加入，必须有人力资源管理领域专家的加入，必须有既懂业务又明白职位管理的人力资源业务经理（HRBP）的加入；同时项目组要引入外部某著名的跨国咨询公司，请咨询公司从方法论上给予指导。各路人员的角色分工如表 2-24 所示。

表 2-24　集团公司设计项目的角色分工

参与人员	主要职责
集团高级管理层	项目关键节点的审批，整体项目的最终审批
各个国家分公司业务总经理	协调本国家分公司所有业务部门支持和参与项目，审批国内分公司的职位层级结果
职位管理专家	制订项目计划，和外部咨询顾问合作执行项目落地，向管理层汇报项目节点和主要成果

（续表）

参与人员	主要职责
人力资源业务经理（HRBP）	提供必要的业务知识，协助在业务部门推行体系
外部顾问	提供职位评估工具与外部其他公司的“最佳实践”

2. 过程保障

项目整体上分成以下两个模块。

√ 集团层面——项目组设计项目整体计划，建立全球职位体系并获得公司最高层管理者的批准。

√ 国家层面——实施和应用职位体系，给予项目组反馈，以便项目组修订某些具体内容。

（1）集团层面的项目进展

√ 项目具体参与人员：首先成立核心项目组，项目组成员来自各个国家分公司的职位管理专家和外部顾问；然后邀请集团高层管理层、主要业务线的人力资源业务经理（HRBP）加入。

√ 本阶段目标：设计全球职位体系 1.0 版本。

√ 本阶段主要工作内容和参与人员如表 2-25 所示。

表 2-25　项目内容和参与人员一览表

项目内容	HRBP	职位专家组	外部顾问	集团高管
在全球所有业务领域、所有国家分公司寻找和确定标杆职位	各个国家分公司的 HRBP 提供各自国家分公司、业务线的代表职位	讨论、审核、确定全球 500 个具有代表性的职位作为标杆职位		
完成标杆职位的标准职位说明书	提供标准职位说明书	审核职位说明书的内容，确保说明书的质量		
对标杆职位进行职位评估		利用外部顾问提供的评估工具，对标杆职位进行评估		
内部一致性检验		对不同业务线标杆的职位评估结果进行综合分析		
职位体系 1.0 版本		根据评估结果划分职位层级		
向高管汇报，并获得审批		汇报结果		审批

（2）国家层面的项目进展

√ 项目具体参与人员：各个国家分公司业务总经理、每一位核心项目组的职位管理专家负责一个区域或者国家分公司、各个国家分公司的人力资源业务经理（HRBP）、核心项目组（包括外部顾问）。

√ 本阶段目标：评估各个国家分公司的所有职位，实施、落实与修订职位体系1.0版本。

√ 本阶段主要工作内容和参与人员如表2-26所示。

表2-26 项目内容和参与人员一览表

项目内容	HRBP	职位专家	某国家分公司总经理	核心项目组
评估高级管理人员的工作并确认级别	提供高管人员的工作职责	职位评估		
按照不同业务线、不同区域逐层进行评估	提供标准的职位说明书	职位评估		
某国家分公司内整体体系的建立与落实	确认职位评估结果	平衡某国家分公司内所有评估结果		平衡跨国家分公司的评估结果
汇报与审批		汇报结果	审批	修订1.0版本

3. 结果保障

（1）职位体系的最初版本经过集团管理层的审批。

（2）在实施职位体系的过程中，每个驻某国家分公司、每个业务线内的结果都需经过相关经理的审批。

（3）核心项目组修订最初审批的版本，将最终版本向集团管理层作最终汇报。

项目总结：

职位体系的建立是一个全球的系统工程，为确保项目顺利完成必须保证以下几件事情。

首先，需要获得公司管理层的审批。

其次，需要有专业的职位管理人员参加，或者引入外部咨询顾问。

再次，在所有流程和步骤中引入相关的业务经理，并获得管理层的审批。

最后，在建立职位体系的任何阶段都要重视沟通与宣传，包括与集团管理层的沟通，与各个层级业务经理的沟通，争取获得他们的支持和认可。

2.6.3 职位体系的维护

相比职位体系的建立工作，职位体系的维护和更新工作会更加持久，这也是很多跨国公司设立职位管理岗位的主要原因。职位体系随着公司业务的转变在不断更新。因此，在建立职位体系的时候，公司管理层就应该清楚：未来谁来维护这个体系？谁来持续审批和更新这个体系？我们是否需要利用某个在线的系统来维护和更新？集团层面是否需要定期进行数据汇总与分析，等等。

完整的职位体系维护工作是从职位评估启动开始，到新的信息录入系统结束，其中包括如图 2-19 所示的几个关键问题。

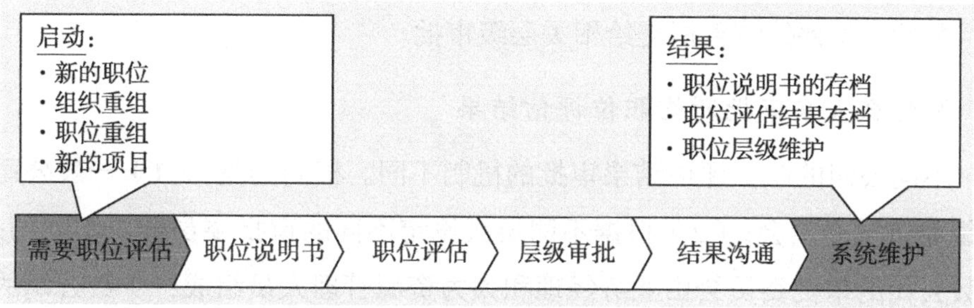

图 2-19 职位体系的全部流程

1. 什么时候进行职位评估

出现以下几种情况时，即可启动新的职位评估工作。

（1）组织重组（Re-Organization），包括公司、业务线、区域、部门重组，这样的重组会影响某些职位，导致该职位层级需要进行调整。

（2）职位重组（Re-Shape），由于某种原因，该职位的主要职责产生变化，引发该职位层级需要进行重新评估。

（3）一个全新的职位产生，需要评估该职位的层级。

（4）一个全新的项目引发项目组内的职位需要进行层级评定。在公司内部，有些项目是临时的，期限只有一年或者半年，对于这样的项目，可以不进行评估。

2. 什么人参与评估过程

一般来说，该职位的上级业务经理、人力资源业务经理（HRBP）、职位评估人员参与整个职位评估过程。

当该职位的上级业务经理发现需要进行职位评估的时候，他就会和人力资源业务经理（HRBP）联系。双方取得一致的意见之后，由业务经理准备职位说明书，人力资源业务经理（HRBP）审核职位说明书。

接下来将相关材料提交给职位管理人员（即薪酬福利工作人员）。职位管理人员根据材料内容对职位进行评估。如果觉得材料内容不足，就运用职位分析中的访谈法对业务经理进行面谈，以便获得更多的信息来支持职位评估工作。

最后，将评估结果提交给相关层级审批。

3. 什么人来审批新的职位评估结果

不同公司的职位评估结果审批的机制不同。相同的是：（1）一般公司都会组建审批委员会；（2）根据不同层级设定不同的审批委员会。不同的是：多数公司的审批委员会由业务经理和人力资源管理人员组成；少数公司的审批委员会由人力资源管理人员组成（职位审批委员会不能完全由业务经理组成）。

4. 职位体系维护的其他问题

一个完整的职位体系维护机制，还包括职位审批的周期、系统维护等工作。有些公司专门建立审批委员会，定期召开审批会议。有些公司则是根据当期需要评估职位的数量来决定何时开会。

很多公司开发了相关的信息维护软件，该软件最好能够储存历史修改记录，这样有利于审批结果的追踪。

案例分享　某跨国公司职位管理体系介绍

该集团在全球生产销售单一的业务产品，因此其在各个国家的分公司从组织结构设置到职位设置都极为类似。公司在人力资源管理体系内，专门设定了职位管理部门。

职位管理部门设定为集团总部、区域和国家三个层级的管理模式。他们之间没有直接的汇报关系，只是对于不同层级的职位进行审批。这三者具体的工作职责分工如表 2-27 所示。

表 2-27　某跨国公司三个层级管理模式的工作职责分工

审批层级	主要职责
集团层面（全球层面）	√ 审批来自各个区域分 / 子公司的经理层级的职位级别申请 √ 审批集团总部各个部门的经理层级职位的级别申请
区域层面（如亚太区）	√ 审批本区域内主管层级以下职位级别的申请 √ 审核本区域内各个国家分公司提交的经理层级的职位级别申请，如果审核通过，向集团总部提交申请
国家层面（如中国）	√ 审批本地分公司内员工层级职位级别的申请 √ 准备主管层级、经理层级的职位级别申请，提交区域管理部门审核

接下来用职位审核工作流程说明这样的工作模式。

1. 由于新的职位出现，或者部门重组、职位职责变化等，部门经理需要提出申请，对某个职位的级别重新进行评定。

2. 国家分公司层面的职位管理部门要求部门经理提交职位说明书。针对职位的问题，和部门经理讨论具体情况（职位分析的过程）。

3. 如果该职位属于普通的员工层级，国家分公司层面的职位管理部门就可以在人力资源部进行审批；如果是主管或者更高层级的职位，需要将职位评估结果提交区域分 / 子公司层面的职位管理部门进行审核。

4. 区域分 / 子公司层面的职位管理部门根据所辖各个国家分公司提交的材料，在本区域内和其他国家分公司的类似职位进行横向比较。如果是主管级的职位，区域分 / 子公司层面的职位管理部门可以进行审批；如果是经理层级的职位，需要提交集团层面审批。

5. 集团层面的职位管理部门，接到区域分/子公司提交的申请之后，会把全球内所有类似职位放在一起进行比较和评估，决定是否批准新的级别。

6. 向业务经理通知审批结果（同意或者否定），同时国家分公司的职位管理部门将结果存档。

CHAPTER 3

第三章

薪酬管理的外部竞争性管理

在作者刚刚涉足外企薪酬管理这份工作的时候，正赶上公司开展年度薪酬调研工作。各个部门的 HR 都在非常认真地进行职位匹配，和薪酬调研公司的顾问讨论数据的处理细节。一个工作很久的 HR 说："我们一定要把薪酬调研做准确了呀！否则员工的工资信息就错了……"

若干年后，这一幕仍然历历在目。

薪酬调研是薪酬管理工作中不可缺少的一个环节。薪酬调研工作是指调研人员使用一系列标准、规范和专业的方法，收集市场上各个职位的薪酬福利数据，然后通过数理统计的办法进行分类、汇总和分析，形成客观反映市场薪酬现状的调查报告，为企业制定薪酬设计方面的决策提供参考。简单地说，就是利用某种方法，获得外部市场的薪酬数据，了解本公司薪酬水平的外部竞争性。

面对纷繁复杂的信息渠道，我们如何才能获得自己需要的数据，如何去伪存真呢？这时有必要讨论一下薪酬调研的基本情况。

有效的薪酬调研工作可以帮助我们完成以下几件事。

√ 了解分行业、分区域、分目标公司、分部门、分职位的薪酬数据。我们可以通过购买专业的数据报告或者通过某种渠道，看到外部劳动力市场宏观的薪酬动态，为本公司未来的人才战略提供薪酬管理的数据参考。

√ 深入了解竞争对手的薪酬情况。通常来说，我们很难直接看到竞争对手的薪酬状况，但是，通过某些定制化调研活动可以间接看到外部市场的薪酬动态趋势。

√ 及时获得有效、可靠的市场数据，了解市场的最新薪酬动向。当前，随着各种新型经济模式的快速发展，人才市场的竞争也是日趋激烈。企业需要及时获得可靠的薪酬数据，用于支持内部决策。

√ 将本公司的薪酬福利与市场薪酬水平作正确的比较，帮助企业分析内部薪酬系统的平衡性。利用我们学习的薪酬比较工具，可以直观看到本公司薪酬水平和外部市场的对比情况，为接下来的薪酬调整奠定数据基础。

√ 调研结果作为本公司薪酬级别调整、薪酬福利框架调整的主要依据。

√ 调研结果作为开发、回顾、调整薪酬战略与薪酬体系的参考依据，积极地吸引、激励与保留人才。有了可靠的外部薪酬数据作为支持，结合内部薪酬管理的公平性原则，可以有效提高公司薪酬管理体系的有效性。

第一节　如何选择适当的薪酬调研方式

开展薪酬调研的目的就是了解其他公司的薪酬数据，为本公司的薪酬管理工作提供相应的决策依据。企业选择合适的薪酬调研方式，需要从以下几个方面入手。

1. 选择合适类型的薪酬报告。

2. 选择自己需要的薪酬报告。

3. 选择具备一定资质的咨询公司。

4. 选择可靠的数据来源和处理机制。

3.1.1　选择合适类型的薪酬报告

市场上常见的薪酬报告有很多种，不同咨询公司的薪酬报告也会各有不同。

以下是常见的薪酬福利报告类型。

√ 专业咨询公司的标准行业报告。这种标准的行业报告的格式和内容一般比较固定，如表 3-1 所示。

表 3-1 专业咨询公司的标准行业报告

报告分类（举例）	举例	特点
按照行业 / 产业划分的报告	☆ 化工行业报告 ☆ 医药行业报告 ☆ 互联网行业报告	突出该行业、产业特点，参与调研的公司比较集中于该行业
按照地理区域划分的报告	☆ 北京薪酬福利报告 ☆ 长三角薪酬福利报告	参与调研的公司在地理位置上属于该区域范围。这份报告看到的是该区域所有调研公司的全部情况，有利于获得该区域薪酬数据的趋势
按照某个主题划分的报告	☆ 中国研发人员报告 ☆ 外籍员工管理报告 ☆ 城市系数报告	该报告针对某个特定的话题，针对性很强

很多咨询公司，特别是人力资源专业的咨询公司，会组织专门的薪酬调研活动。对于咨询公司而言，这样的调研活动是一个产品 / 业务，对于参加调研活动的公司而言，这是一个渠道。因此，公司参加制作这样的标准行业报告，需要了解自己的目的，以及对方产品的特征。

√ 专业咨询公司的特制报告。很多时候，咨询公司会根据具体的情况，组织专门的调研活动为企业提供特定的数据。例如，国家有关部门颁布新的养老保险缴纳比例范围以及上限，企业可以根据自己情况自主选择缴纳比例。这个时候，很多企业希望看一下其他公司的做法。有些咨询公司就会适时地提供市场调查服务，及时为企业提供外部的市场数据。这样的特制报告，一般是特别有针对性、及时性的报告。

√ 购买专业咨询公司现有的报告。这样形式最大的特点是——仅仅是购买。换言之，公司不提供自己的薪酬福利数据，仅购买报告。薪酬调研活动的组织者通过一整套科学机制来收集、计算数据，通过薪酬保密化处理来展示数据。实际上，他们自己没有任何数据。一般来说，咨询顾问公司都是鼓励客户参与调研、提供数据的。如果公司只希望购买报告，费用会比提供数据并购买报告贵一些。

√ 自行调研得出的调查报告。从理论上讲，公司是可以自己组织开展调研工作的。例如，公司组织各个部门的负责人，通过自己的人脉网络，收集相关公司在类似职位的薪酬福利数据。这样做是可行的，但在实际操作上，有一些问题需要公司解决：对方公司的数据的真实性、可靠性，以及对方数据的保密性，调查过程以及数据处理的科学性，等等。因此，公司自行组织的调查，一般都是针对个别职位的小范围调查。

√ 公开渠道发布的调查报告。很多机构都会定期、不定期地公布一些薪酬市场的数据、研究报告。特别是在互联网高度发达的今天，很多报告通过朋友圈、微博就能获得。另外，政府机构也会公布一些宏观的统计数据。对于这些可以公开获得的数据，企业在使用的同时，也要注意数据的质量。

√ 其他。获取外部薪酬数据的渠道还有很多。例如，本公司可以通过和猎头公司、人才中介公司合作获得数据，可以通过自行组织的外部招聘活动，获得某些职位的薪酬福利数据，等等。这种方法的弊端是，因为参与者的不同口径，造成数据质量的不可靠。

关于外部市场薪酬数据的获得方法，不同的渠道有不同的优缺点，具体内容如表3-2所示。

表3-2 不同渠道的优缺点

类型	举例	优点	缺点
专业公司组织调研	√ 咨询公司的标准报告 √ 咨询公司的特制报告	√ 有明确的目标公司 √ 更好地定义职位描述 √ 调研方法科学 √ 数据保密	√ 费用较高 √ 过程相对耗时 √ 获得的数据有可能具有一定的时间“滞后性”
招聘渠道	√ 新员工的招聘 √ 猎头公司 / 人才中介公司	√ 可以获得“最新”数据 √ 数据获取比较容易	√ 或许没有立足于职位内容 √ 数据或许存在一定的偏差 √ 样本规模有限 √ 永远针对新员工
公开渠道	√ 政府 / 机构公布的数据 √ 专业公司公布的免费数据	√ 易于得到 √ 费用最低 √ 样本规模比较大	√ 缺乏行业针对性 √ 数据的精确性不足 √ 不清楚数据样本的来源

3.1.2 选择自己需要的薪酬报告

企业在考察薪酬报告的类型之后，还要看调研报告的选择是否能够满足自己的需求。

√ 查看参与调研的公司名录。一般来说，组织薪酬调研的咨询公司都会提供参调公司的名录。通过这个名录，我们能够看到是不是里面有我们希望了解薪酬数据的公司。例如，本公司是一家位于上海的大型化工企业。首先需要了解上海化工行业的薪酬数据；同时，我公司人员有可能来自或者前往上海的非化工企业。那么首先看看这份报告是不是涵盖上海的化工行业？然后，看看是不是涵盖其他非化工行业。通过查看薪酬报告数据的参调公司名录，能够清晰地看到这个报告的数据是否具有针对性。如果有可能的话，我们会同时购买两个报告。

√ 了解薪酬调研公司的调研方法论、周期、组织安排和流程等。调研方法论是每一家调研公司组织调研活动的理论基础。它直接决定了调研工作的最后结果。因此，企业有必要看一下调研公司采用什么样的方法论，包括如何匹配职位、如何评价职位、如何处理数据，等等。调研的周期也很重要。有些公司的薪酬数据调研是一年一次，有些公司是一个季度一次，有些公司则是按照不同的话题进行调研的。调研周期越长，我们获得的数据就越“陈旧”。调研公司在开展调研的过程中，组织收集数据也是一个很重要的过程。从这个过程中能够看出来调研公司的工作是否严谨，是否有规范化的工作模式。

√ 审查薪酬调研的报告样本。一般来说，薪酬调研公司会向客户提供一个历年的调研报告样本作为参考。审核报告样本的内容，看看是否有本公司需要的结果。因此，公司有必要在决定参加薪酬调研之前，明确自己到底需要哪些方面的数据。例如，我们需要看一下员工年度总收入的状况，还是需要查看包括员工福利在内的全部人工成本的状况。如果希望购买的报告里面没有本公司需要的内容，就要重新考虑其他报告了。

√ 其他因素。这里列举的其他因素并不直接影响薪酬调研结果的质量。

1. 报告的价格——公司是不是有足够的预算。在预算这个问题上，作者的看法是——宁缺毋滥。也就是说，不要一味地追求报告的价格便宜（当然，最好是物美价廉）。如果用便宜的价格换回不可靠的数据，还不如没有这个报告。

2. 报告结果的使用是否便利——对方提供的是电子版的报告还是纸质版的报告？是否方便使用。例如，如果对方提供的都是PDF版本的报告，而不是可以编辑的Excel或者Word文件，以后使用起来就会非常麻烦。现在很多咨询公司都会为客户提供一个账号密码，客户登录进去，获取报告。甚至有的调研公司允许客户付费升级成为高级用户之后，可以自行运算数据。当然，上述所有工作的前提都是要有一定的保密性、安全性。

薪酬调研报告从标准化向个性化的演变过程如图 3-1 所示。薪酬调研报告的不同类型见图 3-2。

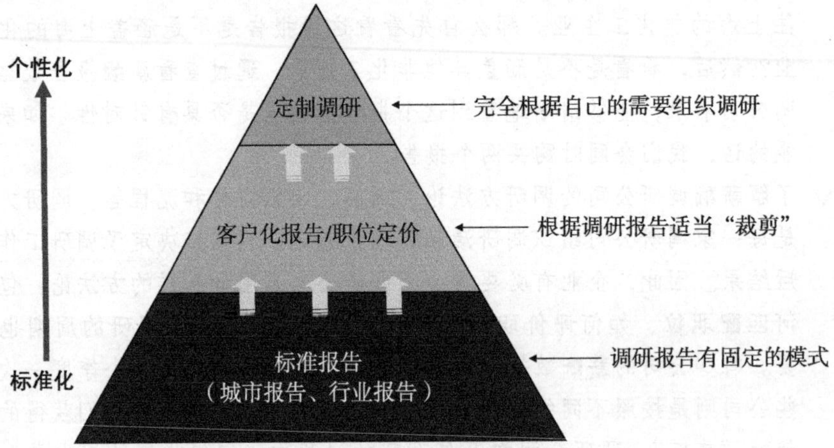

图 3-1　薪酬福利调研报告从标准化向个性化的演变过程

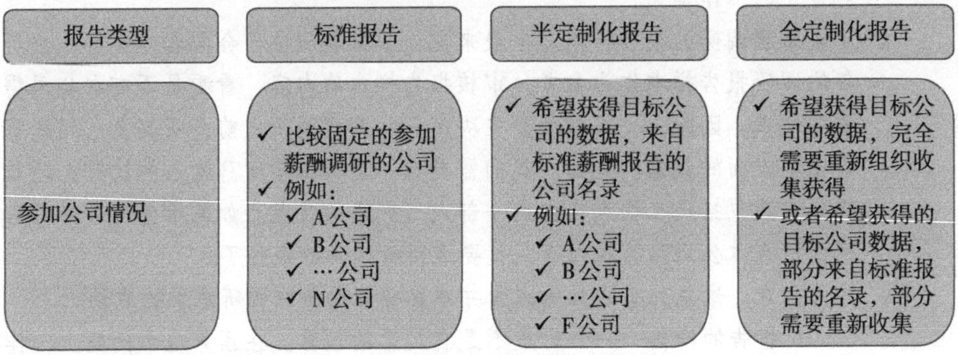

图 3-2　薪酬调研报告的不同类型

3.1.3　选择具备一定资质的咨询公司

企业该如何选择适合自己的调研公司呢？需要重点关注以下两点。

√ 调研公司的资质。对于薪酬调研来说，企业需要了解这家咨询公司成立的时间，提供薪酬调研这项服务的时间。考察资质的目的就是看看这家公司的工作经验。再有就是了解这家咨询公司的调研范围。一般来说，全球性的咨询公司的实力会强一些，全国性咨询公司的实力会大于仅仅在一个城市进行调研的公司。

√ 调研顾问的资质。调研顾问的调研经验非常重要，调研顾问的合作口碑也很重要。薪酬调研工作是一个细致烦琐的过程，对每一个职位、每一个数据的处理，都需要顾问的经验和周到细致的态度。因此，企业有必要了解一下调研顾问的情况。

3.1.4 选择可靠的数据来源和处理机制

在调研公司满足了自己的需求之后，企业就要考虑一下数据的来源和处理机制是否可靠。

√ 数据来源的稳定性。对于已经使用几年的调研报告，企业可以考虑一下这家公司提供报告的数据稳定性。影响数据稳定性的一个因素就是参加薪酬调研的公司情况。如果参加调研的公司经常更换，就会影响数据的稳定性。例如，去年 ABCD 四家公司参加调研，今年 ADFM 四家公司参加调研。显然，去年参加调研的公司中，有一半的公司已经更换了。那么，即便调研的所有流程、方法论都一样，最终报告结果的数据稳定性也会受到严重怀疑。另外，企业可以侧面打听一下：为什么这些去年参加调研的公司不继续参与今年的调研了？

√ 数据处理的严谨性。对于数据的数理，不同调研公司处理的模式不同。如果数据处理不严谨，直接的后果就是结果的稳定性和可信度下降。

（1）顾问态度的严谨性。很多调研公司的顾问，会在调研公司提交数据之后，对于数据进行逐个检查（当然现在有智能系统帮助处理）。遇到非常“奇怪”或者“特殊”数据（如“不可思议”的非常大或者非常小的工资信息）时，会联系数据提交人员进行核实，或者索性不提交这个数据。因为在很多时候，这些特殊的数据是某家公司在某个特殊情况下处理的薪酬信息。这样的工资信息会影响调研结果的质量。

（2）数据处理的严谨性。调研人员如何处理庞大的统计数据，将会影响到最终的调研结果。举一个极端的例子：在某次调研中，六家公司提供了销售经理这个职位的工资信息，调研咨询公司共收到了 300 个销售经理的数据。数据的样本量是足够大的。但是仔细一看，其中 280 个数据都来自某一家公司。也就是说，这家公司有很多销售经理。另外五家一共提交了20个数据。这个时候，如果直接把这300个数字进行运算（计算平均数、中位数、进行数据回归等），得到的结果基本上就是这一家公司的数据结果，不能真实反映市场其他公司的情况。因此，为了防止这种现象的出现，很多调研公司在数据报告里会标明：这个职位的工资信息，有多少家公司提供了数据，有多少个职位的信息。例如，有6家公司提供了数据，提供了300个数据。同时，为了真实反映外部市场的情况，对于这样的数据有两种处理结果。第一种是直接对这300个数字进行数学运算，计算出平均数、中位数等；第二种就是先对来自一家公司的所有数据进行计算之后，视为一个数字来处理；然后用这一个数字和来自其他公司的“一个数字”进行运算。在很多薪酬报告里，前者称为“以任职者为权重”的数据分析（Incumbent Weight），后者称为“以公司为权重”的数据分析（Company Weight/ Organization Weigh）。

√ 数据处理的安全性。数据处理的安全性体现在两个方面。一个是处理数据的顾问的保密意识，另一个是数据处理的原则 / 机制。

（1）专业的调研公司组织薪酬福利调研工作时，往往会和参加调研的公司签订一个合作协议 / 保密协议。实际操作数据的顾问是不是具有很强的数据保密意识，就显得更加重要了。有的时候，顾问的保密意识不高，可能会造成客户信息的泄露。应该说，这是专业薪酬调研公司最忌讳的地方。

（2）在实际的调研工作中，很多专业公司坚持一个所谓的“3-4-5”原则。也就是说，针对一个职位进行调研时，如果只收集到2家或者不到2家公司的数据，就不提供该职位的薪酬数据计算（这个职位没有市场数据）；任何一个职位需要3家以上的公司的样本才能提供，且仅仅提供平均值；任何一个职位需要4家以上公司的样本才能提供平均值、中位值；任何一个职位需要5家以上的公司的样本才能提供平均值、中位值、25分位、75分位数值。通俗地讲，这个“3-4-5”原则就是防止某一家公司可以通过报告的数据，推测出来其他公司的数据。另外，对于要组织定制化调研活动的公司，调研公司一般需要客户提供目标公司的列表。有些专业调研公司要求客户公司必须提供至少10家或者15家参加调研的目标公司，也是为了保护参加调研的公司的数据安全，防止别人利用报告的数据推测出来竞争对手的工资信息。

第二节 薪酬调研工作流程

不管是参加专业调研公司组织的薪酬调研活动，还是自己公司发起的定制化调研活动，公司最好要清楚调研工作的主要流程，以便及时使用数据结果。

3.2.1 一般薪酬调研的步骤

薪酬调研的步骤见图 3-3。

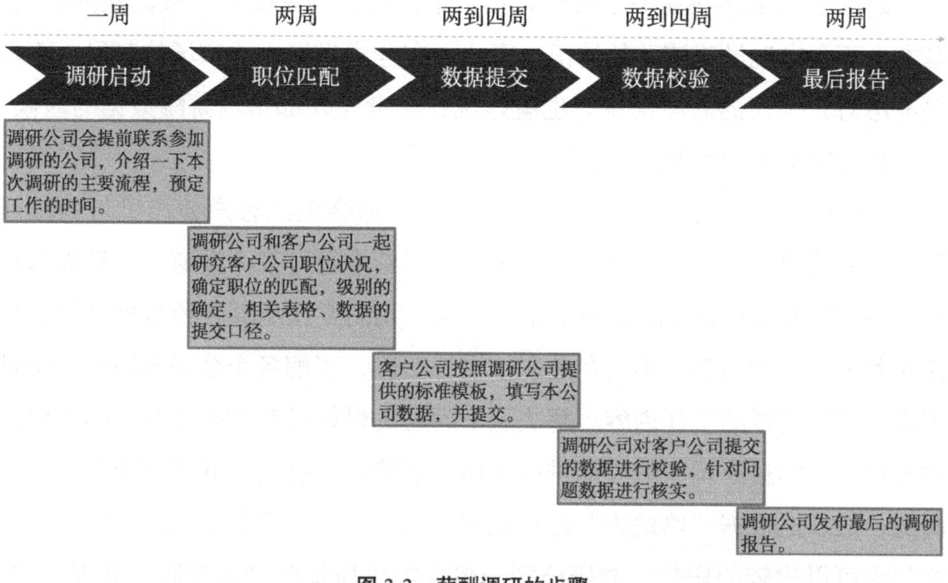

图 3-3 薪酬调研的步骤

1. 调研启动。在薪酬调研的启动阶段，有些调研公司会组织全体参与公司分享本次调研的主要工作进程；有的调研公司会单独和客户联系介绍本次薪酬调研工作的主要流程。对于参加调研的公司来说，有必要在此阶段重新明确自己参加的调研活动是否符合本公司所在的人才市场。

这里说的人才市场，简言之就是本公司的员工主要来自哪些公司，他们主要会流向哪些公司？这些“来自”“去向”公司的汇总，就是本公司所在的人才市场。如果是业务多元化的集团性公司，不同的业务单元 / 业务群组面对的人才市场就可能不同。这就是前面论述的，为什么有的时候公司需要购买不同的调研报告。

在考虑人才市场的时候，要关注竞争对手公司和人才区域范围两个主要因素。（1）竞争对手和本公司有很多同质性，因此在人员需求上也会有所类似，竞争对手往往会成为目标人才市场之一；（2）人才区域范围是指公司吸引的人才基本都在哪些区域。

这两个因素并非绝对的唯一因素。有的时候，本公司在业务上的直接竞争对手，不一定是薪酬调研选择的对象。例如，两家公司是国内某工业领域的领先者。其中一家公司位于河北省某市，另外一家公司坐落于广东省某市。两家公司虽然在业务上属于直接竞争关系，但是受到地域因素的影响，基本上不会出现员工流动的情况。因此，在考虑目标人才市场的时候，不需要考虑对方公司的薪酬情况。也就是说，在考虑外部市场薪酬数据的时候，两家公司都不用考虑对方的情况。

2. 职位匹配。为什么很多薪酬调研公司都会组织客户公司进行职位匹配呢？这就要回到薪酬调研的本源——我们希望通过某个渠道，了解外部市场/其他公司某些职位的薪酬数据。因此，我们要在运算各种数据之前，首先对各个公司的同名、不同名的职位进行明确，了解各个公司不同的职位是否都在从事同样的工作内容。解决这个问题的最好做法就是用统一的职位评估工具对参加薪酬调研的公司进行评估，明确不同公司之间不同职位的层级高低，然后把数据“填进去”进行比较。为了快速地将各个公司的职位“换算”为可以比较的职位，调研公司一般会提供所谓的“标准职位列表”。在标准职位列表里，会同时提供相应职位的职位说明书。参加调研的公司会根据自己公司职位的工作内容，在标准列表里面寻找适合的职位，根据职位的内容“匹配”成标准职位，还有些调研公司需要继续匹配相应的级别。总之，职位匹配的目的就是确保不同公司提供的职位具备可比性。

职位匹配有以下三个原则。

（1）“由上至下”的原则。一般来说，先把本公司高层级的职位和外部调研公司的标准职位进行匹配，然后以此类推到低级别的职位。

（2）“由通用到特定”的原则。对于一些典型的、和市场上其他公司的工作内容差异不大的、比较通用的职位先进行匹配。如销售经理这样的职位，在各家公司的工作职责比较类似。先将这些具备代表性的职位进行匹配，然后拓展到具有本公司特色的职位。

（3）匹配工作内容，而非职位名称。职位匹配的过程，也称为“苹果对苹果”（Apple to Apple）的比较。将同样工作内容的职位进行匹配，未来把薪酬信息放在一起，才有意义。

3. 数据提交。参加薪酬调研活动的公司，会根据调研公司提供的相关表格，填写本公司的数据。在提交数据的时候，参与调研的公司应该尽量提交本公司员工的薪酬信息，以便在发布薪酬报告的时候，看到自己员工的数据和市场的差异。

4. 数据校验。调研公司收集各个参与公司的数据，然后逐一检查数据，如某个职位的工资超高或者超低。调研公司的顾问一般会和提交数据的工作人员核实，确保数据的质量。

5. 提交和解读报告。薪酬调研公司会在收集完成所有数据之后，通过各种数学运算，编制完成本次薪酬报告，并将最终报告提交给客户。有些调研公司还会组织调研结果研讨会，面向所有参加调研的公司分享本次调研工作的宏观数据趋势以及本次调研的主要发现。

3.2.2 定制化薪酬调研的步骤

如果标准的薪酬调研报告不能满足本公司的需要，就可以考虑进行定制化（Customized Survey）的薪酬调研。

定制化的薪酬调研一般分成以下两种。

（1）半定制化薪酬调研——很多专门从事薪酬调研业务的咨询公司，每年会组织开展标准的薪酬调研工作。一些公司会参加相应的薪酬调研工作，提供自己的数据，并获得自己想要的标准薪酬报告。如果公司管理者觉得标准薪酬报告中的很多公司信息，并不是我们需要的，我们仅仅希望了解参加制定这个标准薪酬报告的某一些公司的薪酬信息。我们就需要联系这家薪酬调研公司，提供自己需要了解的目标公司的名单。如果按照需求公司的要求，该薪酬调研公司在参与公司名录里面选取需要的目标公司数据（当然必须符合数据保密原则），进行重新计算之后提供一份薪酬报告。这样的薪酬调研，一般为半定制化的薪酬调研。

（2）全定制化薪酬调研——根据客户指定的目标公司名录，薪酬调研公司组织开展相应的薪酬调研工作。和半定制化薪酬调研不同的是：前者是调研公司已经具备了各参与公司的薪酬数据，仅仅根据目前客户公司的需要，选取需要的公司，将其数据进行重新组合计算。全定制化薪酬调研属于完全根据本公司需要，划定目标公司，然后由调研公司组织调研工作，获取数据并制作最终的报告。当然，有的时候，部分目标公司的信息是来自标准报告名录的。

由于定制化调研的费用较高，企业在决定采用定制化调研之前，需要想清楚自己的目的——是不是有必要进行定制化调研。

（1）我们需要对标的外部公司，是不是在一般的标准化报告里找不到？如果能找到一些，是不是就可以做一个半定制化的报告？

（2）我们在开展定制化调研的时候，除了对目标公司有所选择外，是不是对报告内容也有特殊要求？例如，我们公司在同外部市场数据进行比较的时候，通常采用哪些口径（关于如何比较外部数据，我们会在后文中详细阐述）。

（3）我们什么时候需要这样的报告？毕竟所有的调研活动都是需要一定时间完成的，一个全定制化的调研一般需要半年的时间。这个时间节点是不是能够为我公司提供薪酬决策的管理依据？

（4）谁将参与这个定制化调研？人力资源部、外部调研公司或者具体的业务部门经理将参与其中。

全定制化调研的一般步骤如图3-4所示。

1. 招投标阶段。项目招投标阶段需要本公司明确薪酬调研的目的，准备项目需求书（Request for Project，RFP）。通常一个RFP需要包括几方面内容——项目背景、项目目的、项目希望涉及的目标公司名录、调研顾问的资质、调研公司的资质、调研公司提供的项目计划书内容、项目时间要求、费用要求，等等。准备好的需求书会通过采购部门提交给相应的调研公司。

接下来，本公司会根据内部采购流程，对外部调研公司提供的项目建议书进行评定。当然，一般的情况是邀请有合作意向的外部薪酬调研公司到本公司，当场呈现其制定的项目计划书，并回答有关问题等。经过项目组的评定，最终确定合作的调研公司。

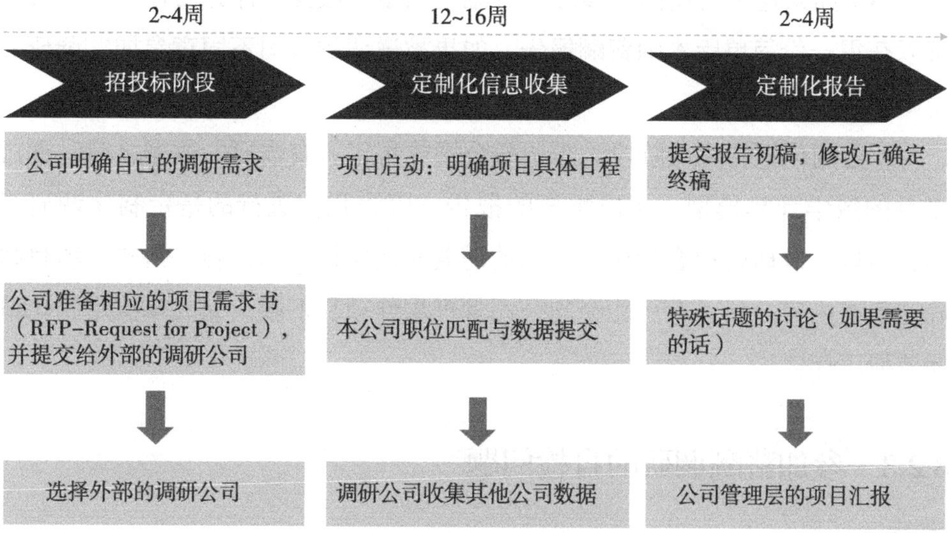

图 3-4　全定制化调研的步骤

2. 定制化信息收集阶段。确定了可以合作的外部调研公司之后，企业首先要召开一个项目启动会。主要内容就是明确本次项目的具体日程，项目组内部的角色分工，特别是再次确定希望获得数据的目标公司。根据经验判断，在开展定制化调研的过程中，总有一些公司出于保密或者其他原因，不愿意参加任何形式的薪酬调研活动。因此，我们需要在定制化调研开始之前就明确是不是还有其他公司作为备选。同时，在项目启动会上，项目组会针对本公司的职位情况进行职位匹配，讨论所需数据的填写和提交情况。

接下来，调研公司会邀请目标公司参加本公司组织的定制化调研活动，过程如下。

（1）调研公司作为中立的第三方直接联系目标公司。说明来意之后，表明有公司希望组织定制化调研。当然，出于保密原则，调研公司一般不会透露是哪家公司发起的定制化调研。同样，出于保密原则，对于希望参加调研的公司，调研公司也会保证对方数据的安全，不会单独泄露某一家公司的数据。

（2）调研公司接下来会和同意参加调研的公司一起作职位匹配，填写和提交数据。

（3）如果这家公司同意参加并愿意提供相应数据，作为回报，这家公司可以获得一份简单版本的薪酬报告。如果被邀请的公司不同意参加，调研公司就联系下一家公司。

3. 定制化报告生成阶段。当调研公司收集了所有需要的数据之后，通过自身的数学计算模型，生成需要的报告。因为我们进行的是定制化调研工作，所以，调研公司会针对本公司的需要来调整报告的内容、格式。项目组确定所有内容之后，有可能会向公司管理层作项目汇报，完成本次定制化薪酬调研工作。

3.2.3 参加薪酬调研的自检问题

不论是参与或者购买标准报告，还是参与定制化调研，希望大家注意以下问题。

1. 劳动力市场是否合适

劳动力市场即薪酬调研的地域和行业应与所调研的职务特征相符，如调查低层职务（文员、一般技术人员等）时，应在公司附近调查，本行业即可；而对中高级职务（市场部经理、人力资源副总等）的调研区域应更大些，并在会与公司竞争人才的相关行业展开调研；很多外资企业的一些高级管理者，会参考亚太区域内其他国家的薪酬数据来综合判断。

2. 哪些公司参与了薪酬调研

从理论上讲，参与调研的公司最好是本公司在人才、产品和市场等方面的竞争对手，从而确保未来本公司获得的外部薪酬数据更加可靠，使我们制定的薪酬方案，能够更加具有外部竞争力。但是，一般薪酬调研涉及的公司不可能完全与期望一致。因此，建议将与本公司存在人才竞争关系的公司作为首选。

3. 报告中是否明确了数据收集方法

不管采用什么方法收集数据，调研人员都应在报告中附上访谈提纲或调研问卷等，这样可以让使用者了解调研信息的内容，通过何种方式获取信息，进而判断结果的准确性和可靠性。

4. 对职位的说明是否清楚

同样的职务名称，在不同的公司其工作内容可能会有很大差异，或者对任职者的素质要求差别很大。所以，购买和使用薪酬调研报告时，一定要注意是否包括所调研职位的职位说明书。同时，将其与公司相应的职位进行比较，两者的重叠度达到 70%~80% 时，才能利用该结果。

5. 职位层次是否清晰

调研结果与公司的职位类别划分可能不同，即使一样，职位类别包括的层级可能仍不一样。一定要注意报告中对职位层级的说明，如不完全一致，最好能参照、分析多个调查结果，最终明确本公司内部层级对应外部薪酬调研的层级。

6. 调研数据是否最新

从薪酬调研的策划、实施、数据处理到最后得出调研结果，历时越长，受外界环境的影响越大，数据的有效性就越差。因此，薪酬管理人员要使用最新的调研结果，如能使用不同时段的薪酬调研结果，效果会更好。

7. 是否报告了数据处理方法

即便是同样的数据，如果采用不同的统计方法，最终的结果也可能不一样。薪酬管理人员在使用薪酬调研结果的时候，一定要特别注意数据的统计处理方法。例如，对明显的异常值如何处理？对被调研者未填写的缺省值如何处理？怎么对数据进行分组处理？

8. 每年参加调研的对象是否一致

某些专业薪酬调研公司拥有比较稳定的参与调研的群体，往往可以通过纵向的、按照不同年代的分析找出薪酬的发展趋势。一般来说，薪酬调研公司实力越强，参加调研的公司就越稳定。这能在一定程度上降低由于参加调研的公司经常变动，而造成的每年数据不稳定。注意，这里说的是数据不稳定，并非数据不真实。有可能数据的收集、处理、技术统计等都是真实可靠的，但是每年的数据经常会波动 / 不稳定。

案例分享一　某跨国公司定制化调研项目邀请函

定制化薪酬调研项目邀请函

一、项目背景

×× 公司因为业务快速发展，需要在人才吸引、激励和保留领域了解外部人才市场的通行做法。为此公司决定通过组织定制化外部薪酬调研项目来收集必要的市场数据。

二、项目目标

1. 本次项目希望获得如下结果。

√ 精确的职位匹配报告。

√ 定制化外部人才市场薪酬数据。

√ 本公司薪酬外部竞争力分析报告。

√ 外部市场薪酬最佳实践报告（项目组详细讨论具体内容）。

√ 顾问公司针对调研分析情况，提出未来本公司薪酬调整建议。

2. 项目时间安排

× 年 × 月 × 日，顾问公司提供项目建议书。

× 年 × 月 × 日，项目结束。

三、项目评选流程

1. 顾问公司提交项目建议书

√ 顾问公司在收到本公司项目邀请函后，在15个工作日之内提交项目建议书。

√ 项目建议书采用中英文对照的格式。

2. 项目建议书至少包含以下内容

√ 顾问公司提供完整的项目工作计划、关键节点和预测到的问题。项目建议书包含工作计划和关键节点的项目产出，以及能够预测到的问题和解决对策。

√ 顾问公司提供参与项目的项目顾问简介。项目建议书包括所有参与项目的顾问个人资质，从事类似项目的经验，以及顾问投入项目的时间比例。

√ 顾问公司参与本行业内其他公司类似项目经验。项目建议书应列明顾问公司曾经组织类似项目的经验以及参加公司名单。同时，顾问公司需要提供现有数据库里面和本公司相关的公司的名录。

√ 项目整体报价。项目报价为整体报价（包含所有项目差旅费用），要确保没有额外项目费用支出。

四、项目建议书使用

顾问公司提供的所有项目建议书仅仅针对本公司使用。所有项目建议书本公司不做返还。

五、项目联系人

所有有关项目问题，请联系：

人力资源部，人事专员：张三，邮箱：

六、附录

本次定制化薪酬调研目标公司名单。

案例分享二　某公司定制化调研项目计划

为澄清公司薪酬水平和外部市场的差距，该公司邀请外部咨询公司组织开展定制化薪酬调研工作。整体调研工作覆盖公司薪酬的全部内容，力求从整体薪酬的角度来衡量目前公司的付薪水平。

项目整体计划如表 3-3 所示。

表 3-3　项目整体计划一览表

项目内容（周）	1	2	3	4	5	6	7	8	9	10	11	12	13	14
项目计划制订	■	■												
调研范围明确		■	■	■	■	■								
数据收集和匹配							■	■	■	■	■	■		
数据分析和报告制作											■	■	■	■

项目步骤详细内容如表 3-4 所示。

表 3-4　项目步骤的详细内容

项目阶段	时间周期	阶段目的	具体内容
项目计划制订	两周	√理解公司组织架构以及标杆职位 √确定需求数据类型 √详细制定项目进程	√制订具体工作计划 √明确项目组职责分工 √明确报告模板
调研范围明确	四周	√确定参加调研目标公司	√顾问公司联系外部参加公司，决定是否参加本次项目 √项目组讨论参加公司是否满足需求
数据收集和匹配	六周	√设计定制化问卷 √收集外部公司数据	√设计、讨论和确定问卷内容 √职位匹配与数据收集
数据分析和报告制作	四周	√数据处理与运算 √报告生成与解读	√项目组讨论并定稿 √高管汇报会

案例分享三　某公司定制化调研项目顾问公司评选表格

某公司邀请外部咨询公司协助进行定制化薪酬调研工作。该公司将项目邀标函发出后，收到咨询公司提供的项目建议书。然后，公司邀请不同的咨询公司进行面对面的项目解释。公司内部邀请项目组相关人员（如 HR 部门、采购部门、公司相应管理层）参加项目审核会议。所有参加审核会议的人员，填写表 3-5 的内容，对参加项目投标的咨询公司进行审核。

表 3-5　定制化薪酬调研项目评审表格

请根据您对咨询公司的评价，用 1~5 分进行评估（5 分最满意，1 分最不满意）。

序号	评估维度	A 公司	B 公司	C 公司	备注
1	咨询公司展示出具备定制化调研项目的工作经验和知识				
2	咨询公司的项目建议书满足了我公司需求				
3	咨询公司提供了清楚的项目顾问情况，以及顾问的项目经验				
4	咨询公司提供的项目时间、关键节点符合需求				
5	咨询公司具备一定的客户数据资源，能够满足需求				
6	总体来说，项目的时间、价格、顾问情况满足需求				
	分数总计				

第三节　如何分析薪酬调研结果

分析和使用薪酬调研的结果，才是薪酬调研工作的真正“开始”。特别是在重视薪酬调研工作的外企，对于数据的使用和分析，会成为未来开展工作的基础。

3.3.1　薪酬调研报告的内容

市场上常见的薪酬调研报告通常包括表 3-6 所示的内容。

表 3-6　薪酬调研报告的内容

薪酬报告项目	主要的内容
宏观经济指标及整体行业分析	本次调研报告涉及的宏观经济指标
职位薪酬数据报告	本次报告所有涉及职位的薪酬信息
客户数据的比较	将客户提交的数据和外部数据进行比较
薪酬福利通行做法分析	提供薪酬福利领域外部市场的流行趋势
其他信息	调研报告中涉及的方法论等信息

1. 宏观经济指标及整体行业分析。（1）专业的薪酬调研公司会提供非常宏观的经济指标，供企业在考虑外部薪酬市场变化时参考。如国内生产总值、通货膨胀率、失业率等。（2）提供参加调研公司的统计分析结果。这样就能够让报告的使用者知道数据背后的公司类型。例如，按照企业性质划分，这个调研报告的参与公司里面，国企、民企、私企的占比；按照公司成立年份划分；按照参加调研公司行业划分；等等。（3）其他相关薪酬信息。如员工流动率分析、毕业生起薪点分析、职位市场供需情况分析、薪资增长率分析、年实际变动收入分析等。

2. 职位薪酬数据报告。这部分基本上是每一份薪酬调研报告的主体内容。该部分的主要内容就是各个专业调研公司提供给客户的薪酬数据信息。一般来说，调研公司会按照以下几个口径提供报告。

（1）按照职位提供的报告——单个职位和职位层级提供报告；仅仅按照单个职位（不分层级）提供报告；单个职位和职位层级区间的报告；按照职位族群 / 职位归类提供的报告。

（2）按照层级提供的报告——不分具体职位，只看整体层级的报告。

（3）按照数据处理方法的报告——真实数据的报告，回归数据的报告。

（4）按照内容提供的报告——年基本工资报告，年固定收入报告，年实际 / 目标现金总收入报告，年度总薪酬报告。

3. 客户数据的比较。专业的调研公司会对参调公司提供的数据进行市场薪酬数据的比对，从而方便客户公司直接获得外部数据的比较情况。通常来说，比较内容就是客户提交的调研信息收集表中涵盖的内容，如年基本工资的比较、年固定收入的比较、年实际现金总收入比较、年目标现金总收入比较、年度总薪酬比较分析。

4. 薪酬福利通行做法分析。为了让客户了解外部市场在薪酬管理领域的流行趋势，有些调研公司会提供类似“最佳实践”的结果分享。例如，一般公司都是在哪个月份进行年度调薪？短期激励、长期激励由哪些因素构成？如果公司提供车辆福利，都是如何配置的？等等。

5. 其他信息：薪酬调研报告方法论介绍、本次调研参加公司名录、相关的工作表格、流程等文件。这些信息一般都是本次薪酬调研的工作文件。有助于客户公司了解该薪酬调研公司是如何工作的。公司也可以从这些信息里挖掘出很多有用的信息。如这家公司的薪酬调研方法论，是否满足客户公司的需求？通过比对历年参加调研公司的名录，能够看到这家薪酬调研公司的实力，等等。

3.3.2 如何解读薪酬报告数据

如何在报告中解读海量的数据，为公司制定薪酬管理决策提供依据，也是"仁者见仁、智者见智"的工作。为此，有必要介绍一下解读数据的技巧——知己知彼，善于分析。

1. 知己——清楚自己的薪酬定位

关于薪酬定位的问题，其实涉及一家公司的薪酬管理战略、薪酬管理哲学。详细内容会在接下来的章节进行描述。这里仅从数据解读的角度来作简单介绍。在薪酬报告的数据里，往往会提供 25 分位数、中位数、平均数、75 分位数（或者增加 10 分位、90 分位）等数据。我们在解读数据之前，应该制定自己公司的薪酬战略，明确每年的数据定位：到底是采用中位数？还是 75 分位数？一般来说这种薪酬定位不会随便调整。那么，选择不同市场定位的薪酬数值，真的会影响我们的薪酬决策吗？

为了简单说明薪酬定位的重要性，在此举一个简单的例子。本案例假设员工离职仅仅和薪酬有关，并且我们仅仅考虑基本月薪。

最近公司 IT 部门总监总是抱怨本部门程序员的基本月薪太低，根本没有市场竞争力。作为公司的薪酬福利管理人员，你需要通过市场薪酬数据来解答这个问题。

经过计算分析，发现你们公司程序员平均月薪为 11,500 元。

通过某种调研渠道，你找到几家其他公司的程序员的基本月薪（这里不讨论调研的方法了），并且按照一定的顺序将它们排列，如表 3-7 所示。

表 3-7　其他公司的程序员月薪

公司名称	B	A	C	I	E	J	F	G	K	D	H
基本月薪	9,000	9,200	9,500	9,800	10,000	11,000	11,500	12,500	13,200	16,000	17,000

按照数学统计方法计算这些数字，如表 3-8 所示。

表 3-8　数字统计结果

数据分析	平均数	中位数	75 分位数	90 分位数
计算结果	11,700	11,000	12,850	16,000

有了内外部的薪酬数据，我们需要回答最初的问题——本公司程序员的基本月薪和市场水平相比，到底是高？还是低？

运用前面学习的知识，采用薪酬比率的公式来计算本公司薪酬是否具备竞争力。

薪酬比率＝本公司程序员基本月薪 / 外部市场数据

但是，我们看到外部市场数据可以有很多种计算结果，我们把本公司的基本月薪和不同的外部数据作一个比较，如表 3-9 所示。

表 3-9　本公司的基本月薪和外部数据的比较

数据分析	平均数	中位数	75 分位数	90 分位数
计算结果	11,700	11,000	12,850	16,000
薪酬比率	98%	105%	89%	72%

表 3-9 所示，和市场的平均数比较，我们的薪酬是外部数据的 98%，差距很小，说明我们的薪酬没有大问题。如果和市场的中位数比较，我们的薪酬是外部市场数据的 105%，略高于市场。但是，如果和外部市场的 75 分位数或者 90 分位数比较就会发现我们的工资确实比较低。

那么，作为薪酬管理的专业人员，我们在向管理层汇报的时候，首先必须明确自己的薪酬定位。如果我们一直采用中位数和外部市场进行比较，就要一直这样进行。除非由于某种业务战略的变化而调整薪酬战略。切忌“今天用平均数，明天用中位数”的操作原则。

接下来，问题来了：本公司应当采用哪个市场数据呢？这个问题会在接下来的章节详细阐述。

2. 知彼——清楚本次薪酬调研报告的数据构成，清楚报告的方法论，清楚自己使用什么数据

一般来说，一家咨询公司提供的薪酬调研报告，在方法论上都是统一的。但是，如果公司是第一次拿到一个新的调研报告，大家在使用数据之前，需要仔细研究一下这份报告的基本情况。

（1）调研报告包含的参与公司名单。正规严谨的报告都会列明参加公司的名单。公司薪酬管理人员应仔细研究一下参与公司的情况，看看这份报告里面有多少家公司是和本公司存在人才竞争关系的。正如前文所述，业务的竞争公司，并不一定是人才的竞争关系。因此，要看一下参与调研公司的情况。

（2）是否可以在目前的数据库里，根据自己需要的数据情况，编制半定制化报告？半定制化报告，就是报告的使用者根据自己的目标薪酬对标公司，以及自己的数据定位，在目前的数据库里，勾选需要的目标公司和数据，并最终形成一份报告。勾选自己需要的目标公司这个过程，在很多公司里称为目标群组（Peer Group）。这个目标群组报告，需要根据不同的咨询报告来看。有些咨询公司提供的薪酬报告允许客户在使用的时候自行运算数据（当然，可能需要额外的费用）。但是，即便是允许客户自行运算数据，也不是完全开放的。这主要是出于数据保密的原因。例如，你的目标群组不能仅仅选择一家公司的数据来计算平均数、中位数。这样这家公司的薪酬数据实际上就被泄露了。同样，你不能选择你公司加上另外一家公司来计算平均数、中位数。这样，也等于泄露了对方公司的薪酬信息。再扩大一些，虽然你建立了几个目标群组，但是如果通过互相计算几个目标群组的数据结果，能够推导出某一家公司的薪酬，这也是不可以的。因此，一般来说，对于选择目标群组这项业务，很多咨询公司在开放系统的时候都是非常慎重的。

（3）在这份薪酬调研报告里面，都包含哪些薪酬信息？从薪酬结构说，这份报告里面是不是包含全面的信息？关于薪酬结构，不同的薪酬调研公司会有不同的划分方法，但是大体比较接近。因此，我们首先要知道这份报告所指的信息是否是我们理解的信息。以下两家薪酬调研公司的薪酬结构就略有区别。

A 薪酬调研公司的划分：

年度基本工资 = 月基本工资 × 付薪月数

年度固定现金 = 年度基本工资 + 年度固定津贴（月固定津贴 ×12）

年度总现金 = 年度固定现金 + 年度短期激励

B 薪酬调研公司的划分：

年度基本工资 = 月基本工资 ×12 月 + 年度特殊固定津贴

年度固定现金 = 年度基本工资 + 年度固定奖金

年度总现金 = 年度固定现金 + 年度浮动奖金

（4）薪酬数据的统计时间。一般来说，薪酬调研公司需要花费一定的时间来收集数据、整理数据、制作报告。所以，企业在获得薪酬调研报告的时候，报告里面数据的生效时间或多或少都有一定的滞后性。实际上，外部劳动力市场上的工资始终在慢慢增长。

在此，我们有三种使用市场薪酬数据的策略，即领先型（Lead）、滞后型（Lag）、领先 / 滞后型（Lead/ Lag）。

√ 领先型（Lead）——公司内部薪酬数据与下一个年底的市场薪酬数据看齐。

√ 滞后型（Lag）——公司内部薪酬数据与年初的市场薪酬水平看齐。

√ 领先 / 滞后型（Lead/Lag），公司内部薪酬数据与年中的市场薪酬水平看齐。

接下来用“领先型”的策略举例，解释如何使用统计时间。

假设本公司薪酬调整的周期是每年 1 月 1 日到 12 月 31 日。

在 2017 年 10 月，我们拿到一份薪酬调研报告，里面的数据生效日期是 2017 年 4 月 1 日。那么，我们在使用市场薪酬数据的时候，就要根据目前外部市场薪酬的增长幅度，将这个 2017 年 4 月 1 日生效的数字，“提前”计算到 2018 年 12 月 31 日。换言之，为了保证本公司的薪酬具有一定的竞争力，我们把“旧”的市场数字，自行计算到“超前”时间的地方。然后根据这个“超前”的市场薪酬数据，来管理和调整公司内部的薪酬水平。

我们用具体数字来演算一下。

√ 市场调研报告生效日为2017年4月1日，销售经理的市场工资为2,000元。
√ 预估市场的浮动值为 2017 年 9%、2018 年 8%。
√ 新的工资架构生效日为 2018 年 1 月 1 日。
√ 利用领先型（Lead）的方式计算市场数据。

首先我们需要清晰了解 2017 年和 2018 年的市场薪酬浮动比例，如表 3-10 所示。

表 3-10　2017 年和 2018 年的市场薪酬浮动比例

2017 年调整月数	2018 年调整月数
9 个月	12 个月

方法一：

2017 年底市场值为：2,000 ×（1+9/12 × 9%）= 2,000 ×（1+6.75%）= 2,135

2018 年底市场值为：2,135 ×（1+8%）= 2,305.8

调整系数：2,305.8/2,000−1 = 15.29%

方法二：

调整系数 =（1+9/12 × 9%）×（1+8%）−1 = 15.29%

未来市场值 = 2,000 ×（1+15.29%）= 2,305.8

因此，本公司实际使用的销售经理的外部市场数据就是 2,305.8 元，而不是 2,000 元。

领先型的策略，实际上是指，我们公司采用的薪酬数据，瞄准的是还没有发生的“未来”的市场情况。

为了了解这三种策略，举例来汇总说明一下，如表 3-11 所示。

表 3-11 案例

工资调整年度周期	2018 年 4 月 1 日 ~2019 年 3 月 31 日
市场数据生效日期	2017 年 10 月 1 日
领先型（Lead）	数据年度系数预测至 2019 年 4 月 1 日
领先 – 滞后型（Lead/Lag）	数据年度系数预测至 2018 年 10 月 1 日
滞后型（Lag）	数据年度系数预测至 2018 年 4 月 1 日

3. 善于分析——清楚自己使用数据分析的技巧，从而支持业务需要

如何分析、利用外部市场薪酬数据，是每一位薪酬管理人员必备的技巧。

（1）明确市场数据的使用策略。不论用什么工具、什么方法，我们开展数据分析时必须要坚持以下原则。首先是为业务服务。所有的数据分析结果都是为了确保人力资源管理的有效性。利用我们的专业化工具，为管理者提供具有参考价值的数据，实现合理地吸引、激励与保留员工的目的。其次，我们的数据分析结论要保持一定的一致性。这个一致性是要从数据分析的本源到数据分析的结构都力求一致性。数据分析的本源，就是在数据分析之前，必须明确使用什么样的数据，怎样使用这些数据。千万不可以根据当前的某个需要，随意变换数据。数据分析的结论就是说最好要保证每一次分析的结果都有连贯的结论。例如，去年在分析本公司和市场整体的工资差异的时候，得出的结论是我们公司和市场整体水平基本相当。然后基于这个结论小幅调整工资。但是今年的结论是本公司的工资水平大幅低于市场水平。这个时候就需要在今年的结论公布之前，仔细研究近两年的原始数据、分析方法等，确保结论的一致性。

（2）巧妙转化可比性工资。一份薪酬报告提供的外部工资结构，可能和本公司的情况不完全相同。这个时候，就需要我们巧妙地将外部工资“转化”为我们可以比较的工资。

例如，我们想比较一下本公司人事专员和外部市场人事专员的工资情况。

本公司人事专员的工资构成如表 3-12 所示。

表 3-12 本公司人事专员的工资构成

基本月薪	8,000 元
年度目标奖金	1 个月基本月薪
年度目标总现金收入	8,000 × 12 + 8,000 × 1 = 104,000 元

在薪酬报告里，市场上的薪酬专员的工资构成如表 3-13 所示。

表 3-13 市场上薪酬专员的工资构成

基本月薪	7,500 元
每月固定补贴	600 元
年度目标奖金	基本月薪 20%
年度目标总现金收入	7,500 × 12 + 7 500 × 12 × 20% = 108,000 元

如果只是简单比较基本月薪，就会得出“本公司员工的基本月薪高于市场”的结论。

基本月薪比率 = 8,000 / 7,500 = 106.7%

实际上，本公司员工年度目标总现金收入低于市场水平。

年度目标总现金比率 = 104,000 / 108,000 = 96.3%

其中原因一个是由于目标奖金的结构不同造成的，另一个是因为本公司每月没有固定补贴。因此，如果需要比较本公司的基本月薪情况，就需要把外部市场的“基本月薪 + 固定补贴”，和本公司基本月薪进行比较。

基本月薪比率 = 8,000 /（7,500 + 600）= 98.8%

所以说，不是简单地用薪酬调研报告的基本月薪套用到本公司的基本月薪就可以完成薪酬分析，必须进行适当的“转化”。

（3）从宏观到微观，从一般到特殊，坚持横纵结合的原则来进行分析。我们在对一份薪酬调研报告的数据进行分析的时候，通常采用类似“剥葱头”的方式进行。先计算公司全部员工的整体薪酬比率情况，然后根据不同部门、不同层级、不同领域（如所有销售部门放在一起），甚至不同的入职年份、不同的绩效考核结果等分别计算薪酬比率。在发现最高或者最低的部门 / 层级之后，再把重点放在这些“特殊”的地方，重点进行分析。每一次分析，不仅仅是进行单一的横向分析，还要力求横纵结合。例如，按照部门分析薪酬比率的时候，可以结合不同的层级，同时按照部门、层级计算薪酬比率。以下是几个开展薪酬比率分析的示例。

本公司根据市场上每一个职位的薪酬比率，汇总为以下表格。

原始数据如表3-14所示。

表3-14 本公司每个职位的薪酬比率的原始数据

性别	部门	层级	业绩考核	薪酬比率
男	财务部	2	优秀	85%
女	人事部	3	良好	78%
男	行政部	4	达标	110%
男	行政部	2	优秀	98%
女	行政部	4	改进	85%
男	财务部	5	达标	123%
女	人事部	4	良好	89%
男	行政部	3	达标	101%
女	财务部	4	改进	95%
男	人事部	5	达标	82%
男	行政部	6	达标	75%
男	行政部	2	良好	109%
女	财务部	3	优秀	120%
男	人事部	1	达标	95%
女	人事部	4	达标	93%
男	行政部	3	达标	89%
女	行政部	4	良好	90%
男	财务部	3	达标	103%
男	人事部	2	达标	101%

根据表3-14，我们可以按照需要作很多分析。

a. 分析一下不同部门结合不同的职位层级的薪酬比率：可以看出，财务部总的薪酬比率较高，按照层级来说 5 级员工最高。如表 3-15 所示。

表 3-15 不同部门结合不同的职位层级的薪酬比率

部门 \ 层级	1	2	3	4	5	6	平均
人事部	95%	101%	78%	91%	82%		90%
行政部		104%	95%	95%		75%	95%
财务部		85%	112%	95%	123%		105%
平均	95%	98%	98%	94%	103%	75%	96%

b. 分析一下不同部门结合不同业绩考核结果的薪酬比率：业绩较高的“优秀”平均薪酬比率较高，但是为什么“良好”的员工平均薪酬比率较低呢？如表 3-16 所示。

表 3-16 不同部门结合不同业绩结果的薪酬比率

部门 \ 业绩	改进	达标	良好	优秀	平均
人事部		93%	84%		90%
行政部	85%	94%	100%	98%	95%
财务部	95%	113%		103%	105%
平均	90%	97%	92%	101%	96%

c. 当然，这种分析必须结合业务需要，并不是“无止境”的数学统计。

例如，我们可以做出来按照性别、级别的薪酬比率分析。但是我们这么做的目的是什么呢？

如表 3-17 所示的分析结果，能看出来男员工平均薪酬比率高于女员工。但是，我们必须清楚，统计这个数据的目的何在。

表 3-17 按照性别、级别得出的薪酬比率

性别 \ 层级	1	2	3	4	5	6	平均
女			99%	90%			93%
男	95%	98%	98%	110%	103%	75%	98%
平均	95%	98%	98%	94%	103%	75%	96%

附录1 有问有答

1. 有没有便宜的薪酬调研手段?

答：薪酬调研的工具有很多。特别是在互联网高度发达的当代社会，我们有很多渠道可以获得外部市场的薪酬数据。但是，天下没有免费的午餐。对于互联网、朋友圈里面各种免费的或者很便宜的数据结果，我们只能参考。如果用来指导公司薪酬管理工作，作者觉得还是需要慎重使用。

2. 开展薪酬调研的时候，我公司选择的是某著名国际薪酬调研公司的报告。但是，里面的数据和我们了解的竞争对手的薪酬情况有明显的差距。部门所有人员都觉得数据不可信。这是什么问题?

答：我们在选择一家公司的薪酬报告的时候，需要考察很多维度。对于一些著名的国际薪酬调研公司来说，他们的工作质量是有保障的。但是，为什么会出现类似的现象呢？我们需要回顾参加薪酬调研的根本目的——获得本公司人才竞争对手的薪酬信息。因此，有必要看一下这份报告中参加调研的公司情况，它们是不是我们需要外部对标的那些公司。然后，看一下我们获取的数据口径和本公司的数据口径是否一致。作者曾经见过有的公司误把薪酬调研报告里面的某个数据和本公司的数据比较，实际上口径并不统一。再次，思考一下本公司的薪酬定位，我们需要看薪酬调研报告的中位数还是其他分位数值，我们希望看薪酬调研报告中的回归数值还是实际数值，等等。

3. 如何判断薪酬调研报告的准确性?

答：实际上，作为用户，我们很难直接审核一份薪酬调研报告的精确性。这就类似黑箱理论——我们不知道薪酬调研公司怎么处理这些数据。但是，我们可以通过观察黑箱外边的产出结果来反推黑箱里面的情况。有以下几个情况可以佐证薪酬调研报告的准确性与否。(1) 薪酬调研公司的调研历史和报告的历史，通过调研资质来验证；(2) 薪酬调研报告数据的稳定性，连续追踪几年的数据结果，看一下这家公司报告的数据可靠性；(3) 在进行外部招聘、薪酬调整的时候，使用这份报告里面的数据，是否和“通常的感觉”一致？实际上，外部市场薪酬的变化情况，虽然我们没有特别直观的数字佐证，但是，不管是业务经理还是招聘团队，都是有“感觉”的。一份报告里面的数据，如果不符合大家的感觉，就意味着需要怀疑数据的准确性。

4. 我公司领导决定开展定制化薪酬调研，我们罗列了一些希望获得对方薪酬数据的目标公司名称。但是，我们担心这些目标公司不会参加我们组织的薪酬调研。

答：通常这种定制化的薪酬调研工作，几乎不可能靠本公司自己的力量来完成，都是公司邀请第三方公司来进行的。第三方公司在联系目标调研公司的时候，首先会说明来意，其次会隐藏发起公司的名字（避免竞争公司之间因为过于敏感而不参与），然后会表示如果对方公司愿意参加这样的定制化调研，将会免费获得一份简版的调研报告作为回报。

5. 我公司第一次参加由薪酬调研公司组织的调研工作。拿到报告之后我们对于各种数据进行了分析，分析的结果和我们的"理想感觉"相差很多。我们是不是要组织开展定制化调研呢？

答：薪酬调研的结果有可能和我们的"感觉"有差异。薪酬管理人员在感觉有差异的时候，第一，要审视一下参加调研的公司名录，考虑是不是做一个半定制化调研。第二，也可以考虑参加其他薪酬调研公司组织的调研活动，获取更多的数据来比较一下。最后，考虑组织完全的定制化调研。

6. 我公司希望获得某些公司的薪酬情况，但是我们发现有些公司始终不参加任何薪酬调研工作。即便是我公司邀请第三方咨询公司帮助我们组织定制化的薪酬调研，对方公司也不参加。这个时候该怎么办？

答：有些大型公司，由于自身在行业的稳定地位，以及工资福利具备一定的吸引力，所以不喜欢参加薪酬调查工作。这个时候，公司薪酬管理人员可以采用这个行业的普遍数据来代表。

7. 我公司属于互联网行业。由于业务的跨界性，希望了解某个比较小众行业的薪酬状况。但是我们发现，这个小众行业内的公司基本上都不参与薪酬调研。这个时候如何处理外部的数据呢？

答：有些行业由于竞争对手之间比较了解，大家在薪酬管理上达成了一种"默契"。外来的公司就很难了解其中的薪酬状况。这个时候，薪酬管理人员可以采用"折算”的办法来实现。如何“折算”呢？在进行外部招聘的时候，薪酬管理人员可以获得来自这些公司的候选人的薪酬数据。用这些数据，和正常渠道获得的薪酬数据进行比较，就能获得大致的比例关系。薪酬管理人员再用外部数据的时候，就可以用这个系数来估算小众行业的薪酬数据。

附录 2　有关薪酬调研的中英文词汇

常见的英文词汇	常见的中文翻译
Salary Survey	薪酬调研
Customized Survey	定制化调研
Salary Data	薪酬数据
External Labor/ Talent Market	外部劳动力（人才）市场
Participant List	参与者名录
Competitor	竞争者
Job Matching/ Mapping	职位匹配
Peer group	目标群组

CHAPTER 4

第四章

薪酬结构设计

薪酬结构是公司开展薪酬管理的主要框架。世界500强企业进行薪酬管理的重点在于：清晰明了的设计体系；要素设计的目的明确；以薪酬战略为中心。

如果把公司的全部人事成本比作我们身上带着的钱，那么薪酬体系设计就是在规划：把多少钱放在口袋里（现金），多少钱存在手机银行里（福利）。一般来说，公司薪酬体系应该包括如图4-1所示的内容。

接下来介绍一下这个体系里的几个名词。

1. 薪酬体系

√ 基本工资不用赘述。

√ 固定津贴指金额固定并且每月发放的津贴，如交通补贴、通信补贴等。

√ 固定奖金指每年固定发放的奖金。如有的公司将年底发放的第十三个月的工资作为奖金（或称年底双薪）。

√ 短期激励，短期一般是指一年或者两年以下的周期。因此，短期激励通常是一年以内发放的奖金。如年度奖金、项目奖金、佣金（提成）。

√ 长期激励，长期一般是指三、五年以上的周期。当然，这个长期是和短期激励相对应的，并没有明显的时间划分界限。通常，我们一说长期激励，会自然而然地想到股票期权。实际上，我们也可以用现金作为长期激励，如递延奖金。这部分内容会在奖金管理的章节阐述。

√ 年度总现金。通俗地说，年度总现金就是员工这一年能够获得的所有现金性收入的总和。

年度总现金 =12 个月的基本月薪 + 年度固定津贴 + 年度固定奖金 + 年度短期激励

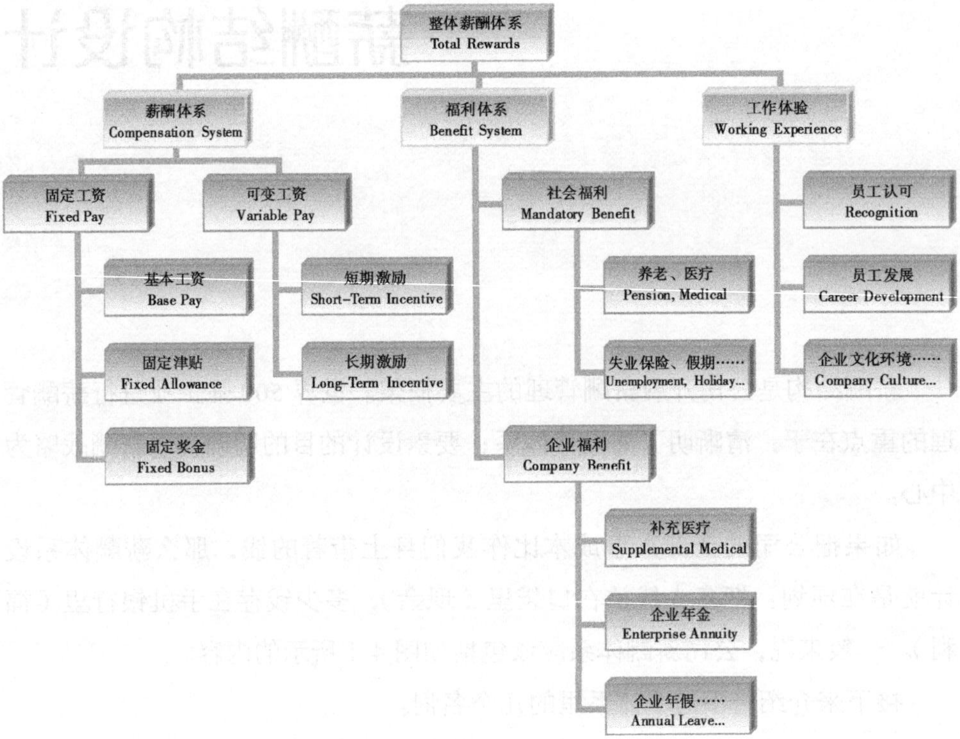

图 4-1　公司薪酬体系的内容

由于短期激励的浮动性，目标奖金和实际奖金是有区别的。年度总现金也会有目标年度总现金和实际年度总现金的区别。这个区别非常重要，薪酬管理人员不论是参考薪酬调研数据，还是设计薪酬体系都需要特别注意。

2. 福利体系

关于福利方面，一般可以划分为国家要求的、企业必须提供的社会福利和企业自主决定的福利。也可以按照福利的类型，划分为养老型的、医疗型的，等等。

3. 工作体验

这部分工作是整体薪酬管理的一部分，但是不属于薪酬福利部门管辖，因此不再赘述。

第一节 薪酬战略的制定

美国管理学家道格拉斯·M. 麦格雷戈（Douglas M. McGregor）在其著作《企业中的人性方面》中说到，“每项管理的决策与措施，都是依据有关人性与其行为的假设”。

美国行为科学家埃德加·沙因在其 1965 年出版的《组织心理学》一书中，将人性的假设归纳为“经济人假设”“社会人假设”“自我实现人假设”“复杂人假设”四种假设理论。

- √ 经济人假设——人们工作的主要动机是经济诱因，即为了获得最大的经济收益而工作；组织可以控制经济诱因，来激励和控制员工的工作。
- √ 社会人假设——人们工作的主要动机是社会需要，人们需要良好的工作氛围、人际关系。
- √ 自我实现人假设——人们的需要有不同的层次，工作的最终目的是满足自我实现的需要。因此，员工力求在工作上有所成就，提升自己的技能。
- √ 复杂人假设——每个人有不同的需要和不同的能力，因此，人们的工作动机复杂多变。这种多样化的动机、能力，会对统一的管理方式产生不同的反应。

之所以在此提到人性的假设理论，是提醒大家：我们在讲公司薪酬战略的时候，一定要关注公司的管理文化。在不同的管理文化之下，薪酬战略会有很大的区别。

关于公司是不是通过上下班打卡来严格管理考勤这个话题，表 4-1 就展现了不同公司在管理文化上的巨大差异。

表 4-1　薪酬管理与管理文化的关系

	严格管理	⟸	⟹	宽松管理
是否打卡	采用人脸识别、指纹打卡等不能替代的管理形式	采用人脸识别、指纹打卡等不能替代的管理形式	上班打卡，但是仅作为是否出勤的证据	上班不用打卡
是否扣发工资	迟到一分钟就按照规定扣发工资	每月允许迟到三次，每次不超过 10 分钟。迟到次数超过三次，则扣发工资	工资和上班作息时间没有明显关联	工资和上班作息时间没有关联

Gerry Johnson 和 Kevan Scholes 在《战略管理》一书中，将战略划分为以下不同的层次。

√ 公司层面战略（Corporate-Level Strategy）：关注的是公司的整体目标和活动范围以及如何增加不同部门的价值；它可能包括公司的覆盖地域、产品和服务多样化、业务单位以及如何将资源配置给公司不同部门等一系列问题。

√ 业务单位战略（Business Unit Strategy）：如何在某个特定市场上成功地开展竞争。

√ 组织运营战略（Operational Strategies）：组织的各个组成部分如何有效地利用组织的资源、流程和人员来实现公司层面战略和业务单元战略。

设计和实施一整套能够支持公司业务持续发展的薪酬战略并不是特别容易的事情。George T. Milkovich，Jerry M. Newman 和 Barry Gerhart 编著的《薪酬管理》一书中提到了利用三种检验结果来检验一种薪酬战略能够成为组织竞争优势的源泉。

（1）它具有一致性吗？

（2）它是差异化的吗？

（3）它能为组织增加价值吗？

在多年的管理工作中，作者体会到“一致性”和“能否为组织增加价值”非常重要。

薪酬战略的一致性，是指公司的薪酬战略必须与公司经营战略、人力资源管理战略保持一致，如表 4-2 所示。

表 4-2 公司薪酬战略的一致性

战略层面	战略描述（举例）
公司层面	公司从生产销售实体产品逐渐向提供解决方案的服务业务转型，在维持公司市场份额第一的基础上使服务的利润在三年内超过产品的利润
人力资源管理层面	通过吸引、培养和保留合格的“解决方案”人才，为公司的转型提供人才支持
薪酬管理层面	在提供职业发展机会的前提下，保持公司的薪酬水平达到相关市场的中位值，确保优秀员工达到 75 分位值；薪酬由固定工资、可变工资和福利组成，其比例参考行业实践

一套有效的薪酬战略体系，必须能够为组织的发展带来相应的价值。公司期望获得的价值，实际上就是公司通过调整薪酬、福利等项目的支出，激励员工取得更高业绩的价值。举一个简单的例子，薪酬管理人员可以通过计算销售人员的人均奖金和人均销售收入的比例来判断公司的激励体系是否有效。

案例分享　某公司的薪酬战略

这家公司的薪酬战略体现在，不同职能部门、不同层级的员工具有不同的薪酬市场定位，如表 4-3 所示。

表 4-3 不同职能部门、不同层级员工的薪酬市场定位

员工	部门 / 职能	年度基本工资	年度总现金	数据源
管理层	所有	相似行业、全国市场 75 分位		参照：怡安翰威特 参考：美世
专业人员	技术部门（如研发、工程等）	行业对比组、相关职能数据 65 分位		参照：美世 参考：怡安翰威特
专业人员	支持性部门（人力资源、财务、信息技术等）	全行业、当地市场 50 分位		
非专业人员	所有	全行业、当地市场 50 分位		

从这样的安排中，我们可以看出这家公司的薪酬定位非常清晰。

（1）公司的年度基本工资和年度总现金的定位趋势是一致的。

（2）公司的薪酬分配向管理层“倾斜”。换言之，管理层被视为公司的骨

干员工、关键职位员工，在薪酬的外部竞争力上更受重视。

（3）考虑到管理层职位的稀缺性，在一个城市的薪酬报告中可能无法获得这样的数据。因此，对于管理层的薪酬定位数据，薪酬管理人员可以参考全国其他城市的工资情况。

（4）在专业人员中，公司重视技术部门员工的外部薪酬竞争力。因此，他们的薪酬定位是 65 分位。

（5）考虑到技术部门员工的专业独特性，他们的外部薪酬数据主要来自相关职能的报告。

（6）对于其他支持性专业人员和非专业人员，薪酬管理人员要参照当地的薪酬水平。因为这类支持性人员的流动不仅仅局限在本行业，因此，这里不再强调专业性。

第二节　薪酬结构设计流程

在说明薪酬结构设计之前，首先回顾一下第二章讲解的一个模型。如图 4-2 所示。我们想一想，如果给一个职位确定工资，需要了解什么呢？

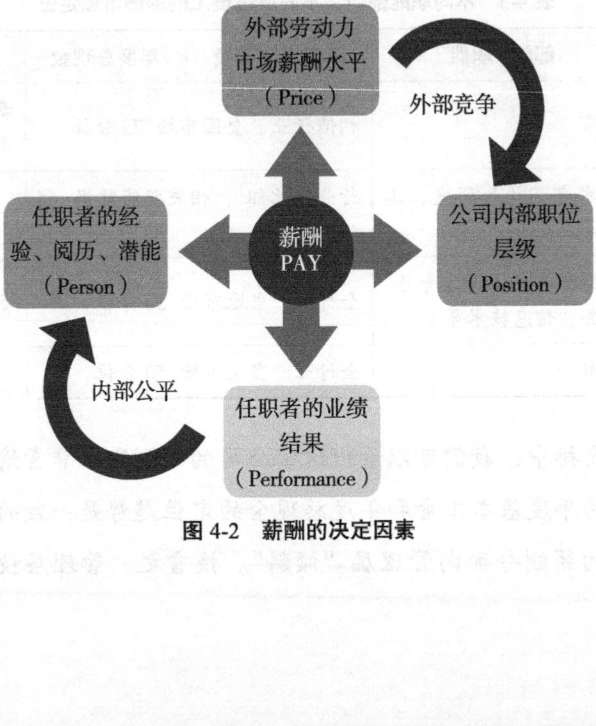

图 4-2　薪酬的决定因素

一个职位的工资水平受到以下因素的影响。

√ 外部劳动力市场薪酬水平（Pay for Price）。
√ 在公司内部职位层级（Pay for Position）。
√ 任职者的业绩结果（Pay for Performance）。
√ 任职者的经验、阅历、潜能（Pay for Person）。

我们在设计薪酬结构的时候，应始终牢记两个重要的维度。

√ 明确公司内部的职位层级——确定级别。
√ 明确职位的外部薪酬数据——通过薪酬调研获取。

全球薪酬管理主要有以下两种薪酬设计模式。

√ 以职位为基础的薪酬管理（Job-Based Compensation System）；
√ 以能力为基础的薪酬管理（Competency-Based Compensation System）。

两者的主要区别在于：我们在制定薪酬框架、薪酬决策的时候，是重视职位的级别高低，还是重视任职者的能力高低呢？

举例来说，某公司需要招聘一个前台人员（没有具体的职位描述，我们假设就是市场上最常见、最普通的前台职位）。这样一个职位的基本月薪是3千元、5千元？还是8千元？对于这样的范围，大家是可以接受的。如果给2万元的基本月薪行吗？恐怕有些人就要说：有点不靠谱。如果这个候选人的能力很强，她有丰富的前台工作经验（从事前台工作20余年）；具备很强的语言能力（除了母语为汉语，还熟练掌握英语、法语、日语），能够处理工作中的各种电话转接；有良好的教育背景（获得几个名牌大学的博士学位）。对这样的候选人，薪酬管理人员能给出月薪2万元吗？恐怕还是会有很多同行质疑。

为什么大家会质疑“2万元的前台月薪”呢？因为在我们的潜意识中，都以职位作为衡量薪酬的主要标准。

那么，在什么情况下可以考虑以能力为基础的薪酬管理呢？在很多公司的研发领域，或者突出“专家路线”的职位管理上，可能会引入以能力为主的薪酬管理。也就是说，在以职位为基础制定的薪酬框架里，可以考虑增加任职者的能力水平因素。例如，同样都是架构师，可以为工作经验更加丰富的任职者提供更高一些的工资。

为什么以能力为基础的薪酬管理，始终不能成为主流的薪酬管理模式呢？在全球薪酬管理体系中，薪酬管理几乎都建立在职位管理的基础之上。这主要是由于：（1）职位体系的层级关系，主要是建立在衡量职位价值的基础之上的。往往层级高的职位，在组织内部的贡献就高。（2）职位管理可以进行组织内外部的平衡和对标。我们可以通过一系列管理工具，衡量不同的职位在不同公司的级别。然后通过薪酬调研的方法，获得某个职位的外部市场工资数据，从而进行工资的内部、外部比较。（3）能力体系往往建立在每家公司的实际情况的基础上，基本上没有市场通用的衡量机制。因此，薪酬管理人员很难对于能力体系进行外部市场的对标。如“客户服务意识”这样的能力体系，在其他公司具体如何定义，如何定价，完全没有明确的标准。所以，全球大部分公司的管理实践中，薪酬管理就是“以职位为基础”（Job-Based）的管理。

因此，我们推导出薪酬结构设计的两个原则：

√ 内部公平——来自于内部清晰的职位层级；
√ 外部竞争——来自于外部准确的市场数据。

薪酬结构设计的主要原则如下。

√ 容易理解的——一套薪酬结构必须让公司员工能够理解和接受。作者曾经接触过一家公司，人力资源部设计了复杂的销售奖金体系。为了能够公平、精确地处理每一位销售人员的奖金，工资发放部门经常加班加点，力求对每一分钱的计算都是公平的。当时公司没有奖金支付系统，所有奖金计算都是依赖Excel来设定。由此带来的工作量可想而知。但是，公司的销售人员并不知道本公司的销售奖金是如何计算的？由此可以看出，这样的薪酬体系有“不理想”的一面。
√ 容易管理的——复杂的系统往往难以管理。如果薪酬系统经常需要调整和优化，就会给员工带来未知的猜测空间。
√ 成本可负担的——所有薪酬体系的设计和实施都要建立在公司财务体系支持的基础之上。所有涉及薪酬福利的话题，都需要得到财务预算的支持。

因此，薪酬管理人员必须要懂得如何同财务管理人员沟通协作。

√ 符合公司需要的——正如薪酬战略所述，任何公司的薪酬结构设计必须要符合公司的业务需要、文化需要，否则“技术完美”的薪酬结构没有任何意义。

薪酬结构的设计流程实际上就是在内部公平和外部竞争的影响下，薪酬管理人员设定内部职位级别，摸清外部市场数据之后形成的。具体流程如图4-3所示。

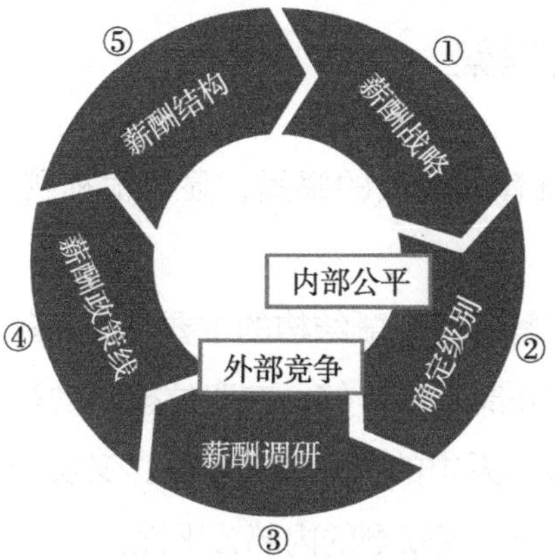

图 4-3　薪酬结构的设计流程

1. 薪酬战略的确定——在搭建薪酬结构之前，明确薪酬战略是必要的前提。

2. 薪酬级别的制定——当前的薪酬结构都是建立在职位体系的基础之上的，因此，确定公司内部的级别体系非常重要。

3. 薪酬调研的结果——外部市场数据的波动，会影响到公司内部薪酬结构的构建水平。因此，有效的薪酬调研会影响薪酬结构。

4. 薪酬政策线确立——薪酬政策线是指薪酬结构中每一个级别中间值的连线，它是薪酬结构中最稳定的一条线。

5. 薪酬结构的完备——通过技术手段不断地调整薪酬结构，力求新的结构能够涵盖多数员工的薪酬数据。

6. 薪酬结构回应薪酬战略——一个薪酬结构需要定期回顾它的有效性。一方面是根据外部市场薪酬数据的变动来验证结构中的所有数据是否具备外部竞争性；另一方面通过数据分析反思目前的薪酬结构是否体现了薪酬战略。

在薪酬结构的具体构建过程中，薪酬战略的制定在本章上一节做了介绍；薪酬级别和薪酬调研的内容可以参考前面章节。我们会在接下来的章节介绍搭建薪酬结构的技术步骤。

第三节 薪酬结构分析

4.3.1 薪酬结构的框架

薪酬结构在非薪酬管理人员的眼里，显得很神秘。接下来，我们就介绍一下薪酬结构。

首先，我们需要了解制定薪酬结构的主要目的。薪酬结构是按照一个组织的内部价值体系和/或外部市场价值，在职位排序的基础上建立起来的，既反映了某职位在内部职级体系中的位置或者价值，又反映了其外部市场价值。也就是我们经常说的，既要体现薪酬的内部公平性，又要反映薪酬的外部竞争力。

薪酬结构由一系列的工资幅度组成，每个幅度对应一组职位层级。薪酬结构一般由薪酬级别、薪酬金额两个部分构成。

1. 薪酬级别。制定薪酬结构的目的就是要说明不同薪酬级别的员工薪酬在公司内部的分布情况。请注意，这里提到的是薪酬级别。在实际管理工作中，大部分公司的薪酬级别等于职位级别。也就是说，先通过某个工具，梳理公司不同职位的层级，然后默认这个职位层级就是薪酬级别。实际上，职位层级和薪酬级别可以有很多种对应关系：（1）二者之间一对一的对应关系最简单。（2）把几个职位层级合并为一个薪酬级别。如职位层级的两个级别等于一个薪酬级别。公司的职位层级从1级到10级，但是薪酬级别从1级到5级。薪酬级别“合并”了职位级别。（3）把一个职位层级拆分为几个薪酬层级。如职位层级1级到10级，薪酬级别从1级到20级。有些公司会在一个薪酬级别下划分小薪酬等级（薪等、薪差等）。（4）职位层级和薪酬层级之间没有对应关系。具体说，有些薪酬层级等于两个职位层级，有些薪酬层级等于三个职位层级……当然，这样的方式是最不值得推荐的，因为它太复杂，会造成管理成本、沟通成本过高。

薪酬级别通常是以职位级别为基础制定的。这背后有一个隐藏的逻辑——薪酬管理是建立在以职位为基础（Job-Based）上的。

2. 薪酬金额。对应每一个薪酬级别，往往有相应的薪酬金额显示在薪酬结构里面。这个薪酬金额，可以是基本月薪，也可以是年度总现金，或者是其他指标。在实际工作中，很多公司会根据基本月薪建立薪酬结构。主要的原因是：（1）公司有统一的固定津贴和奖金等。这些都是和职位层级有比较固定的关联的。（2）有利于实施外部招聘和内部晋升。（3）符合大多数部门经理的操作习惯。如果用年度总现金作为口径，部门经理不容易换算和理解。

4.3.2 薪酬结构解析

本小节会详细分析薪酬结构中的各个组成部分，如图 4-4 和图 4-5 所示。

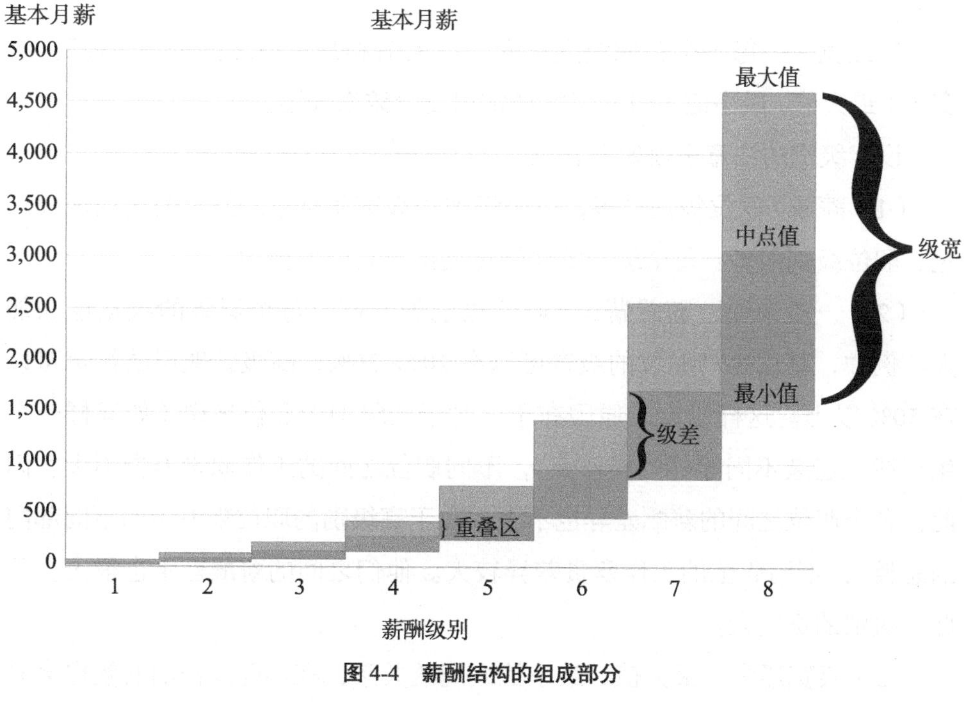

图 4-4 薪酬结构的组成部分

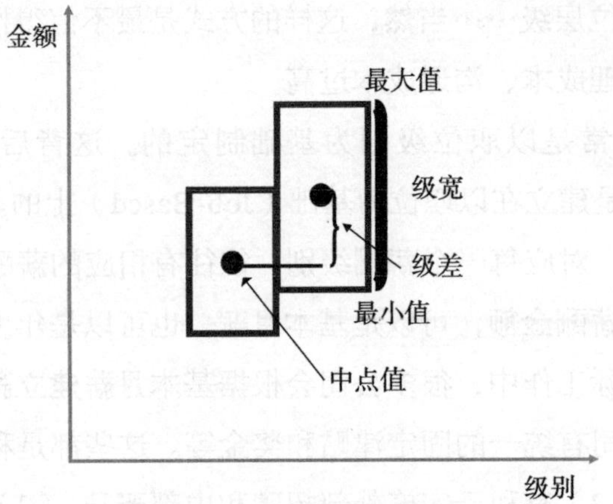

图 4-5　薪酬结构的组成部分

横轴——薪酬级别。一般分为宽带和窄带级别体系。

纵轴——薪酬金额。常见的是基本月薪，或者年度总现金。

1. 最大值、最小值——每一个薪酬级别里面最大和最小的数值。

2. 中点值——处于薪酬级别中间位置的数值。中点值 =（最大值 + 最小值）/2。

3. 级宽——每一个薪酬级别里面，最大值和最小值之间的"距离"。级宽 =（最大值 / 最小值）-1。级宽通常用百分数来表述。

设定级宽的注意事项如下。

（1）薪酬 / 职位级别越多，每个级别的级宽就越小。如果公司的规模固定、职位级别很多，每个级别的薪酬宽度就没有必要很宽。

（2）一般来说，随着薪酬 / 职位级别的升高，每个层级的级宽也在加大。例如，基层生产职位的级宽可以在 20%~30%，高级管理层的级宽可以在 50% 以上。这样设定的原因在于：对于低级别的职位来说（如同样一个生产线上组装不同零件的操作工），不同职位之间的工作职责差异不大。因此，各个职位之间的薪酬差异也不大。对于高级别的职位来说（如不同部门的总监），不同职位的工作职责差异较大。他们之间的薪酬差距也很大。因此，级别的宽度大。

（3）级宽通常指最大值、最小值之间的关系，在实际操作的时候也会采用中点值上下浮动的办法来计算。如图 4-6 所示。

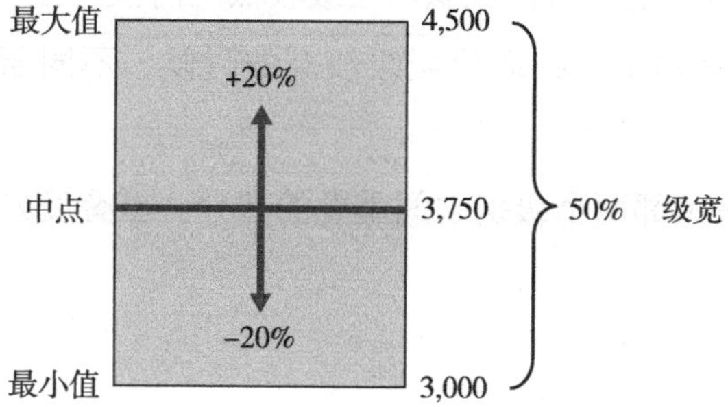

图 4-6　中点值浮动计算级宽

在这里案例里，最大值和最小值之间的级宽为 50%。但是，如果根据中点值来计算，上浮 20%、下浮 20% 就可以计算出最大值、最小值。

一定要注意：中点值上下浮动的比例，不能简单相加得到级宽。在这个案例中，有人误认为：中点值的上下浮动 20%，就意味着最大值和最小值之间的宽度是 40%。这是错误的！

4. 级差——相邻两个级别中点值之间的差距。在图 4-7 中，级差 =（$A-B$）/B。

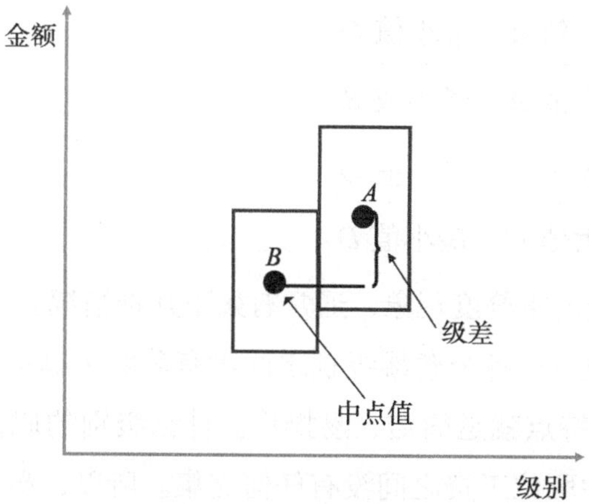

图 4-7　极差示意图

设定级差时有以下注意事项。

级差的设定，既可以各个层级之间级差相等；也可以随着薪酬 / 职位级别越高，每个级别之间的级差越大。很少有随着级别升高、级差越小的情况。其背后的原因也是因为：在职位层级较低的时候，上一级职位和低级别职位之间的薪酬差异小；在职位层级较高的时候，不同层级之间的薪酬差异大。

5. 重叠度——相邻两个级别之间重叠的部分。重叠度如图 4-8 所示。

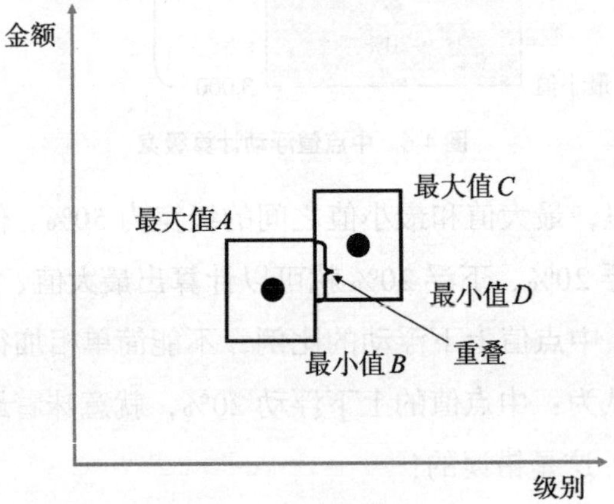

图 4-8　重叠度示意图

以下两个公式用来计算重叠度。

$$重叠度=\frac{最大值A-最小值D}{最大值A-最小值B}$$

$$重叠度=\frac{最大值A-最小值D}{最大值C-最小值D}$$

对于薪酬级别的重叠度现象，通常有如下几种情况。

（1）没有重叠——各个薪酬级别之间没有薪酬金额的重叠（如图 4-9 所示）。这样设定的特点就是简洁、易操作。什么级别的职位对应什么区间的工资，不同层级的职位工资之间没有任何交集。所以，员工要想获得更高的工资，就要晋升到下一个层级。一旦晋升到高一个层级，工资必定提高。这种没有重叠的体系，一定程度上忽略了在一个层级的某个职位做了很久、能力很强、业绩很好的员工的情况。他们如果不能晋升到更高的层级，就意味着工资不能继续提高。

（2）过度重叠——各个层级之间的薪酬水平过度重叠（如图 4-10 所示）。这种模式的特点就是鼓励低级别员工的工作积极性，从而使很多"技术强、业绩好"但是没机会晋升的员工，可以获得更高的工资。但是，这种模式的缺点在于过度的工资重叠，不能体现出不同职位层级之间工资的差距。

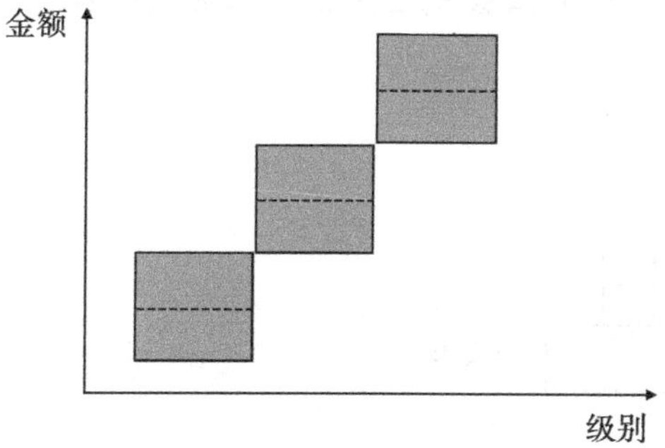

图 4-9 没有重叠示意图

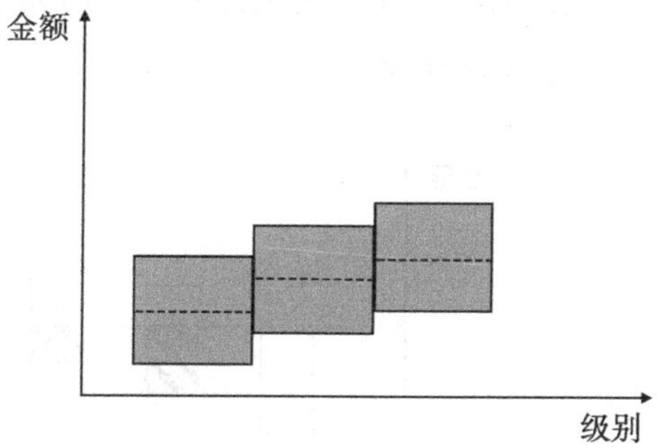

图 4-10 过度重叠示意图

（3）适度重叠——既能够体现不同职位层级之间工资的差距，又考虑到员工的工作能力、经验和业绩，给低级别员工更多的工资提升空间。如图 4-11 所示。

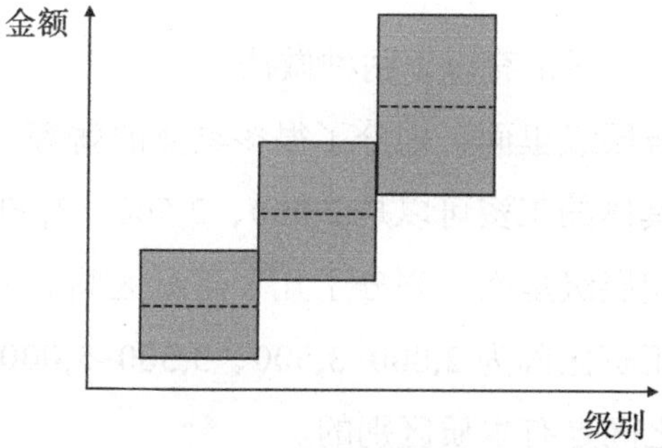

图 4-11 适度重叠示意图

设定重叠度时有如下注意事项。

（1）太多的重叠度让薪酬级别失去了级别之间的差异；同时，上一个级别和下一个级别之间工资过度重合，容易造成主管的薪酬和员工没有区分，甚至出现倒置的现象。

（2）没有重叠的薪酬结构，在理论上说是可行的。但是在实践中，不好处理那些长期在某个层级没有晋升机会，又是高绩效员工的薪酬。这些员工的工资一旦到了本级别的最高点，就需要晋升职位才能增加工资。

（3）一般来说，重叠度不超过50%。

（4）重叠度的问题，有一个经验判断：一个级别的重叠度最多涵盖相邻三个级别的范围。正如图4-12所示，级别1和级别2之间的重叠最多涵盖到级别4的重叠。

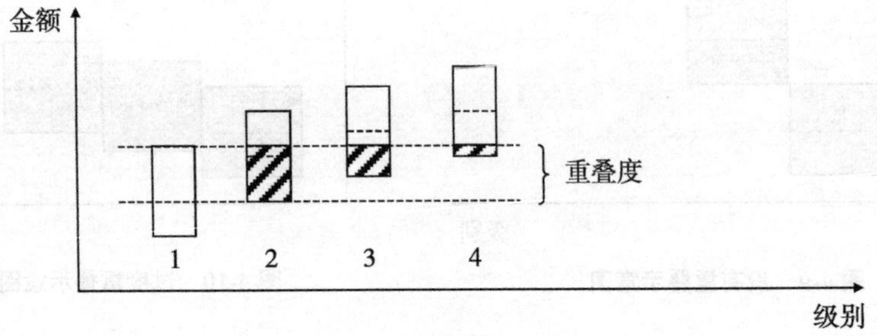

图4-12　重叠度示意图

4.3.3　薪酬层级的细分

薪酬层级的细分，通常有以下两种做法。

（1）在一个薪酬层级里面，划分了很多具体的薪等、薪档。例如，在三级员工的薪酬里，具体的工资可以是2,000、2,500、3,000、3,500…

（2）在一个薪酬层级里面，划分了几个薪酬区间。例如，在三级员工的薪酬里面，具体的工资区间为2,000~3,500、3,500~5,000…

事实上，两者之间是有本质区别的。

（1）在一个薪酬层级里面，划分了很多具体的薪等、薪档、职等、职档。每一个细分的级别对应一个固定的薪酬金额。如图4-13所示。

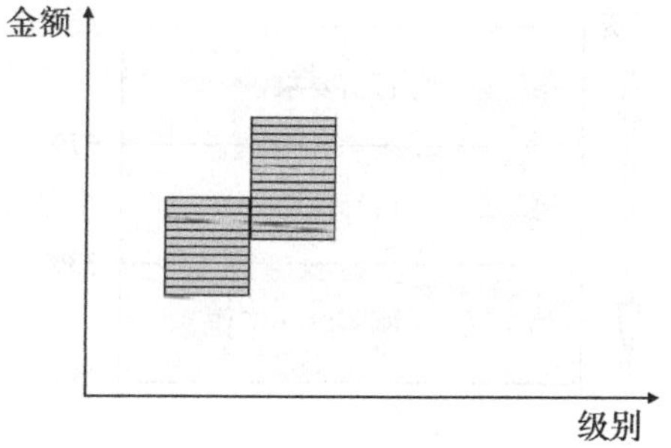

图 4-13 薪酬等级的划分

这样的管理方法实际上是在每一个薪酬层级中，薪酬管理人员根据任职者的工作年限、工作业绩、所在部门等因素，决定这个任职者的工资金额。

这样细分的好处是：在一个级别之内，由于不同任职者的工作年限、工作业绩等情况不同，他们会获得不同的薪酬。另外，考虑在同一个级别内部的“工资晋升”，部门经理在调整员工薪酬的时候，很容易找到下一个档位的工资金额。这样固定金额的管理方式，在公司内部管理上比较简单。因此，很多公司都采用这样的“细分”模式。有些公司“细分”了不同的名字：薪级、薪等、薪档等。

这样细分的不足是：这种固定金额的薪等、薪档有的时候不能完全反映市场的情况，不能完全反映任职者的情况。例如，任职者的薪酬金额落在了两个相邻薪等的中间。但是，由于没有这样的固定金额，所以，只能向上或者向下“靠拢”。因此，这样的固定细分就失去了管理的灵活度。例如，有的部门经理抱怨，“我本来可以月薪 12,500 元招一个人。但是，我发现在薪酬的薪档里没有这一档，只好最后给人家 13,000 元的月薪。”虽然相差不多，但是也能看出管理欠缺灵活度。

（2）在一个薪酬层级里面，划分了几个薪酬区间。一般来说，公司会在一个薪酬级别内部划分三个或者四个区间。如图 4-14 所示。

图 4-14 展示的就是在一个薪酬级别内，一家公司划分了三个薪酬区间，另外一家公司划分了四个薪酬区间。

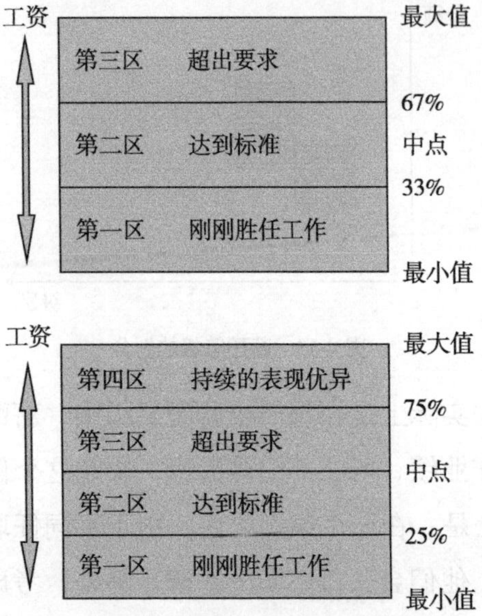

图 4-14　薪酬等级的划分

我们用三个区间来解释这样划分的管理意义。

根据我们前面讲到的，任何一个薪酬级别都是由最大值、最小值、中点值构成的。如果从最小值到最大值划分为三个区间，就意味着划分为：下1/3、中1/3、上1/3三个部分。

为了给实际操作人员提供更多的指导性标准，我们在制定某个员工工资金额的时候，参照任职者的经验技能、工作业绩、到岗时间等，将其工资匹配到不同的薪酬区间。

第一区间：该员工刚刚能够胜任工作。该员工可以是刚刚入职的员工，也可以是刚刚晋升的员工。我们给予的工资水平，在薪酬级别的下1/3。

第二区间：该员工的工作业绩、任职资格等各方面都符合该职位的要求。我们将该员工的工资定位在中1/3的薪酬区间。

第三区间：如果员工是一个持续的高绩效者，工作业绩经常超过职位的要求，我们可以考虑将其工资定位在上1/3的区间。

薪酬级别的区间划分管理，有利于具体员工的工资确定。同第一个模式的固定金额的档位工资相比，这样的区间没有一个固定的金额，给予了管理者一定的灵活度。这样在考虑员工工资的时候，既可以考虑员工工资的历史情况、员工目前的薪酬状况、员工的业绩表现，又可以充分考虑其他员工的工资状况。

综合比较固定薪酬金额的档级管理和非固定工资的区间模式管理，前者类似开车的“逐级挂档”模式，后者更类似“无级变速”的模式。有些管理者更加倾向于“逐级挂档”的模式，希望员工的工资可以通过某个数学公式精确计算。但是，从管理实践经验来说，对人的管理很难做到完全的精准化、量化，只有保持管理的灵活性才能更好地管理员工的薪酬。因此，强烈推荐管理者使用“无级变速”的薪酬区间管理模式。

返回到三区间和四区间的细分模式。两者之间有什么区别和优缺点呢？

三区间模型看重的是“人岗匹配”。我们常说：“合适的人，从事合适的职位，产生合适的业绩，就该得到合适的工资。”四区间模型则是以中点值作为分水岭。业绩“达标”的员工就在第二个区间，业绩优秀的员工在第三个区间。

从实际管理上看，三区间比四区间减少了一个区间，降低了管理的复杂度。三区间的模式类似于“趋中”的管理模式，更加适合中国企业应用。

第四节　薪酬结构的搭建

薪酬结构的搭建过程，既要体现薪酬工作的技术性，还要体现实际操作的艺术性，甚至还要考虑一下视觉上的“美感”问题。提醒各位薪酬管理人员，薪酬结构最终是要满足实际业务需要的，不要一味地追求薪酬设计的“美感”，从而影响公司业务部门的使用。

4.4.1　员工薪酬的比较

假如公司某个高级经理的基本月薪是人民币 3 万元，一个销售专员的基本月薪是 8 千元。由于这两个职位不在同一个层级，因此直接进行工资比较，没有多大的意义。为此，我们需要引入员工薪酬的内部公平分析和外部竞争分析。

1. 员工薪酬内部比较的分析工具

在薪酬结构内对员工工资进行比较分析，这里有两个主要的公式。

薪酬比率 = 员工工资 / 薪酬级别的中点值

薪酬渗透率 =（员工工资 – 最小值）/（最大值 – 最小值）

（1）薪酬比率——用员工的工资和该级别薪酬结构的中点值进行比较。外企员工称之为 CR（Compare-Ratio）

例如，现有员工 A 和员工 B。员工 A 的基本月薪为 2,200 元，员工 B 的基本月薪为 3,200 元。两人分别属于不同的级别（员工 B 的级别高）。如图 4-15 所示，请问哪位员工的内部薪酬竞争力更高?

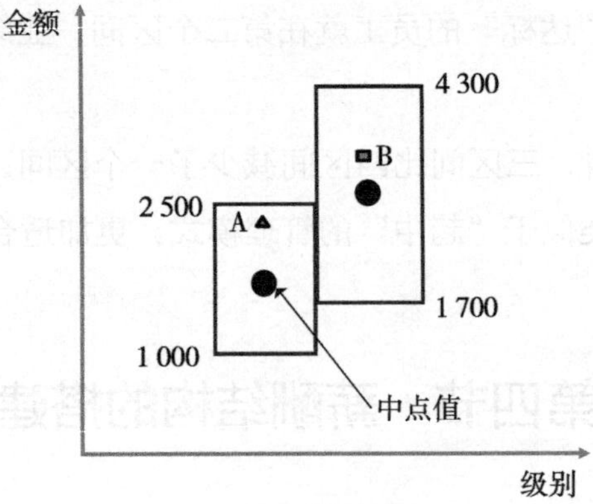

图 4-15　A、B 两位员工的薪酬对比

为了解决不同级别员工薪酬的内部竞争力的问题，我们引入了薪酬比率这个概念。在这个案例中，首先计算两个层级的中点值，然后用两个员工的工资分别除以各自的中点值。

员工 A 工资比率 = 2,200/（2,500+1,000）/2 = 2,200/ 1,750 = 125.7%

员工 B 工资比率 = 3,200/（4,300+1,700）/2 = 3,200/ 3,000 = 106.6%

很明显，员工 B 的工资绝对值高，但是内部竞争力低于员工 A。

薪酬比率是薪酬管理工作中特别重要和常用的分析指标。这个指标不仅能清楚地解决不同级别员工的薪酬内部公平问题，还可以比较不同部门、不同级别员工的工资总体水平。

例如，薪酬管理人员分析市场部和销售部门员工的基本月薪时，既可以分析每一个员工的薪酬比率，也可以汇总分析两个部门的总体情况。

表 4-4　分析市场部和销售部员工的基本月薪

员工号	部门	级别	基本月薪	工资级别中点值	工资比率
2345	市场部	M1	5,420	5,250	103%
5462	销售部	M1	4,590	5,250	87%
2451	销售部	E3	4,730	4,730	100%
3541	销售部	E2	4,170	4,020	104%
2241	市场部	E1	4,090	3,410	120%
2435	市场部	E2	4,170	4,020	104%

表 4-4 中分别计算了每位员工在各自工资级别中的比率。然后，利用 Excel 数据透视的功能，得到如表 4-5 所示的分析结果。

表 4-5　市场部和销售部员工的平均工资比率

部门	E1	E2	E3	M1	平均
市场部	120%	104%		103%	109%
销售部		104%	100%	87%	97%
平均	120%	104%	100%	95%	103%

实际上，这个分析就是把每位员工的工资比率进行“平均化”处理。在此可以非常清晰地看出：

a. 从部门的薪酬水平来说，市场部员工的工资“好于”销售部；

b. 从级别的薪酬水平来说，E1 级别工资“最好”，M1 级别工资“最差”；

c. 市场部的 E1 级别的员工工资特别“好”；

d. 销售部的 M1 级别的员工工资比较“差”。

（2）薪酬渗透率——用员工薪酬在薪酬级别里面的相对位置来描述薪酬公平性的指标。

这个指标相对于薪酬比率会比较难以理解。我们先看一下图 4-16。

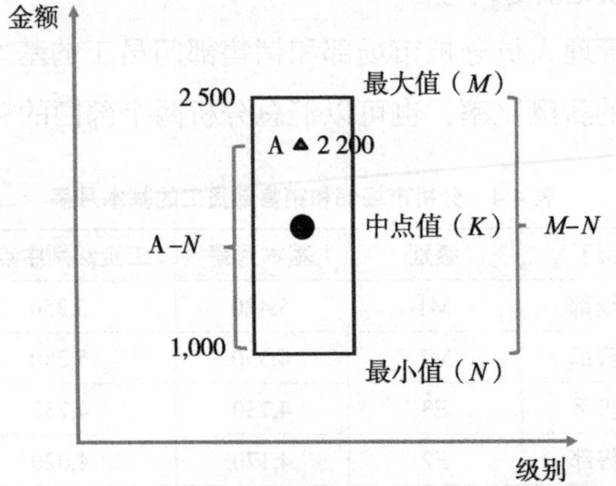

图 4-16　薪酬渗透率案例

在图 4-16 中，某员工 A 的工资为 2,200 元，他所在的薪酬级别里，最大值 M=2,500，最小值 N=1,000，中点值 K=（2,500+1,000）/2 = 1,750。

按照刚刚学习的薪酬比率，该员工的薪酬比率为：

CR = 2,200/1,750 = 125.7%

从这个计算结果可以发现，该员工的薪酬高于中点值。但是，我们不能明确地知道，该员工薪酬处于薪酬级别的哪个位置。所以需要引入薪酬渗透率这个概念。

该员工薪酬渗透率 =（员工工资 – 最小值）/（最大值 – 最小值）

=（A – N）/（M – N）

=（2,200 – 1,000）/（2,500 – 1,000）

= 80%

从图 4-16 显示的数学关系可知，实际上薪酬渗透率就是线段 AN 的长度和线段 MN 长度的比例关系。因此，这个指标能够说明员工工资在薪酬级别里面处于哪个位置。

（3）薪酬比率和薪酬渗透率的比较

薪酬比率和薪酬渗透率两个概念在实际应用中各有所长。两者可以同时应用，以便实现薪酬分析的目的。薪酬比率和薪酬渗透率的比较如表 4-6 所示

表 4-6 薪酬比率和薪酬渗透率的比较

	薪酬比率	薪酬渗透率
特点	容易理解、容易计算	计算复杂
意义	只能显示员工工资高于、低于还是等于薪酬级别中点值	能够显示员工工资在薪酬级别的位置
代表意义	√ 大于 1，说明员工工资高于薪酬级别中点值 √ 等于 1，说明员工工资等于薪酬级别中点值 √ 小于 1，说明员工工资低于薪酬级别中点值	√ 大于 1，说明员工工资高于薪酬级别最大值 √ 等于 1，说明员工工资等于薪酬级别最大值 √ 等于 50%，说明员工工资等于薪酬级别中点值 √ 等于 0，说明员工工资等于薪酬级别最小值 √ 小于 0，说明员工工资低于薪酬级别最小值

（4）员工薪酬内部比较工具拓展

如果进一步拓展薪酬比率分析这个工具，我们可以得到很多类似的比率。例如：

a. 可以用员工的工资水平和部门内部同一个级别其他员工的平均工资或者中位数进行比较；

b. 可以用员工的工资水平和公司内部统一级别所有员工平均工资进行比较。

2. 员工薪酬外部比较的分析工具

当我们用本公司员工的工资和外部市场数据进行比较的时候，就可以计算出本公司工资的外部竞争力水平。因此，一般称为外部竞争力分析。

外部竞争比率 = 内部员工工资 / 外部市场工资

a. 这里的“外部市场工资”可以选取薪酬调研报告里的不同数字，如中位数、75 分位数或者平均数等。

b. 外部竞争比率大于 1，说明员工工资高于外部市场薪酬数据。

c. 外部竞争比率等于 1，说明员工工资等于外部市场薪酬数据。

d. 外部竞争比率小于 1，说明员工工资低于外部市场薪酬数据。

e. 外部竞争力分析，可以分析单个员工的薪酬，也可以分析不同部门、不同层级的员工整体的竞争力（参见内部薪酬比率的介绍）。

4.4.2 薪酬结构的搭建模式

本章节仅从技术层面介绍薪酬结构搭建的主要模式。

1. 薪酬结构搭建的统一步骤

如果是第一次搭建薪酬结构，我们的主要目的还是尽可能多地把现有员工的工资纳入到薪酬结构之中。因此，在这个测算过程中，薪酬管理人员需要时刻关注薪酬比率和薪酬渗透率这两个指标。

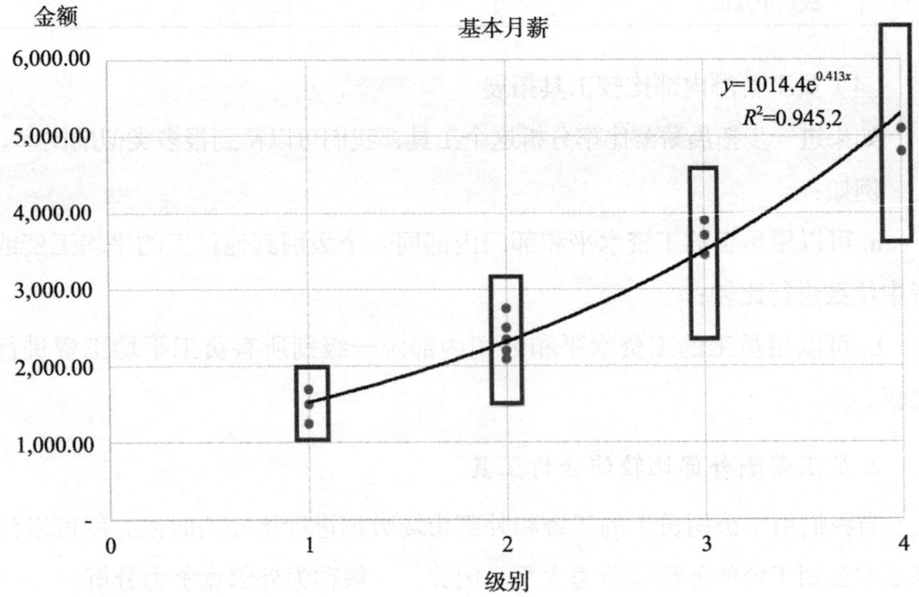

图 4-17 员工工资分布

假定图 4-17 中的薪酬级别，就是根据回归数据，然后寻找最大值、最小值、级宽、级差建立起来的。那么，如果员工的工资在级别框架之内平均分布，或者大部分员工的工资能够显示在框架之内的话，薪酬比率应该是越接近 100% 越好，薪酬渗透率应该是越接近 50% 越好。从图 4-17 上显示，这些工资的散点越接近薪酬级别的中点值越好。

假设我们利用回归的办法建立一个薪酬结构，然后把这个薪酬结构和每位员工的实际工资进行关联，可以得到以下数据结果。

（1）薪酬结构表如表 4-7 所示。

表 4-7　薪酬结构表

级别	最小值	中点值	最大值
1	1,226	1,533	1,840
2	1,854	2,317	2,780
3	2,801	3,502	4,202
4	4,234	5,293	6,351

（2）员工的实际工资和薪酬结构表关联，计算出来每位员工的工资比率和工资渗透率。如表 4-8 所示。

表 4-8　每位员工的工资比率和工资渗透率

姓名	性别	入职日期	部门	薪酬级别	基本月薪	回归薪酬	工资比率	工资渗透率
ABC	男	2015 年 3 月 1 日	市场部	2	2,500.00	2,317.06	108%	70%
BCD	男	2016 年 4 月 2 日	销售部	3	3,700.00	3,501.87	106%	64%
BED	女	2015 年 9 月 4 日	销售部	4	5,100.00	5,292.53	96%	41%
ABH	男	2016 年 9 月 5 日	销售部	2	2,200.00	2,317.06	95%	37%
MNS	女	2016 年 5 月 6 日	市场部	2	2,350.00	2,317.06	101%	54%
SDF	女	2014 年 3 月 2 日	市场部	3	3,450.00	3,501.87	99%	46%
NBY	女	2013 年 8 月 3 日	市场部	3	3,900.00	3,501.87	111%	78%
HID	男	2012 年 2 月 1 日	市场部	4	4,800.00	5,292.53	91%	27%
KIH	男	2015 年 6 月 1 日	销售部	1	1,250.00	1,533.11	82%	4%
BOD	男	2015 年 8 月 1 日	销售部	1	1,500.00	1,533.11	98%	45%
KPW	女	2012 年 7 月 8 日	市场部	2	2,750.00	2,317.06	119%	97%
GPE	女	2013 年 3 月 1 日	市场部	1	1,700.00	1,533.11	111%	77%
LIS	女	2013 年 7 月 1 日	市场部	2	2,100.00	2,317.06	91%	27%

（3）对以上表格进行数据透视，如表 4-9 所示。

表 4-9 数据透视结果

级别	平均工资比率	平均工资渗透率
1	97%	42%
2	103%	57%
3	105%	63%
4	94%	34%
总平均	100%	51%

从这个汇总的数据透视表中可以看出以下几点。

√ 从平均工资比率来看，员工整体的薪酬比率为 100%。说明员工的工资基本围绕在工资结构的中点值附近。

√ 如果仔细观察每个级别的薪酬情况，1 级员工的平均比率为 97%，说明 1 级员工的实际工资低于中点值。如果希望适当调整，可以适当降低 1 级员工的中点值，这样员工的工资平均比率会稍微“上升”。其他级别以此类推。

√ 从平均工资渗透率来看，员工整体的薪酬渗透率为 51%，说明员工工资基本围绕在工资结构的中点值附近（该结论和平均工资比率一样）。

√ 如果仔细观察每个级别的情况：我们看到，每个级别的平均工资渗透率都在 50% 上下。但是，1 级、4 级的渗透率较低。如果希望调整渗透率，一个办法是调整中点值，另外一个办法就是调整最大值 / 最小值。

2. 薪酬结构搭建的诸多方法

接下来介绍几种建立薪酬结构的方法。

（1）仅考虑员工薪酬的内部公平性，完全依靠内部工资数据建立薪酬结构。这样建立薪酬结构的目的是：重视薪酬的内部公平性，在不考虑本公司薪酬外部竞争情况的前提下，先通过薪酬结构“整理”内部所有员工的薪酬。未来参考外部市场数据，不断修正和调整薪酬结构。

① 建立工资散点图。

② 建立散点图的回归线，或者计算每一个级别的中位数。把每个级别的回归数，或者中位数作为未来薪酬级别的中点值。（参考本书第一章第二

节的相关内容）。

③ 试算薪酬级别。利用级宽和级差公式，建立一个薪酬级别。然后把每个员工的工资套改进来，通过监控薪酬比率和渗透率不断调整宽度、中点值的上下位置。

④ 让平均薪酬比率尽可能靠近 100%，薪酬渗透率尽可能靠近 50%；同时，新建立的薪酬结构最好能够包含 80% 的员工工资（通过统计薪酬渗透率能够轻松看到多少员工的工资低于或者高于薪酬框架。如果薪酬渗透率小于 0，则员工工资小于最小值；如果薪酬渗透率大于 100%，则员工工资大于最大值）。

（2）仅考虑外部市场薪酬竞争力，完全根据市场薪酬状况建立薪酬结构。这样建立薪酬结构的目的是：重视薪酬的外部竞争力，在充分考虑外部市场薪酬水平的基础上，建立薪酬结构，让企业内部的工资直接和外部市场"挂钩"。未来，薪酬管理人员通过考察员工的内部薪酬比率，调整员工的内部公平性，管理员工薪酬。

① 根据公司内部的职位级别，寻找适合的外部薪酬数据，将其作为每一个级别的中点值。用这个模式建立的薪酬结构，突出了市场数据的重要性。

② 试算薪酬级别。利用级宽公式，建立一个薪酬级别。然后把每个员工的工资套改进来，通过监控薪酬比率和渗透率来不断调整宽度。使用这种方法建立薪酬结构，突出了外部市场薪酬水平的重要性。因此，不要随意调整中点值，即便某个级别的上下值并不能完全包容现有员工的工资。

③ 因为市场的数据，直接定义为每个级别的中点值，所以平均薪酬比率是固定的。我们可以通过调整薪酬级别的宽度来调整薪酬渗透率，让其尽可能靠近 50%；同时，新建立的薪酬结构，最好能够包含 80% 的员工工资。

（3）结合第一种和第二种模式，同时考虑内部员工工资和外部市场工资数据建立薪酬结构。

① 建立内部工资散点图，绘制内部工资回归线。根据公司内部的职位级别，寻找适合的外部薪酬数据。

② 将两组薪酬数据放在一起，检测内部员工工资数据和外部市场薪酬数据的差距。

③ 试算薪酬级别。利用级宽公式，建立一个薪酬级别。然后把每个员工的工资套改进来，通过监控薪酬比率和渗透率来不断调整宽度。利用这种方法建立的薪酬结构，既考虑了内部的公平性，又突出了市场薪酬的重要性。因此，薪酬经理可以调整中点值、级别的宽度，从而实现包容大多数员工工资的目的。

④ 这个方法需要综合考虑内外部市场薪酬数据的情况。因此，对于薪酬经理来说，这个方法的挑战性比较大，需要具备一定的经验来选取数据。

为了更加形象地解释如何建立薪酬结构，接下来我们以第三种模式为案例，说明如何搭建薪酬结构，如图 4-18 所示。

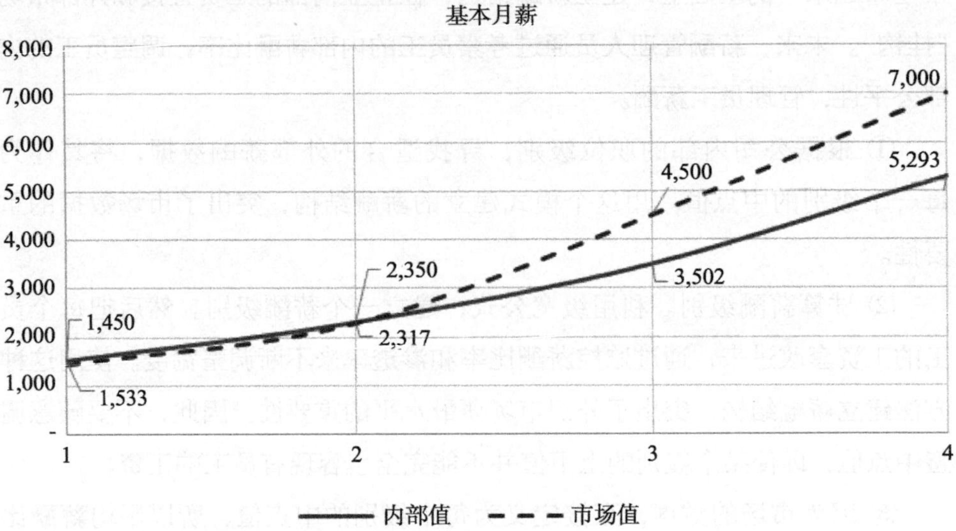

图 4-18 建立薪酬结构的案例示意图

在这个案例中，我们把外部市场薪酬数据和内部员工工资放在一个图表中。虚线是外部市场薪酬数据——完全来自于薪酬调研报告，实线是内部员工工资——通过内部工资的回归得到的结果。

如果完全按照第一种——内部公平性模式来建立薪酬结构，仅仅考虑实线的数值作为中点值即可。同理，第二种模式——外部竞争性模式，仅需将虚线的数值作为中点值。但是，在这里，需要在两者之间反复权衡。

这个时候，首先需要观察数据的情况。判断这样的数据分布是不是和公司的薪酬管理战略保持一致。例如，从图 4-18 中不难发现，公司员工的工资，相比外部市场工资来说，随着级别的升高，薪酬竞争力在下降。

这样的模式是不是我们需要的？如果是，就主要依靠内部数据来建立薪酬结构。如果需要提高高层级员工薪酬，就主要依靠外部数据来建立薪酬结构。但是，如果一味地依靠外部数据，可能现有很多员工的工资都会低于薪酬级别的最小值。因此，未来调薪的成本很高。所以，薪酬管理人员需要在外部和内部数据之间寻找最佳点。

这个最佳点，通常就是通过不断地调整级别的宽度、级差，让平均的薪酬比率接近 100%，薪酬渗透率接近 50%；同时检测多少员工的工资或低于薪酬级别最小值，或高于薪酬级别最大值。

（4）没有固定的薪酬结构，完全依赖外部市场薪酬数据，建立每个职位的“薪酬结构”，或者称之为“点对点”的薪酬结构。

① 该模式的建立背景：随着新兴行业的快速发展，公司组织层级呈现扁平化态势，职位之间呈现多样化态势；同时，员工对于外部市场的薪酬变化更加敏感。也就是说，薪酬管理更加倾向于以外部市场竞争力为基础。

② 在这个背景下，如果建立薪酬结构，把所有同类级别的职位薪酬放在一起，不管是通过回归，还是平均数等办法来操作，都会“抹杀”职位薪酬的外部市场“敏感性”。例如，同样都是员工级别的职位，一个是程序员，一个是架构师。两者可能级别一样，但是，外部市场工资差异很大。如果一定放在一个薪酬框架里，会对人员的保留造成压力。

③ 可以采用直接对标外部市场薪酬的方法，建立“点对点”的薪酬结构。利用薪酬调研获得本公司所有职位相应的外部市场工资数据。然后，对比本公司员工的工资和外部薪酬水平，通过外部薪酬比率来观测。

④ 这样建立的“结构”具备以下特点：完全依赖外部市场薪酬数据。因此，必须确保数据的可靠性、准确性。重视薪酬外部竞争性，轻视内部公平性。没有一个级别统一的最大值和最小值。为了解决这个问题，很多公司

按照每个职位的外部薪酬比率来管理。通常设定薪酬比率 80%~120% 作为薪酬范围（也有公司设定 90%~110% 作为范围）。也就是说，当某个职位的外部薪酬比率在这个范围内时，就视为在正常的薪酬区间内。高于 120% 的薪酬比率，基本等于高于薪酬结构的最大值。反之亦然。

案例分享一　完全根据内部薪酬数据建立薪酬架构的模式

A 公司是一家网络游戏运营公司。公司围绕网络游戏开发、维护与销售展开业务。公司共有员工约 200 人。

图 4-19 是该公司的组织结构图。

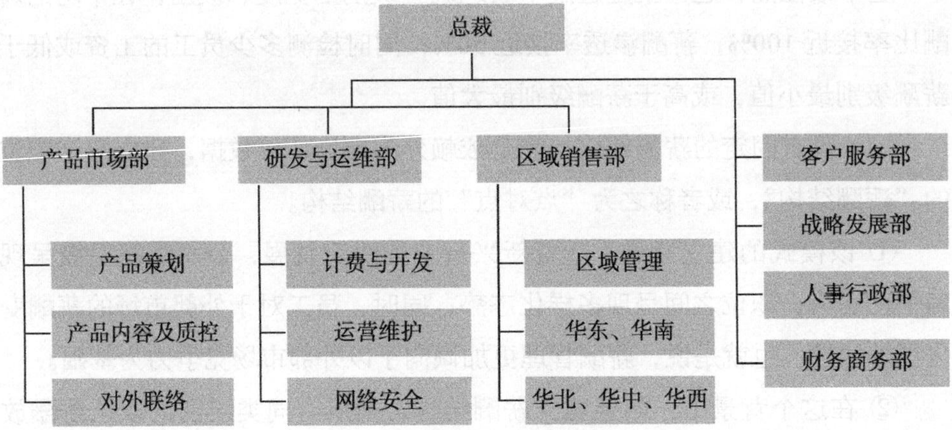

图 4-19　A 公司组织结构图

根据公司业务和人员规模，可以判断这家公司的组织结构偏扁平化：只有公司高管、部门经理、业务组长、基层员工四个层级。在建立薪酬体系之前，薪酬管理人员首先需要明确的是公司的内部级别体系。公司设计了三个层级的职位级别：员工级（E 级）、经理级（S 级）、管理级（M 级）。同时，在考虑薪酬差异的时候，薪酬管理人员将每一个职位层级划分为三个薪酬层级。这样，薪酬的级别就变成了九级的体系。每一个级别对应的职位名称以及级别名称如表 4-10 所示（提醒大家注意：这里面的薪酬级别和职位级别不是一对一的关系，而是每一个职位级别对应三个薪酬级别）。

表 4-10 薪酬级别的等级名称

薪酬级别	等级名称	参考职位
1	E1	代表
2	E2	助理
3	E3	主管
4	S1	经理
5	S2	高级经理
6	S3	总监
7	M1	副总裁
8	M2	副总裁
9	M3	总裁

有了明确的薪酬级别之后，薪酬管理人员就可以根据内部薪酬情况测算薪酬体系了。按照我们刚才介绍的做法：先根据部门人员的实际情况作回归分析，然后根据回归分析设计每一个级别的最高值、最低值，并且把员工的实际情况放在级别体系中进行测算，调整薪酬体系力求将更多的员工工资放入新的体系。

这个案例采用了另外的做法，直接规划一个新的薪酬体系，然后把公司员工实际的工资水平放在薪酬体系中进行测算。

最终做好的薪酬级别如表 4-11 所示。

表 4-11 最终薪酬级别

级别	等级名称	下限	中点	上限	级差	幅度	参考职位
1	E1	1,625.00	2,500.00	3,375.00		35%	代表
2	E2	2,275.00	3,500.00	4,725.00	140%	35%	助理
3	E3	3,185.00	4,900.00	6,615.00	140%	35%	主管
4	S1	4,410.00	7,350.00	10,290.00	150%	40%	经理
5	S2	6,615.00	11,025.00	15,435.00	150%	40%	高级经理

（续表）

级别	等级名称	下限	中点	上限	级差	幅度	参考职位
6	S3	9,096.00	16,538.00	23,980.00	150%	45%	总监
7	M1	12,817.00	25,634.00	38,451.00	155%	50%	副总裁
8	M2	19,867.00	39,733.00	59,600.00	155%	50%	副总裁
9	M3	30,793.00	61,586.00	92,379.00	155%	50%	总裁

大家现在看到的这个薪酬级别表格，里面包含了很多的 Excel 公式（如图 4-20 所示）。如果我们打开这里的公式，会看到很多东西并不是严格按照我们的定义进行的，而是我们定义的“变体”形式，但是实际操作起来超级简便。

	A	B	C	D	E	F	G	H
1	级别	等级名称	下限	中点	上限	级差	幅度	参考职位
2	1	E1	=ROUND(D2*(1-G2),0)	2500	=ROUND(D2*(1+G2),0)		0.35	代表
3	2	E2	=ROUND(D3*(1-G3),0)	=ROUND(D2*F3,0)	=ROUND(D3*(1+G3),0)	1.4	0.35	助理
4	3	E3	=ROUND(D4*(1-G4),0)	=ROUND(D3*F4,0)	=ROUND(D4*(1+G4),0)	1.4	0.35	主管
5	4	S1	=ROUND(D5*(1-G5),0)	=ROUND(D4*F5,0)	=ROUND(D5*(1+G5),0)	1.5	0.4	经理
6	5	S2	=ROUND(D6*(1-G6),0)	=ROUND(D5*F6,0)	=ROUND(D6*(1+G6),0)	1.5	0.4	高级经理
7	6	S3	=ROUND(D7*(1-G7),0)	=ROUND(D6*F7,0)	=ROUND(D7*(1+G7),0)	1.5	0.45	总监
8	7	M1	=ROUND(D8*(1-G8),0)	=ROUND(D7*F8,0)	=ROUND(D8*(1+G8),0)	1.55	0.5	副总裁
9	8	M2	=ROUND(D9*(1-G9),0)	=ROUND(D8*F9,0)	=ROUND(D9*(1+G9),0)	1.55	0.5	副总裁
10	9	M3	=ROUND(D10*(1-G10),0)	=ROUND(D9*F10,0)	=ROUND(D10*(1+G10),0)	1.55	0.5	总裁
11								

图 4-20　薪酬级别的 Excel 公式

（1）所有数值都用 Excel 的 ROUND 函数进行了保留一位整数的处理。

（2）C/D/E 三列都是用公式连接起来的。唯独最低级别的中点需要手工输入。

（3）F 和 G 列都是通过手工输入进行调整的。

（4）级差的内部关联是：高一级的中点 = 低一级中点 × 级差。这样，只要调整 F 列的内容，就能调控每一个级别之间的关系。在这个案例中，级别 1—2，2—3 的级差都设定为 140%，以后的级差设定为 150%、155%，这个就是根据内部情况不断调整的结果。

（5）幅度（级宽）、上限（最大值）、下限（最小值）三者之间的关系，没有采用传统的公式，而是用中点来计算。幅度是手工输入的。上限 = 中点 ×（1+ 幅度）；下限 = 中点 ×（1- 幅度）。

（6）这个表格应用的好处是，只需要输入最低级别的中点值就可以看到整体薪酬框架的变动。根据每一个级别能够“纳入”多少员工实际工资的情况，调整中点值，调整某一个级别的宽度。

在实际操作中，通过Excel里面VLOOKUP这个函数，我们就可以计算出每一个员工在新的薪酬架构中的比率和渗透率（图4-21是截取的部分表格）。

L	M	N	O	P	Q
姓名	部门	级别	基本月薪	比率	渗透率
	客服部	1	2,450	98%	47%
	客服部	1	2,450	98%	47%
	客服部	1	2,450	98%	47%
	客服部	1	2,450	98%	47%
	综合部	1	2,600	104%	56%
	销售部	2	4,300	123%	83%
	技术部	2	4,564	130%	93%
	客服部	3	2,264	46%	-27%
	客服部	3	2,464	50%	-21%
	客服部	3	2,764	56%	-12%
	客服部	3	2,764	56%	-12%
	客服部	3	2,764	56%	-12%
	销售部	3	3,064	63%	-4%
	销售部	3	3,564	73%	11%
	综合部	3	3,664	75%	14%
	销售部	3	4,264	87%	31%
	技术部	3	4,364	89%	34%
	销售部	3	4,564	93%	40%
	综合部	3	4,564	93%	40%
	销售部	3	4,764	97%	46%
	销售部	3	4,764	97%	46%

图4-21 每一个员工在新的薪酬架构中的比率和渗透率（截图）

结合Excel表格里面数据透视的功能，汇总成为如图4-22所示的总结。

级别	平均比率	平均渗透率
1	98%	47%
2	95%	43%
3	99%	49%
4	96%	45%
5	76%	21%
6	90%	38%
总计	97%	46%

图4-22 数据透视图

表 4-12　渗透率按序列归类

渗透率区间 \ 级别	1	2	3	4	5	6	总计
<0			6	2			8
0~0.5	39	11	9	12	2	4	77
0.5~1	1	5	10	7		2	25
>1			3	1			4
总计	40	16	28	22	2	6	114

上面这两个表格非常有意义。我们建立一个新的薪酬体系，首先应该确保将目前大部分员工的工资放入新的架构之中。其中比较重要的指标就是薪酬比率和渗透率。

目前得到的结果是，从图 4-22 中看总体的薪酬比率 97%、薪酬渗透率 46%。说明员工的工资基本“围绕”在工资架构的中点位附近。如果需要调整的话，可能 5 级需要调整。在表 4-12 里把薪酬渗透率按照小于 0，0~50%，50%~100%，大于 100% 进行排列，然后按照不同的层级归类。分别计算每一个层级有多少员工的工资分别低于最小值，介于最小值和中点之间，介于中点和最大值之间，高于最大值。这里看出，5 级的薪酬架构并不需要调整。目前的员工工资基本上都在架构之内。倒是 3 级、4 级内部员工的工资差异比较大，未来进行薪酬调整的时候需要着重考虑。

至此，我们基本上得到了比较满意的薪酬架构。

案例分享二　某跨国公司薪酬固浮比管理

某跨国公司严格约束下属各个国家分公司的薪酬结构中固定和浮动工资的比例。集团总部在约定年度总现金的市场定位之后，明确规定内部不同级别的职位具有不同比例的固浮关系。

如图 4-23 所示，1 级是集团最高层级的职位。从图 4-23 中看出，集团将所有职位层级的固定和浮动薪酬的比例都作了详细的规定。例如，5～6 级职位的固浮比就是 80%：20%。

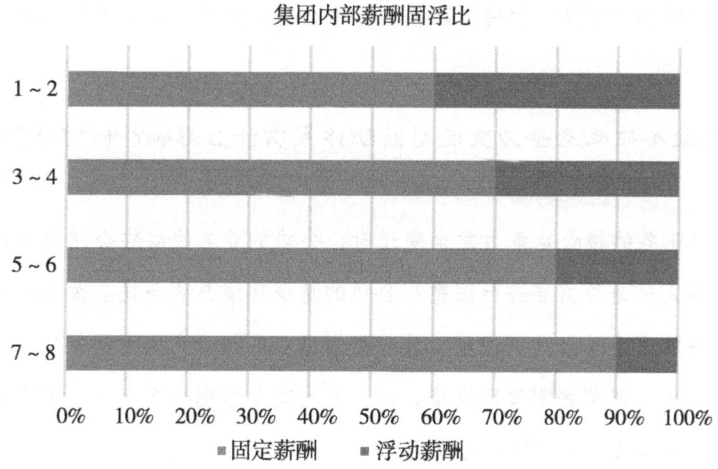

图 4-23 某公司不同层级的薪酬固浮比

这样做的好处是：便于集团内部统一管理。员工在集团内部不同国家分公司之间调动的时候，薪酬结构基本上是一样的。缺点就是缺乏地方管理的灵活性。为此，集团在制定这个政策的同时，还约定了两个补充条款：每一个国家分 / 子公司具体的薪酬固浮比，需要参照当地市场竞争对手最佳实践或者当地通行做法执行；各个国家分 / 子公司实际的薪酬固浮比可以在此基础上有上下 5 个点的浮动（注意：不是上下浮动 5%）。例如，5 级和 6 级的固浮比可以参照 80%：20% 为基准，调整为 75%：25% 或者 85%：15%。

当然，为了加强集团统一管控，如果地方分 / 子公司希望执行不同于总部的固浮比，需要提供必要的材料，获得总部审批。

附录 1　有问有答

1. 我公司最近根据外部市场薪酬数据和各个职能部门的薪酬情况，重新调整了薪酬框架。目前面临的问题是：如何快速进行新旧薪酬体系的过渡？

答：新旧薪酬体系的过渡，涉及每一位员工的具体工资。薪酬管理人员必须考虑：员工薪酬期望值的管理；公司总成本的管理；员工切换过程中增幅（很少有降幅）是否公平。这个过程最忌讳的就是“一刀切”。外企一般是结合年度薪酬调整来进行，把一部分体系过渡的“预算”和薪酬调整预算结合起来使用；一般需要1~2年的时间来逐步调整。

2. 公司业务核心竞争力变迁对薪酬体系有什么影响？如何进行适应性的调整？

答：公司业务的核心竞争力发生变迁时，公司的业务战略亦会随之作出调整。那么，各类业务人员是否需要进行调整？公司的竞争环境是否会发生改变？如果需要调整，薪酬体系就需要随之进行调整。首先要根据业务核心竞争力调整带来的外部人才市场变化，审核、调整薪酬管理战略方向。其次就是考虑公司未来业务需要新型人才的薪酬特点，确保公司人才梯队的稳定性。

3. 互联网公司如何设置更具有市场竞争力的薪酬体系？

答：互联网公司大多属于快速发展的公司。为了确保互联网公司的薪酬体系具有市场竞争力，薪酬管理人员需要随时掌握外部市场薪酬管理的变化情况。因此，参加薪酬调研是非常必要的。另外，公司的薪酬管理体系需要适应业务不断变化带来的管理压力。因此，薪酬体系设计应该体现简洁明了、易操作、易管理的特点。例如，不要设定很多名目的补贴，可以考虑宽带薪酬体系，重视长期激励，等等。

4. 在内部管理中，先设计薪酬体系还是先设计职位体系？

答：人力资源管理各个模块之间既有联系又相互独立。无论是理论还是实际操作，先设计薪酬体系还是先设计职位体系并不冲突。我们在介绍薪酬体系建立的时候说过，薪酬管理是以职位为基础的（Job-Based）管理模式。因此最好的实践是先建立职位体系，把公司内部职位的状况梳理清楚之后，再来开展薪酬调整工作。但是，我们在介绍薪酬体系建立的时候，也提到了一个方法：可以不建立内部的职位体系，直接利用外部市场数据来管理薪酬体系。这样就可以等公司需要职位体系的时候，再去建立职位体系。

5. 公司业务发展快速，出现了很多“一人多岗”的现象。这个时候该如何制定合理的薪酬结构呢？

答：“一人多岗”的现象应该不是公司持续发展的长期形态。薪酬管理人员可以根据目前岗位的情况划分职位层级、薪酬层级。在实际的薪酬匹配上，一般是考虑该员工胜任哪个岗位。先将员工放入他最胜任的、未来最可能担任的岗位层级。在制定工资的时候，再考虑实际业绩、能力情况，选择不同的薪酬区间来确定工资。

6. 薪酬级别和职位级别有没有区别？

答：严格地说，薪酬级别和职位级别是两个不同的概念。顾名思义，薪酬级别是反映不同薪酬水平的层级，而职位级别是根据职位不同的职责、贡献价值划分的层级。但是，在实际工作中，往往是职位级别直接等于薪酬级别。当然，有些公司出于内部管理需要，职位层级和薪酬层级并非等于“一对一”的对应关系。例如，有些公司把职位层级划分为1~10个层级，在制定薪酬级别的时候，将每两个职位层级合并为一个薪酬层级，施行宽带薪酬管理。有的公司反之，把职位层级划分为1~10个层级，在大的层级上将薪酬层级划分为10层级，每一个薪酬层级内部划分若干小的薪档、薪等。

7. 老板说，“只要工资给得高，员工就会满意”。是不是说我们调整薪酬就要提高员工的工资水平呢？

答：这里提到的“工资给得高”，给多少才叫高？根据市场薪酬调研来看，这样的高工资，是市场的什么位置：99分位？90分位？还是其他的分位值？一般来说，工资高有利于员工的保留，但是这个“保留”并不完全等于“满意”。

工资高意味着公司的成本高。因此，在确定高工资之前，薪酬管理人员需要了解一下市场的薪酬水平，然后确定我们在市场上属于“领先型”还是“落后型”，再制定我公司的薪酬定位。另外，需要回答的一个问题就是——工资给得高，员工是否就会满意？这个问题不仅涉及薪酬管理，还涉及诸如福利管理、企业文化、员工发展等领域，并不完全是工资高就可以解决的。

8. 如果外部竞争和内部公平发生冲突，该如何处理呢？

答：外部竞争和内部公平是薪酬管理的两个重要原则。两者之间发生冲突无外乎两种情况：（1）为了保持某些职位外部市场的竞争力，这些职位的工资相比内部其他职位的工资来说特别高，或者特别低；（2）为了保持内部职位的公平性，即便外部市场中有些职位的工资已经明显发生变化了，本公司也不会特意调整。面对这两种情况，公司要根据实际情况处理。举例来说，如果公司所属行业是快速发展、人才竞争激烈的行业，那么对外部竞争的考虑一定要优先于内部公平。如果公司具备完善的薪酬福利管理制度，员工的激励、发展和保留不仅靠工资一个维度，那么公司可以更多的重视内部公平性。再比如说，很多公司施行统一的工资体系框架，但是某些职位类别的市场工资可能会高于其他职位类别（如现在很多公司都在人工智能领域投入很大的业务，这方面人才的工资就会较高）。这个时候，要么为这一类职位单独建立工资框架，要么就不把这一类职位和其他职位放在一起进行内部公平性比较。

附录 2　有关薪酬结构的中英文词汇

常见的英文词汇	常见的中文翻译
Salary Structure	薪酬结构
Job-Based Management	职位为基础的管理
Competency-Based Management	能力为基础的管理
Mid-Point	中点值
Salary Level	薪酬级别
Salary Range	薪酬范围
Overlapping	重叠
Compare-Ratio	薪酬比率
Penetration Rate	薪酬渗透率
Salary Review/ Increase	薪酬调整（调薪）

CHAPTER 5

第五章

调薪那些事

经常有朋友问我："外企是不是每年都会调薪？"我说："差不多吧。除了金融危机的时候，外企一般都会进行年度调整。"然后朋友就说："还是外企好，大家都可以涨工资呀。"我说："其实年度调薪是对的。但是，不是说每个人都有同样的薪资增长。"

薪酬调整是每一个薪酬管理人员的必修课。

从宏观上说，薪酬管理人员需要了解公司整体的管理战略、薪酬战略，了解公司的财务状况；从微观上讲，也是薪酬管理人员对员工薪酬期望值的管理。例如，某个员工的业绩表现突出，连续两年的薪酬增长幅度都高于公司全体员工的平均增长幅度。今年该员工的业绩表现依然突出，那么薪酬管理人员该如何处理他的薪酬增长幅度呢？因此，员工的薪酬调整工作，既涉及宏观的框架管理，又涉及微观的员工个案管理。

第一节　薪酬预算的制定

5.1.1　薪酬调整的影响因素

影响薪酬调整的因素有很多，这些因素会渗透在薪酬调整的各个环节。

首先，公司的薪酬调整工作必须在公司整体薪酬战略、薪酬哲学的指导下进行。薪酬哲学就是在明确公司的业务战略、人力资源管理战略的基础上，在保证公司业务长期发展的同时，公司的薪酬管理政策能够吸引、激励、保留员工。从预算的制定到每个具体步骤的实施，薪酬调整工作都要贯彻执行公司的薪酬战略。

案例 1

公司薪酬管理哲学规定：员工年度目标总收入定位于市场 75 分位；但是，骨干员工、高级管理人员、专家（特别是技术序列的专家）可以定位于市场 90 分位。如图 5-1 所示。

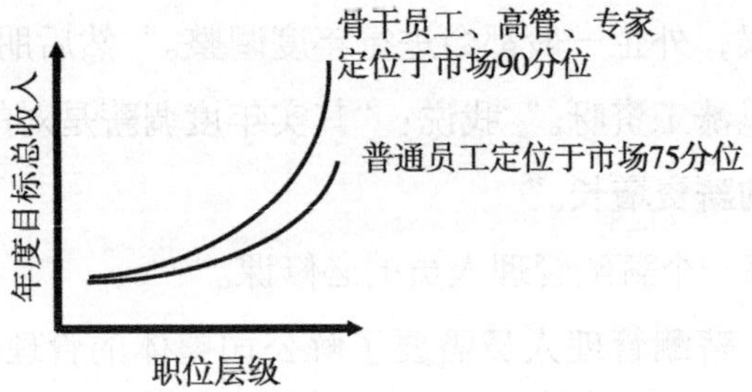

图 5-1　某公司的薪酬管理哲学规定

按照这个薪酬哲学，我们在实践操作中就需要注意以下事项。

1. 在比较外部市场数据时，针对不同职位的员工，需要选取不同的外部数据。

2. 在薪酬调整的预算分配上，需要对某一类员工进行适当倾斜。

3. 对不同人群薪酬调整的比例应有所不同。

4. 薪酬调整的最终结果，应该符合薪酬哲学的规范。

案例 2

公司提出“为业绩付薪”的原则。确保高绩效员工的薪酬调整幅度必须大于普通员工。

按照这个薪酬哲学，薪酬管理人员在调整薪酬的时候应注意以下事项。

1. 用业绩区分什么是高绩效结果。

2. 高绩效员工目前的薪酬状况，特别是和普通绩效员工的薪酬状况比较结果。

3. 薪酬调整的预算，需要向高绩效员工适当倾斜。

4. 薪酬调整矩阵，需要为高绩效员工适当提高比例。

5. 薪酬调整的结果，高绩效员工的增长幅度应该高于普通员工。

明确了薪酬战略、薪酬哲学之后，还有如图 5-2 所示的其他因素会影响薪酬调整工作。

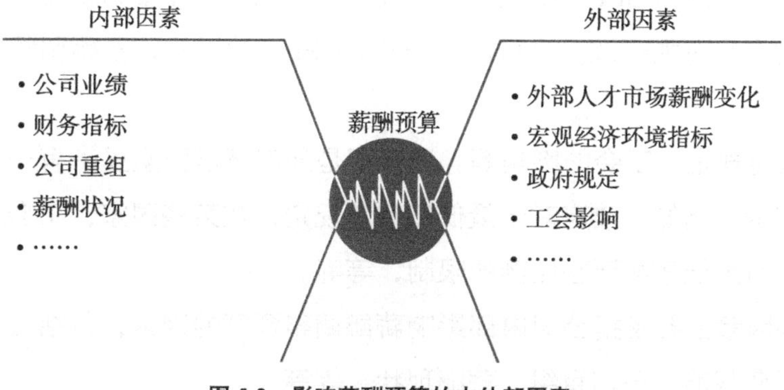

图 5-2 影响薪酬预算的内外部因素

外部因素包括外部人才市场薪酬变动趋势、宏观经济环境、政府规定、工会的影响，等等。

1. 外部人才市场薪酬变化。我们可以设想一下，在人才市场中，每天都有人找到新的工作，每天都有人进行工资调整。换言之，外部人才市场的薪酬水平，每天都在发生变化。外部人才市场薪酬变化信息的获取渠道包括：（1）政府或者公益组织发布的人才市场薪酬变动信息；（2）专业的咨询公司公布的薪酬变动信息；（3）直接获取竞争对手的薪酬调整信息。如表 5-1 所示。

表 5-1　外部人才市场薪酬变化信息的获取渠道

获取渠道	具体内容	优点 / 缺点
政府或者公益组织发布的公开信息	相关劳动力管理部门会发布城市平均工资、平均工资涨幅等信息	☆ 容易获取，费用低廉 ☆ 信息缺乏针对性
专业的咨询公司公布的信息	专门从事人力资源管理咨询的公司、专业机构会根据薪酬调研等情况，预测薪酬调整的相关信息	☆ 信息具有专业性，能够提供某个行业的薪酬调整信息 ☆ 需要支付一定的费用
直接获取竞争对手的薪酬调整信息	☆ 人才中介机构、猎头根据相关职位的情况，提供薪酬调整的相关信息 ☆ 通过自己的渠道，获取竞争对手的薪酬调整信息	信息可能不具备宏观性，往往是针对某些职位的薪酬信息

2. 宏观经济环境指标。一般包括当地的区域生产总值、通货膨胀率、失业率等。很多人用居民消费价格指数（Consumer Price Index，CPI）来反映通货膨胀率。在设定薪酬调整预算的时候，有一些薪酬从业者认为薪酬调整幅度是不是应该和 CPI 的幅度保持一致？实际上，人才市场薪酬水平的变动和 CPI 的变动可能一致，也可能不一致。CPI 高的时候，薪酬调整幅度不一定也高。

3. 政府规定、工会的影响等。这些都是外部环境因素里带有一定“强制性”的因素。例如，政府对于最低工资的规定；在某些国家，工会规定的工作时间，对最低薪酬调整比例的限制，等等。

内部因素主要是指公司内部影响薪酬调整预算的因素，包括公司的业绩情况、经营战略、公司重组、薪酬现状，等等。

1. 公司当前的薪酬现状。每一次薪酬调整工作开始之前，薪酬福利管理人员都要回答以下问题：公司目前的薪酬现状是什么？公司薪酬水平和外部市场的薪酬数据的差距是多少？我们过去的薪酬调整节奏是不是和外部人才市场同步？我们的薪酬调整结果是否符合薪酬哲学的规范？我们会在接下来的内容里，具体阐述如何进行薪酬分析。

2. 公司的业绩情况、经营战略、公司重组等。这些因素决定了公司当前能有多少财务能力来支持薪酬调整。只有公司盈利，才有能力进行薪酬调整；公司如果将盈利用于扩大新业务，那么薪酬调整的预算就可能被压缩；同样地，公司重组等因素也会影响公司的财务支付能力。

总之，影响薪酬调整预算的因素有很多，主要是公司的财务能力和外部人才市场情况。

5.1.2 薪酬预算框架

薪酬调整预算不是一个简单的百分比或者绝对值，它通常由如图 5-3 所示的几部分内容构成。

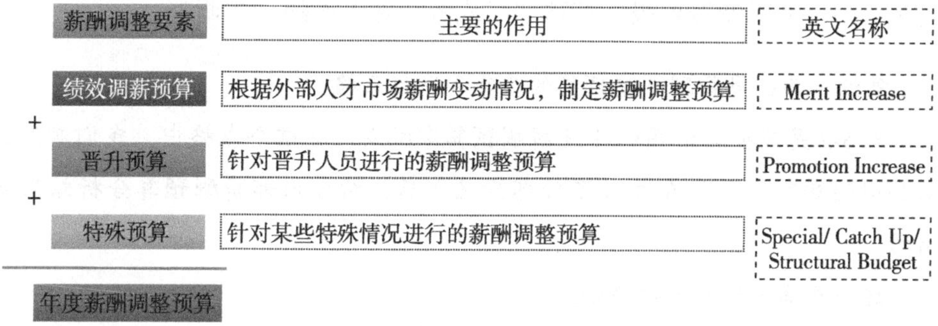

图 5-3 薪酬预算框架构成

1. 绩效调薪预算（Merit Increase），是指以外部人才市场薪酬变动水平作为参考，结合公司的盈利状况，决定的员工整体薪酬调整预算。这就是大家常说的“普调”预算。制定绩效调薪预算的主要目的在于：（1）保证员工每年的薪酬水平能够跟上外部人才市场薪酬变动节奏，确保员工的薪酬水平具有一定的外部竞争力；（2）同时，确保员工收入能够随着宏观经济变动而变动。当然，这个“普调”预算并不是平均分配的，应该有诸多考虑因素。这部分内容将在薪酬预算操作环节中详细论述。

2. 晋升预算（Promotion Increase）。公司内部晋升通常伴随着薪酬级别的变动。因此，员工晋升带来的薪酬增长幅度通常比较大。这样的薪酬调整不能归为“普调”预算。制定晋升预算的主要目的在于：（1）确保员工晋升到新级别之后的工资具备一定的市场竞争力；（2）确保员工晋升到新级别之后的工资符合内部的公平性。在实际操作过程中，晋升预算的管理方式相对来说比较复杂。特别对员工个体的薪酬调整工作，薪酬管理人员既要考虑员工薪酬增长的幅度，又要考虑调整的时点。

3. 特殊预算（Special/ Catch Up/ Structural Budget）。结合公司当前工资分布情况，并且考虑和外部人才市场薪酬水平的差距，在设定年度薪酬调整预算的时候，需要考虑制定特殊预算。很多公司在制定调薪预算的时候，都会预留一些“特殊预算”。制定特殊预算的主要目的在于：（1）解决公司内部由于历史遗留问题造成的内部薪酬水平不公平；（2）解决由于组织重组、快速晋升等原因造成的公司内部薪酬水平明显低于外部人才市场薪酬水平的问题；（3）针对特殊层级、特殊部门或者特殊人群的薪酬调整。

案例　某公司薪酬调整预算的收集和审批表格

表5-2是某公司使用的年度薪酬预算审批表。从这个表格中，我们看到这家公司的薪酬预算是在参考了外部情况之后，结合内部薪酬预算分析结果得出的。

这个表格分为以下两部分。

√ 外部市场数据——考察了当地的通货膨胀情况、外部咨询公司预测的薪酬变化，以及获得的竞争对手的薪酬调整情况。

√ 内部薪酬调整策略——通过内部的测算分析，把本公司需要的预算在几个因素内进行分配。

表5-2　某公司的年度薪酬预算审批表

外部市场数据			我公司策略		
通货膨胀 /GDP	咨询公司的预测	竞争公司数据	业绩调整预算	晋升预算	特殊预算
CPI=3.5% GDP=6.7%	A公司的预测：北京市全行业 =5.6% B公司的预测：4.8%	XXX：5.0% YYY：5.5%	5.0%	1.0%	1.0%

5.1.3　薪酬调整的管控模式

从财务管理的角度看，薪酬调整必定会影响公司整体的人力成本。因此，公司有必要明确薪酬调整过程中各个参与部门的角色分工，以及管控的模式。

1. 薪酬调整对公司人力成本的影响。在人力成本里，有些内容随着基本月薪的变化而变化，有些内容则不受影响或者影响很小。很多公司的薪酬调整都是以基本月薪为基数。因为奖金一般是和基本月薪相关联的，所以基本月薪的调整会直接影响目标奖金（如果公司采用佣金的形式，资金就和基本月薪的关系不大）。具体影响项目如图 5-4 所示。

受基本工资影响的项目	受其他因素影响的项目	固定项目
- 基本工资 - 激励奖金 - 加班费、倒班费 - 补充养老保险 - 补充住房公积金 - 定期寿险及人身意外伤害险 - 工会会费 - 教育费 - 其他计提项目	- 社保及公积金：受平均工资缴纳上限影响 - 补充医疗：受赔付比率影响 - 员工认可计划：公司总预算	- 固定津贴

图 5-4　薪酬调整对人力成本各项目的影响

2. 薪酬调整的管控模式。薪酬调整不仅影响到公司的各种成本，而且是体现员工薪酬管理是否公平合理的一个机制。薪酬调整的管控模式主要分为以下两类。

（1）财务总量管控。一些集团公司对于下属分 / 子公司往往会采用财务总量管控的模式。就是说，集团总部根据各分 / 子公司的运营情况，结合外部人才市场的薪酬变动情况，给所属分 / 子机构下达薪酬调整的总量或者总的比例。这样管理的好处就是明确集团的管理作用，直接从财务预算方面进行控制，给予下属公司管理的自由度，不参与分 / 子公司的具体管理。薪酬预算往往和盈利等因素紧密结合。

企业如果采取这样的管控模式，管理效果就会更加简单直接有效。这样做也有不足之处：不能看到各个机构具体的薪酬调整管理情况。特别是无法确定薪酬调整的结果是否符合公司的薪酬战略、薪酬哲学，薪酬调整工作是否能够体现内部公平，是否能够确保高绩效员工的工资具有外部竞争力。

下面截取的是A、B两家公司的薪酬调整表格，分别如表5-3和表5-4所示。我们暂时仅仅关注员工的业绩考核结果和薪酬调整的比例关系。

表5-3　公司A薪酬调整表

公司A					
职位名称	职位级别	业绩考核	调整前基本月薪	调整后基本月薪	涨幅
…	…	优秀	7,500	9,800	31%
…	…	优秀	15,000	16,500	10%
…	…	良好	9,600	11,000	15%
…	…	达标	10,000	11,000	10%
…	…	良好	16,500	17,000	3%
…	…	达标	8,900	9,500	7%
			…	…	
		总计	67,500	74,800	11%

表5-4　公司B薪酬调整表

公司B					
职位名称	职位级别	业绩考核	调整前基本月薪	调整后基本月薪	涨幅
…	…	优秀	7,500	8,500	13%
…	…	优秀	15,000	17,000	13%
…	…	良好	9,600	10,800	13%
…	…	达标	10,000	10,500	5%
…	…	良好	16,500	18,500	12%
…	…	达标	8,900	9,500	7%
			…	…	
		总计	67,500	74,800	11%

如果仅考虑财务总量管控，公司 A 和公司 B 的薪酬调整都是可以的。两家公司具有相同的薪酬预算，调整了相同的增长幅度（11%）。因此，这样的管理模式是合规的。但是，观察两家公司的具体数字之后，就会发现两家公司不同的管理风格。下面仅从几个员工的具体个案分析一下情况。

公司 A 在“优秀”员工的薪酬调整方面幅度特别大。特别是一个员工的薪酬增幅为 31%；同样是“优秀”的另外一名员工，薪酬增幅仅为 10%。同样的情况反映在业绩考核“良好”的员工身上——有人增长 15%，有人增长 3%。这反映了公司 A 在薪酬调整上，似乎没有比较明确的操作细节指引。另外，也不排除存在管理者管理成熟度不够的原因。

反观公司 B，在总体薪酬增幅 11% 的情况下，很好地坚持了“为业绩付薪”的原则。绩效考核结果为“优秀”的员工薪酬增幅都在 13%，“良好”的员工薪酬增幅在 12%~13%，绩效考核结果为“达标”的员工薪酬增幅仅仅 5%~7%。这样的薪酬调整幅度比较符合公司的薪酬哲学。

（2）财务总量管控加操作细节指引。鉴于上面案例分析的情况，当前越来越多的公司采用“财务总量管控加操作细节指引”的管控模式。从宏观上把控整体预算水平，在微观上也要核实员工个体薪酬的调整。这样做，不仅能够控制财务指标，而且可以确保公司薪酬管理哲学能够更好地被贯彻执行。

当前很多集团公司在批准各个分 / 子公司薪酬调整预算（或者增长比例）的时候，会同时约定一些具体的薪酬调整细节。例如，不管什么原因，单个员工的薪酬调整幅度不能超过调薪预算的 3 倍；如果单个员工的薪酬调整幅度超过预算的 2 倍，就需要经过更高管理层的审批，等等。

5.1.4 薪酬调整的角色分工

年度薪酬调整工作需要公司内部很多管理人员的参与和配合，具体参与的部门或人员及其角色分工如图 5-5 所示。

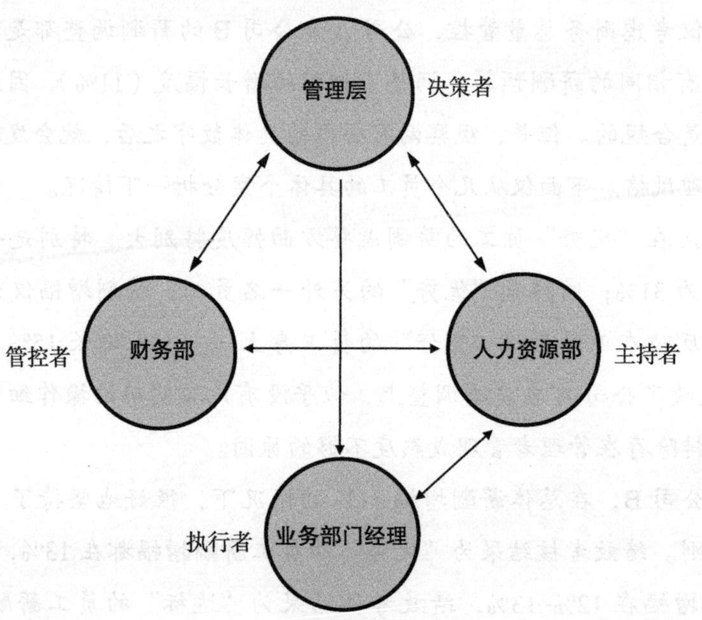

图 5-5　薪酬调整的角色分工

1. 人力资源部——薪酬调整工作的导演、策划者。人力资源部需要在开展薪酬调整工作之前，针对公司整体薪酬状况进行内部、外部分析，并且同财务部合作，制定薪酬预算。在薪酬预算获得管理层审批之后，人力资源部配合业务经理，针对员工情况进行调整。所有调整工作结束之后，人力资源部还要进行整体调整工作的汇报总结，以及薪酬的发放工作。

目前，很多公司的人力资源部施行"三支柱"的组织运营模式。在薪酬调整工作中，这三个模块的分工如下。

√ 薪酬管理部门。对公司薪酬状况进行分析，获取外部薪酬调研数据，分析公司薪酬水平和外部市场的差距。和财务部协作，制定薪酬预算。获得管理层审批之后，制定详细的薪酬调整工作指南、时间表，指导整体工作。与业务部门的人事经理（HRBP）沟通合作，确保 HRBP 能够理解薪酬调整的具体工作和方法。在薪酬调整工作开始之后，薪酬管理部门要随时解答来自业务经理、HRBP 的各种问题。在薪酬调整工作结束之后，薪酬管理部门要分析汇总结果，向管理层汇报本次调薪的总体情况。

√ 业务部门人事经理。在薪酬调整工作开始之前，HRBP 要和薪酬管理部门充分沟通，了解本次薪酬调整的大纲、时间表、注意事项，如何使用各种表格，等等。然后和业务部门经理一起，针对每位员工的情况进行薪酬调整。确保业务经理的调整符合管理规范，确保整体预算在控制范围之内。

√ 人力资源共享中心（运营中心）。在薪酬调整工作开始之前，人力资源共享中心为薪酬管理部门提供各种基础数据。维护薪酬调整的在线系统（很多公司采用线上的调整），确保系统的设置满足本次调整工作的要求。薪酬调整工作结束之后，核对所有信息，并保证新的工资按时发放。

2. 财务部——财务预算的管理者和控制者。在薪酬调整工作开始之前，财务部和人力资源部合作，确保本次调整工作得到足够的预算支持。财务部和人力资源部一起向管理层汇报整体的预算情况，并获得审批。

3. 管理层——审批各项内容。包括薪酬调整之前的整体预算，本次调整的大纲、时间表等操作细节的审批；在薪酬调整工作进行中，某些特殊情况的审批；薪酬调整之后，所有人员新的工资是否生效的最终审批。

4. 业务部门经理——薪酬调整的具体执行者。这里指的业务部门经理，一定是具有薪酬管理权限的经理。业务部门经理需要全面了解本次薪酬调整的大纲、时间表、操作流程，以及如何使用操作表格或者在线的系统，等等。很多时候，业务部门经理需要和 HRBP 合作，在征求 HRBP 意见的同时，对每一位员工的工资进行调整。

为了谨慎起见，很多公司设定了两级经理审批的原则。也就是说，部门经理对于下属员工的工资进行调整之后，由更高一级的经理进行最终审批。对于某些特殊的情况，如某位员工的工资增长超过一定的幅度，需要由更高级别的管理层进行审批。

第二节 各种数据的解读和分析

人力资源部在开展薪酬调整工作之前，需要对公司内部的数据进行充分分析，以确保各项管理措施在可控的范围之内。

如图 5-6 所示，一个职位的薪酬水平由以下四个维度决定，

市场价格（Price）——外部市场工资涨幅影响内部职位的工资水平。

职位层级（Position）——公司内部不同层级的职位的工资水平各有不同。

业绩表现（Performance）——员工产生的不同业绩结果，影响未来工资。

个人能力（Person）——员工个人的经验、潜力等影响未来工资。

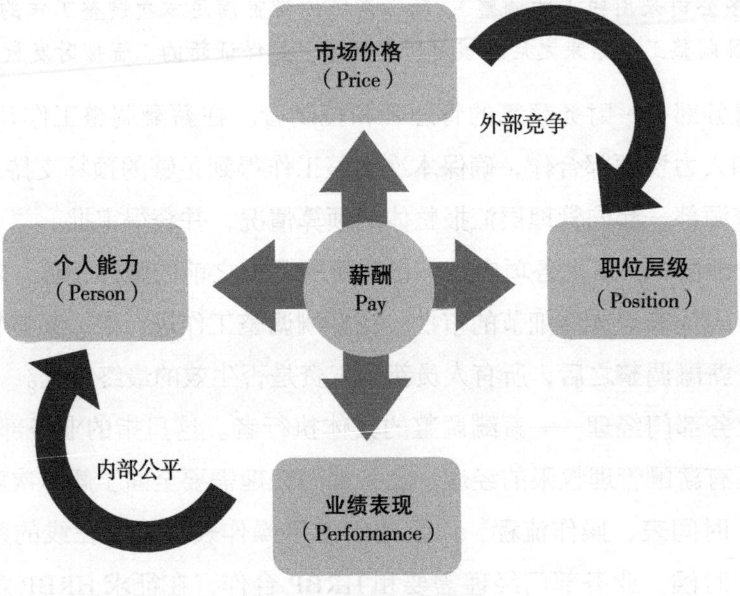

图 5-6　薪酬的构成要素

我们在进行数据分析和解读的时候，依然要根据外部竞争和内部公平的原则进行。

外部竞争——公司内部的各个职位，在年度总基本月薪、年度总现金等方面，按照不同级别、不同职能模块同外部人才市场的数据进行比较，找出差距（竞争力）。外部竞争力的分析，解决的是公司在本次薪酬调整工作中，和外部市场薪酬总体的差距（或高或低），以及具体到哪个层面——什么层级的工资高或低，什么职能模块的工资高或低，是基本月薪低（高）还是年度总现金低（高）等问题。

内部公平——公司内部的各个职位的年度总基本月薪、年度总现金等，按照不同级别、不同职能模块，甚至不同业绩考核结果、不同服务年限进行的比较。内部公平原则，解决的是公司在本次薪酬工作调整中，各个不同职位之间的薪酬是否具有一定公平性的问题。

5.2.1 薪酬调研报告数据的分析

外部薪酬市场的数据分析，主要是看公司内部的工资水平和外部薪酬市场的薪酬情况的比较关系。因此，在开始进行数据分析之前，我们需要做好如下准备。

1. 薪酬战略、薪酬哲学是否清晰明了

一家公司的薪酬战略、薪酬哲学有很多内涵，薪酬管理人员在进行外部市场数据分析之前应该逐一明确。

（1）公司薪酬的总体定位。面对海量的外部薪酬数据，公司首先需要明确我们用哪个数据——市场中位值？75 分位还是 90 分位或者其他定位。薪酬定位解决的是公司总体薪酬竞争力的问题。

（2）公司还需要明确，我们用什么口径的数据，是年度总基本月薪？还是年度总现金？抑或是总人工成本（薪酬 + 福利的成本）？选取数据的口径和目的如表 5-5 所示。

表 5-5　选取数据的口径和目的

选取数据的口径	选取的目的
年度总基本月薪	外部市场愿意为某个职位支付的基本月薪的情况。使用这个数据时要注意：在调研统计的时候，有些公司的年底双薪（13 薪或者 14 薪）是放在月薪里还是放在固定奖金里
年度目标总现金	该职位一年总现金收入的情况。包括基本月薪、固定奖金、固定津贴、目标奖金等。这个口径比较全面地看到了某个职位的薪酬水平。但是这个口径无法考虑福利的状况
总人工成本	该职位的全年薪酬福利总成本。如果公司的薪酬战略是“总成本导向”，就可以考虑这个口径。它兼顾了薪酬和福利两部分内容。事实上，每家薪酬调研公司对于“人工成本”的定义，肯定不是严格意义上的财务指标。因此，在使用这个口径的时候，需要明确这个口径的具体内涵

（3）我们在对比外部数据的过程中，可以根据本公司的实际情况，对外部数据进行“错位”选取。例如，我们清楚本公司的策略导向就是没有固定

津贴这一项，但是如果外部其他公司提供了固定的津贴（如按月发放的交通补贴）。我们可以用自己公司的年度总基本月薪和外部市场的“年度总基本月薪”+“年度固定津贴”进行比较。

2. 外部数据的选取是否明确

（1）因为薪酬调研的市场数据具有时间上的滞后性，所以前文论述过使用外部市场薪酬数据时的三种策略：领先型（Lead）、滞后型（Lag）、领先—滞后型（Lead-Lad）。在此，我们需要决定是不是需要提前处理薪酬数据。

（2）目前市场上的薪酬调研报告里，有些会提供回归的结果，有些就是实际数字。本公司采用哪个数据呢？在实际操作中，很多公司倾向于采用实际数字的报告。理由是，这是市场真实情况的反映。特别是某些特殊职位的工资，可能会比其他职位的工资高很多。但是，由于外部市场工资具有波动性，公司一味地采用实际数据，可能会造成内部的不公平。再说一下回归数据的报告。它在很大程度上展示的是一种趋势。因此，如果公司希望在薪酬调整的时候采用回归数字进行分析，就要用一个比较理想的市场薪酬水平来测量本公司的工资。采用回归数据的好处是：它已经通过数学运算，“抹平”了特殊职位特别高或者特别低的工资水平，有利于薪酬调整实现内部公平。另外，一般来说，回归数字提供的是某一个级别整体的工资水平，因此数据的使用比较简单。

3. 外部竞争性分析的主要内容

通常来说，外部竞争性分析集中在以下几个领域。

（1）年度基本工资与（或）年度目标总现金的回归分析。回归分析看到的往往是一个总体的趋势。我们可以直接从外部市场的薪酬报告里找到年度基本工资和年度目标总现金的回归数值。我们根据当前公司的薪酬框架获得本公司内部的回归数值，或者通过员工的实际工资来计算。

案例分享一　某公司薪酬调整前的数据分析

表5-6和图5-7是某公司的年度基本工资与外部市场数据的回归比较。在年度薪酬调整工作开始之前，为了看到公司当前的薪酬水平和外部市场薪酬水平的对比，公司选取两个指标进行分析：（1）选取基本月薪工资级别的中点值；（2）选取公司员工的实际薪酬水平。

√“市场回归—中位值”，采用的是薪酬调研报告里市场数据的中位数。

√“本公司政策中点值”，选取的是本公司薪酬框架中每个级别的中点数。

√“政策线比率”，是指本公司政策中点值和市场回归数值的对比。可以看出本公司的薪酬框架和市场情况的关系。

√“本公司实际回归值”，将本公司员工目前实际的年度基本工资，按照级别进行统一的回归，得到的回归数值。

√“员工线的比率”，是指本公司员工实际薪酬的回归数和市场回归数值的对比，可以看出本公司员工实际的薪酬趋势和市场情况的关系。

表5-6　某公司的年度基本工资与外部市场数据的回归比较

级别	市场回归—中位值	本公司政策中点值	政策线的比率	本公司实际回归值	员工线的比率
1	51,428	48,064	93.5%	50,635	98.5%
2	62,314	58,237	93.5%	62,679	100.6%
3	75,503	70,564	93.5%	77,589	102.8%
4	91,484	85,499	93.5%	96,046	105.0%
5	110,848	103,597	93.5%	118,893	107.3%
6	134,311	125,524	93.5%	147,176	109.6%
7	162,737	152,091	93.5%	182,187	112.0%
8	197,183	184,283	93.5%	225,525	114.4%
9	238,919	223,289	93.5%	279,173	116.8%

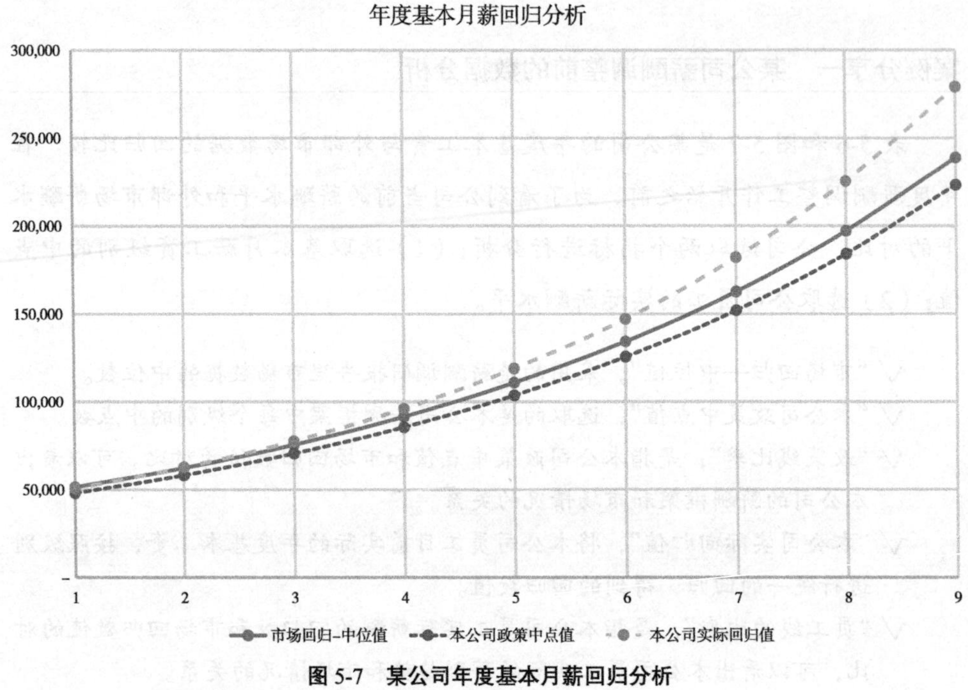

图 5-7　某公司年度基本月薪回归分析

从这个分析不难看出以下几点。

（1）薪酬结构：公司基本月薪结构的中点值和市场数据保持一致，公司基本月薪结构始终低于市场水平（是市场水平的 93.5%）。

（2）员工实际工资：员工实际基本月薪的外部市场竞争力，随着职位级别的升高，而逐步提高（如 1 级员工是市场水平的 98.5%，9 级员工是市场水平的 116.8%）。

（3）初步结论：公司的薪酬结构已经落后于市场水平；高级别员工的薪酬竞争力高。

（4）初步行动方案：（a）首先要回到公司的薪酬战略、薪酬哲学上：判断这样的分析结果，是不是和公司的薪酬哲学保持一致？例如，假设本公司的薪酬哲学是：员工薪酬不低于市场中位水平，并且提高高级别员工的薪酬竞争力。那么公司的薪酬结构需要普遍上调。（b）根据公司的薪酬哲学和现实数据的分析结果，要将公司薪酬结构调整到什么水平呢？根据目前的分析结果，有几种可能：所有级别的薪酬水平中点值调整到市场水平；随着职位级别的上升，薪酬框架的中点值逐步高于市场中位水平。

（5）行动测算：考虑到可能的行动方案，我们需要进行成本影响测算。在这个案例里，如果我们把基本月薪政策的中点值都调整为市场中位数，也就是说从目前的93.5%调整为100%，那么，我们需要计算一下，实际上有多少员工的工资低于这个水平？如果“补”到这个水平，需要多少预算。如果按照第二个行动计划，在第一步行动的基础之上，还需要根据职位级别的升高，逐步提高薪酬级别中点值的水平（例如，我们把薪酬级别的中点水平调整为目前员工实际工资回归的数值），我们要继续测算还需要多少额外的预算把低于新中点的员工工资“补”到这个水平。

案例分享二　某公司薪酬调整前的数据分析

为了观察本公司基本月薪和年度目标总现金与市场薪酬水平的关系，我们可以将它们几个回归数值放在一起分析。本案例仅仅通过直观的图表来举例，如图5-8所示。

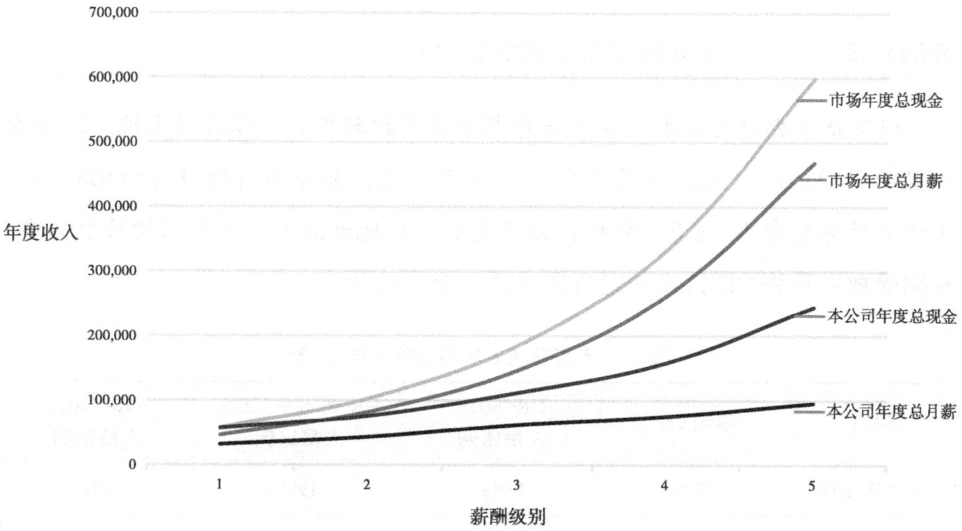

图5-8　本公司基本月薪和年度目标总现金与市场薪酬水平的关系

对图5-8的直观分析能看出如下几点。

（1）本公司的薪酬水平不论年度总基本月薪还是年度总现金，都低于市场水平。

（2）随着薪酬级别的升高，员工工资和外部薪酬市场相比，薪酬竞争力逐步降低。

（3）随着薪酬级别的升高，公司的奖金比例有所提高，所以，对于高级别员工来说，年度总现金的市场竞争力高于年度总月薪。

从图 5-8 的分析，可以得出以下大致行动。

（1）考察公司奖金体系是否和市场流行做法接近。

（2）从薪酬和福利总体的角度考察是否有必要提高员工基本月薪、年度总现金的市场竞争力。

（2）年度基本工资与（或）年度目标总现金的实际付薪分析（不是回归分析）。回归分析看到的往往是一个总体的趋势。我们从刚才的案例中，可以看到一个大致的薪酬调整方向。考虑到一家公司内部，不同职能的员工工资水平很可能存在很大的差异，我们就需要看一下本公司的实际薪酬水平和外部市场实际薪酬水平之间的差距。

案例分享三　某公司薪酬调整前的数据分析

以下是某公司的年度总现金与外部市场薪酬数据的实际数据比较。这个案例里面采用的数据是公司员工实际的年度总现金和外部薪酬市场的比较——工资的外部竞争力（CR）分析。为了更加直观地看到本公司员工的薪酬分布，薪酬管理人员将 CR 按照一定的范围进行分布统计。

表 5-7　年度总现金外部市场竞争力分析

部门	平均 CR	CR<80% 人员比例	CR=80% ~ 120% 人员比例	CR>120% 人员比例
人力资源部	72%	80%	19%	1%
财务部	77%	64%	35%	1%
大客户部	78%	63%	35%	2%
审计部	82%	49%	50%	1%

（续表）

部门	平均 CR	CR<80% 人员比例	CR=80%～120% 人员比例	CR>120% 人员比例
市场部	84%	45%	49%	6%
研发中心	89%	36%	57%	8%
行政部	90%	35%	57%	8%
销售二部	91%	24%	69%	7%
战略管理部	94%	30%	60%	10%
质控部	98%	27%	45%	27%
销售一部	100%	21%	62%	17%
法律部	105%	13%	68%	20%
总计	84%	49%	45%	6%

从表 5-7 中不难看出以下几点。

（1）不同部门的平均薪酬和外部薪酬市场的差距。很多部门的平均 CR 低于公司平均水平。

（2）按照 CR 的分布情况，也能够看出，几乎一半员工（49%）的平均 CR 低于市场 80%。

从这个统计分析，可以得到初步的行动计划。

（1）在进行薪酬调整的时候，给某些部门更多的预算倾斜。

（2）可能需要更多的额外预算，用于提升 CR 较低的员工工资，用于追平市场水平。

（3）固浮比。每一家公司的薪酬结构基本上都包含固定薪酬和浮动薪酬两部分。但是，各个公司的实际比例、支付机制有可能存在很大差异。这个差异同样会影响到本公司薪酬水平的市场竞争力。例如，我们理解销售类职位都是基本月薪（固定薪酬）偏低，而奖金（浮动薪酬）比例较高。因此，在固浮比的市场分析中，主要是看一下本公司的薪酬水平是否和外部市场的薪酬水平保持一致。外企一般称固浮比为 Pay Mix。

案例分享四　某公司固浮比分析

表5-8是某公司的固浮比和市场薪酬水平的比较。

表5-8　某公司固浮比和市场薪酬水平的比较

	基本月薪	固定津贴	浮动奖金
外部市场：销售序列的固浮比	64%	6%	30%
公司：销售序列的固浮比	75%	0%	25%
外部市场：非销售序列的固浮比	81%	3%	16%
公司：非销售序列的固浮比	85%	0%	15%

为了便于分析，我们采用图表的形式展现出来，如图5-9所示。

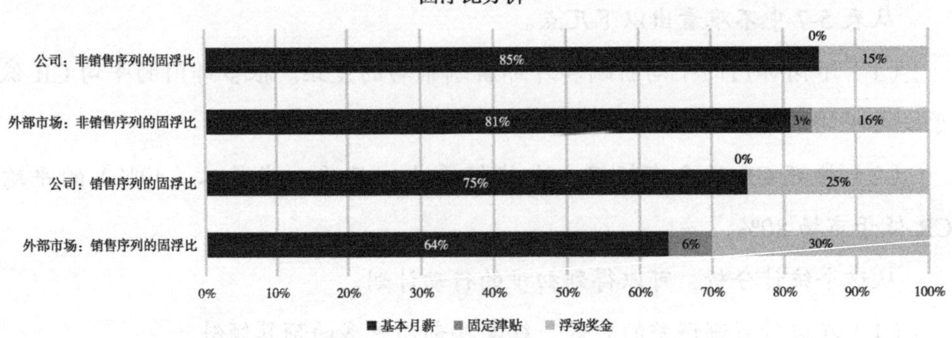

图5-9　某公司薪酬的固浮比分析

从图5-9中不难看出以下几点。

（1）总体结构：和外部薪酬市场相比较，本公司的薪酬结构中没有固定津贴；本公司浮动薪酬的比例略低于外部市场水平。非销售序列15%为浮动薪酬，销售序列25%为浮动薪酬，而外部薪酬市场分别是16%和30%。

（2）初步结论以及问题讨论：市场流行公司提供固定津贴的做法。我公司是否需要适当增加固定津贴？要回答这个问题，首先还是回顾一下公司的薪酬战略、薪酬哲学。假设本公司的薪酬哲学中认为固定津贴属于普惠制报酬，公司希望薪酬更多地关联职位和业绩。因此，我们无需调整薪酬结构来增加固定津贴。其次，我们要研究一下市场上普通使用的固定津贴的内容。例如，一般来说固定津贴就是交通补贴、通信补贴等。我公司是否可以根据业务实际情况，适当增加这些项目？另外，从整体的固浮比来看，本公司非销售人员的比例和市场水平大体一致；但是销售人员的浮动比例低于市场水平。那么我们是否需要调整销售人员的比例呢？针对这个问题，我们会在奖金的章节详细阐述。在这里仅仅说明一点，薪酬管理人员在调整公司的固浮比时，既要考虑公司的薪酬战略和薪酬哲学，也要考虑销售和非销售人员的内部公平管理。

5.2.2 公司内部数据的分析

公司内部数据的分析，主要是考虑不同职位层级、不同职能部门、不同业绩结果，甚至不同服务年限员工的薪酬水平。回到前文介绍的薪酬结构的内容：在一个薪酬级别里，我们约定了不同的薪酬区间，并且对不同的区间制定了不同的定义（如图 5-10 所示）。公司内部公平性分析的终极目标或者说理想状态就是力求让公司大多数员工的工资在薪酬范围之内，并且，让更多的人员可以有更加合适的人—岗匹配结果，让员工能在适合自己的岗位上产生良好的业绩。

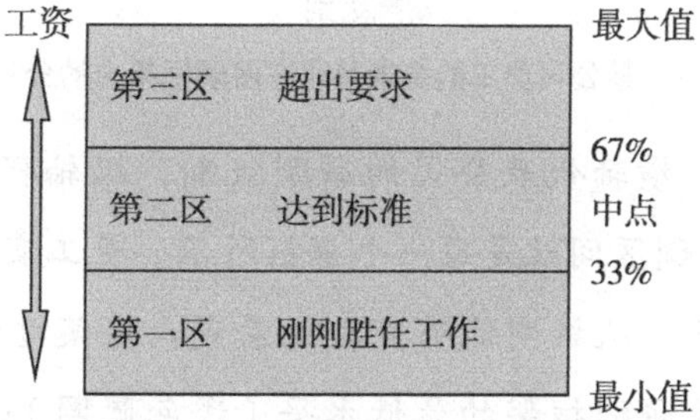

图 5-10　薪酬区间及其不同的定义

根据实际分析需要，内部公平性分析主要集中在以下几个方面（当然，在这些分析里，所有数据都是公司内部数据，与外部市场无关）。

1. 员工的实际薪酬在薪酬结构中的离散程度。离散程度，就是在薪酬结构里面，每一个员工的工资距离薪酬结构中点值的分布是不是比较分散。正如刚刚介绍的理想状态是：公司招聘到合适的员工，员工产生的业绩也是符合公司要求的，那么这些员工的工资都在薪酬区间的中间水平。换言之，他们的工资应该靠近中点值。用薪酬管理的术语描述就是，员工薪酬的内部比率接近 100%（内部比率 = 员工实际工资 / 薪酬结构中点值）。

案例分享　某公司员工薪酬离散分析

散点图能够非常直观地展示出某公司员工的基本月薪在薪酬框架内的分布情况，如图 5-11 所示。

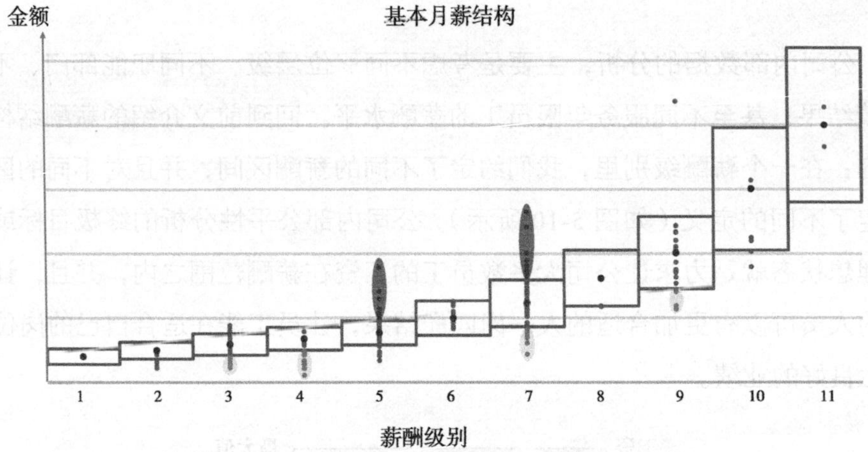

图 5-11　某公司员工的基本月薪在薪酬框架内的分布情况

在图 5-11 里面，横轴代表公司的薪酬级别，纵轴代表级别月薪的金额。每一个级别对应的薪酬区间就是每一个框框所示。员工实际工资的分布情况用散点的形式表示出来。从该图能够直观地看到：在某些级别里（3/4/7/9 级），很多员工的工资低于薪酬框架的最低水平（浅色圆圈）；在某些级别里（5/7 级），一些员工的工资高于最大值（深色圆圈）。

2. 不同业绩结果的员工薪酬水平的差异。很多公司都提倡“业绩导向”的付薪理念（薪酬哲学）。为了判断内部员工的工资收入和业绩考核结果之间是不是有关联，一般会用这样的分析。当然，薪酬管理人员根据需要可以选取不同的数据口径来进行分析。

5.2.3 员工业绩结果和薪酬比率的分析

没有采用员工的业绩结果和员工实际工资平均数的分析的主要原因在于，员工的业绩结果可以分布在各个层级，员工在不同层级的工资也会有较大差异。因此，在这个分析里面，采用的是员工薪酬的内部比率这个口径，看一下高绩效员工的内部薪酬比率是否高于普通员工。

案例分享　某公司员工业绩结果和薪酬比率分析

根据不同业绩水平员工的薪酬内部比率，我们绘制出图 5-12 和表 5-9。图表显示，公司的薪酬支付情况基本坚持了“为业绩付薪”的导向。业绩考核为“优”的员工，薪酬的平均比率为 112%，高于其他员工。业绩结果最差的员工，薪酬的平均比率为 90%。但是，对于考核结果居中的“良”和“中”的员工，公司内部的薪酬竞争力没有完全体现这一导向。这点需要在今后的薪酬调整工作中逐步纠正。

表 5-9　不同业绩水平员工的薪酬比率一览表

业绩考核	薪酬比率
优	112%
良	105%
中	108%
差	90%

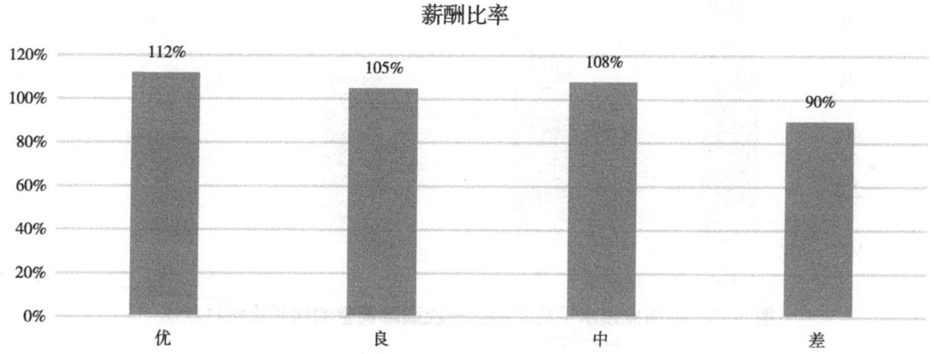

图 5-12　不同业绩水平员工的薪酬比率柱状图

5.2.4 员工业绩结果和薪酬历史增长的分析

这个分析主要判断在上一次薪酬调整以后，高绩效员工的薪酬增长幅度是否高于普通员工。

案例分享 某公司员工业绩结果和薪酬历史增长分析

通过计算不同业绩水平员工上一次薪酬调整的增长比例，我们绘制出图5-13和表5-10。图表显示，公司的薪酬支付情况基本坚持了“为业绩付薪”的导向。业绩考核为“优”的员工，薪酬的平均增长比例为10%；随着业绩考核结果降低，员工薪酬增长幅度也随之降低。

表5-10 不同业绩水平员工的上一次薪酬调整的增长比例一览表

业绩考核	薪酬增长比例
优	10%
良	8%
中	6%
差	4%

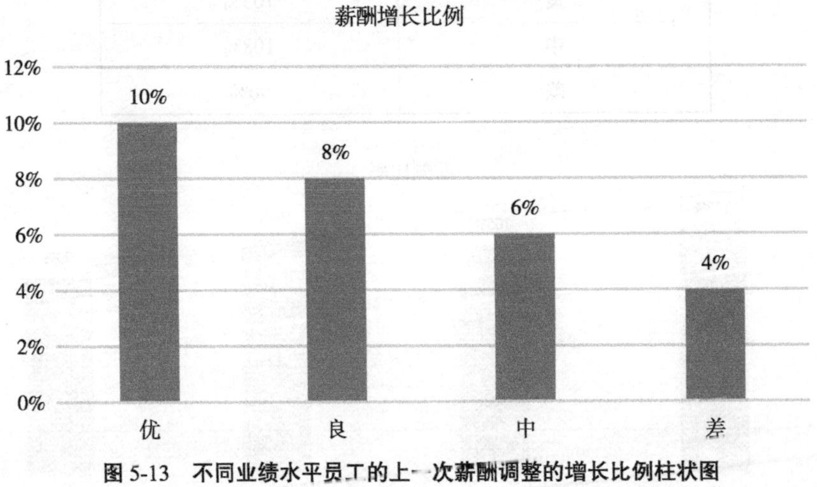

图5-13 不同业绩水平员工的上一次薪酬调整的增长比例柱状图

5.2.5 员工业绩结果和奖金支付比例的分析

这个分析主要判断业绩好的员工实际获得的奖金比例是否高于普通员工。

案例分享一 某公司员工业绩结果和奖金支付比例分析

很多公司的奖金分配情况是和员工业绩考核结果相关联的。业绩考核结果越好的员工，实际获得的奖金越高。

通过计算不同业绩水平员工的实际奖金和目标奖金的比例关系，我们得到图 5-14 和表 5-11。从图表中我们能够看到，员工奖金的分配情况满足了“高业绩高奖金”的原则。但是，美中不足的是：为什么业绩结果为“差”的员工仍然能获得一定比例的奖金？业绩考核结果为“良”和“中”的员工，得到的奖金的差异性不大。

表 5-11 不同业绩水平员工的奖金分配比例一览表

业绩考核	奖金分配比例
优	134%
良	109%
中	103%
差	80%

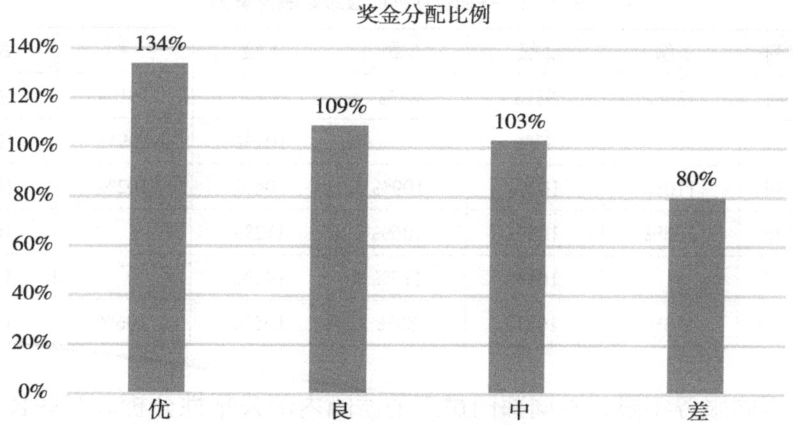

图 5-14 不同业绩水平员工的奖金分配比例柱状图

1. 不同部门、不同层级员工薪酬内部公平性分析。在薪酬调整工作开始之前，薪酬管理人员要看一下不同部门或者职能序列，以及不同级别的员工薪酬内部分布情况。这样，在进行薪酬调整的时候，薪酬管理人员能够决定是否需要在预算上对于某些部门有所倾斜。

案例分享二　某公司按照员工层级、所属部门进行薪酬分析

为了了解目前员工基本月薪的内部竞争力，薪酬管理人员把公司每位员工的内部竞争力（CR）按照职位序列和层级进行综合分析。

从表 5-12 中可以发现：公司全体员工的薪酬竞争力为 101%，非常接近 100% 的水平。说明员工的薪酬总体分布比较接近薪酬级别的中间区域。详细审查各个职位序列的平均 CR 后发现，销售序列最低，而且低于 100%。我们得出初步印象：在进行薪酬调整的时候，薪酬管理人员需要向销售序列多一些预算倾斜。再详细看一下各个职位层级的情况：发现 3 级员工的平均 CR 最低，仅为 89%。然后横纵两方面一起观察，将 CR 低于总体平均数 101% 的部分用颜色标明。我们就能清楚地发现：销售序列的工资在 2 级到 4 级都偏低，管理序列为 2 级的员工薪酬偏低。

这样的分析能让我们在进行薪酬预算的时候，考虑给某些级别、某些职位序列多一些预算。

表 5-12　各职位序列的层级薪酬竞争力

职位序列	1 级	2 级	3 级	4 级	5 级	总计
销售序列	116%	97%	84%	99%	101%	96%
管理序列		93%		102%	109%	104%
后台序列	110%	102%	109%	104%	102%	105%
产品支持	106%	105%	106%	112%		106%
研发序列		105%	115%	142%		110%
总计	113%	102%	89%	105%	106%	101%

2. 不同服务年限、不同部门员工的薪酬内部公平性分析。有些公司由于

历史原因，可能会出现老员工“倚老卖老”的薪酬情况。为此，薪酬管理人员要在开始进行薪酬调整之前，根据员工的不同部门和不同的服务年限进行内部公平性分析。

案例分享三　某公司按照员工服务年限、职位层级进行薪酬分析

为了判断员工薪酬的内部竞争力和员工入职时间是不是有关系，我们可以作如下分析。我们按照员工不同的入职时间和不同的职位序列，分别计算它们的平均 CR，如表 5-13 所示。

表 5-13　不同入职时间和职位序列的平均 CR

职位序列	0~1 年	1~3 年	3~5 年	5~8 年	8 年以上	总计
后台序列	90%	102%	95%	104%	90%	95%
管理序列		93%		95%	109%	98%
销售序列	88%	93%	90%	99%	101%	101%
研发序列		105%	115%	115%		110%
总计	89%	100%	97%	105%	106%	101%

从总计里面，我们可以初步判断：员工薪酬内部竞争力和员工入职时间似乎有些关系，但关系不是非常明显。如果需要作进一步研究，我们要看一下员工的业绩考核结果和员工入职时间是不是有关系。换言之，是不是因为老员工更加熟悉公司业务，所以其取得的业绩水平高于新员工。

第三节　调薪矩阵的制定

薪酬调整管理中还有一个内容，就是调薪矩阵的设定。

5.3.1　调薪矩阵的工作原理

调薪矩阵就是在有限的薪酬调整预算中，科学、合理地分配预算，确保薪酬调整的结果符合公司薪酬管理哲学的思路，实现财务资源的最优分配。

调薪矩阵的工作原理来源于以下两个方面。

工作原理1：在不考虑其他因素的前提下，业绩结果好的员工，应该能够获得更高的薪酬调整比例。这个逻辑在很多公司被称为“为业绩付薪”（Pay for Performance）“业绩导向”（Performance–Driven）。我们在制定调薪比例的时候，将有意向高绩效员工倾斜。如图5-15所示。

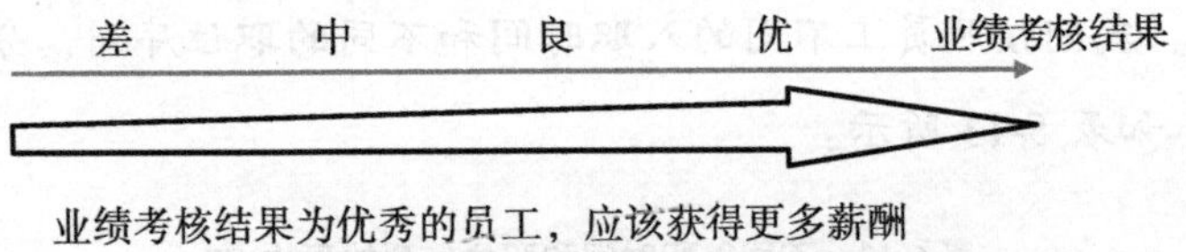

图5-15　业绩好的员工获得更大幅度的薪酬调整比例

工作原理2：在不考虑其他因素的前提下，薪酬水平低的员工，应该获得更多的薪酬调整比例。这个逻辑在很多公司被称为“内部公平、外部竞争”（Internal Equity, External Competitiveness）。为了让低工资的员工在薪酬调整工作中，能够追上其他员工的工资水平，或者赶上外部薪酬市场的水平，防止员工因为收入低而离职，薪酬管理人员在制定薪酬调整比例的时候，应向工资水平较低的员工倾斜。如图5-16所示。

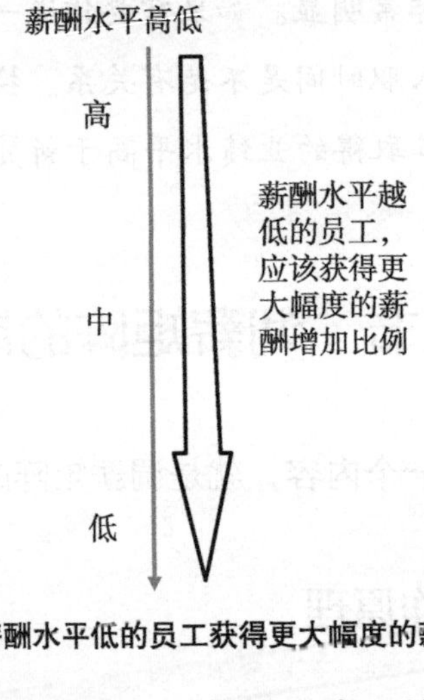

图5-16　薪酬水平低的员工获得更大幅度的薪酬调整比例

我们把原理1和原理2整合在一起就形成了总体工作原理：薪酬调整向

高业绩且低工资的员工倾斜。这样就形成了调薪矩阵。在图 5-17 里看到：横轴表示的是员工的业绩考核结果从差到优，纵轴表示的是员工的工资水平从高到低。那么，未来我们设计的调薪矩阵，就会叠加原理 1、原理 2 的逻辑，形成右下角（业绩好且工资低的员工）的调薪比例最高，左上角的调薪比例最低的一个矩阵。

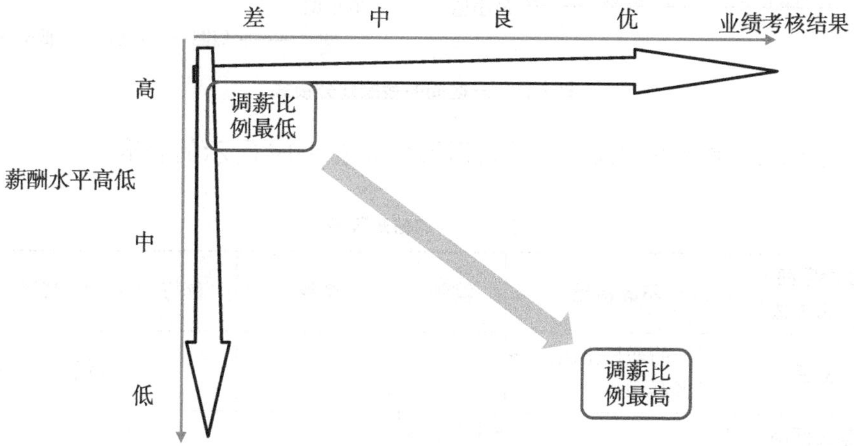

图 5-17 调薪矩阵

为了充分了解调薪矩阵的设定，在此介绍一下如何设定薪酬水平。在建立薪酬体系的章节里，介绍了公司建立薪酬体系的若干方法。有些公司是有内部薪酬架构的，有些公司没有薪酬架构，完全跟随外部市场工资水平来调整。

如果公司已经拥有自己的薪酬框架，那么或者按照内部的 CR 划分薪酬水平，或者按照薪酬区间划分。

图 5-18 是一个典型的三区间的薪酬划分模式。如果考虑到有些员工的薪酬高于最大值，或者低于最小值，实际上就是五个区间。

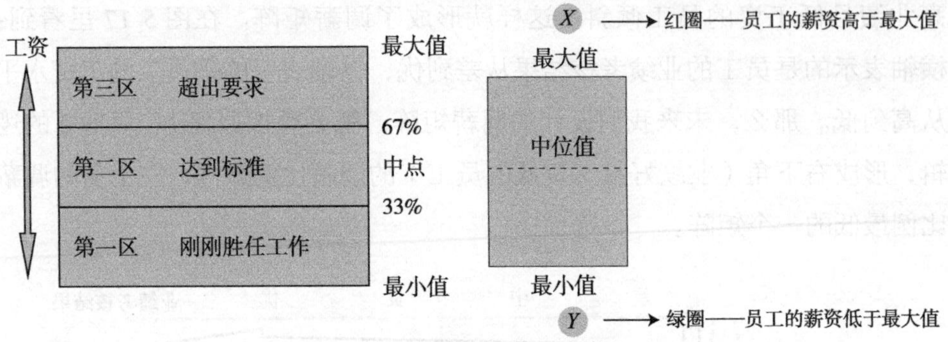

图 5-18　三区间的薪酬划分模式

因此，逻辑上的调薪矩阵就可以演变成表 5-14 所示的表格。

表 5-14　调薪矩阵表

薪酬区间 \ 业绩考核	不能接受	较差	中等	良好	优秀
红圈	最低的增长比例，或者零增长				较低的增长比例
第三区间		逐步降低比例			
第二区间			平均预算比例		
第一区间				逐步增高比例	
绿圈	较低的增长比例，或者零增长				最高的增长比例

如果公司没有自己的薪酬架构，完全根据市场薪酬状况决定调薪矩阵，就可以根据每一个职位的外部薪酬比率（CR）来划分不同的薪酬区间。在建立薪酬架构的章节介绍了，公司可以用 CR 的区间来划分薪酬水平的高低。很多公司采用表 5-15 所示的区间。

表 5-15　根据 CR 的区间划分薪酬水平

	模式一	模式二
薪酬水平高于市场水平	$CR > 120\%$	$CR > 110\%$
薪酬水平接近市场水平	$80\% \leqslant CR \leqslant 120\%$	$90\% \leqslant CR \leqslant 110\%$
薪酬水平低于市场水平	$CR < 80\%$	$CR < 90\%$

由此设计的调薪矩阵就变成表 5-16 所示的格式。

表 5-16 调薪矩阵表

薪酬区间 \ 业绩考核	不能接受	较差	中等	良好	优秀
高于市场水平	最低的增长比例，或者零增长				较低的增长比例
接近市场水平		逐步降低比例	平均预算比例	逐步增高比例	
低于市场水平	较低的增长比例，或者零增长				最高的增长比例

5.3.2 调薪矩阵的计算原理

调薪矩阵是为了按照员工的业绩水平和薪酬水平分配预算，防止薪酬调整变成“大锅饭”。薪酬管理人员需要根据本公司的实际情况，预先计算出调薪矩阵里面的具体数字。

薪酬调整预算通常分为绩效调薪预算、晋升预算和特殊预算三个部分。我们计算调薪矩阵的比例，通常是计算绩效调薪预算的比例。晋升预算和特殊预算需要单独测算。

首先给大家提供一个调薪矩阵的案例，体会一下这个新工具。同时，为了拓宽大家的工作思路，还有另外一个模式的调薪矩阵供大家参考。

案例分享 某公司调薪矩阵（举例）

某公司今年绩效调薪预算的比例为 8%。根据公司实际情况，计算出来的调薪矩阵如表 5-17 所示。

表 5-17 某公司的调薪矩阵

绩效评估结果	绿圈	第一、二区间	第三、四区间	红圈
1. 优秀	17%	14%	11%	7%
2. 良好	14%	11%	8%	4%
3. 中等	11%	8%（基本相当于预算水平）	5%	2%
4. 较差	5%	3%	0%	0%
5. 不能接受	0%	0%	0%	0%

接下来介绍一下计算这个矩阵的工作原理。

（1）明确员工在不同薪酬区间的分布比例，员工在不同业绩考核结果中的分布比例。每年的薪酬调整工作通常是在业绩考核工作完成之后进行。因此，薪酬管理人员需要计算出每一个考核结果中员工的分布比例。同时，我们能够计算出员工在不同薪酬区间的分布比例。在表5-18里，a_1~a_4是员工在相应薪酬区间的人数占比；b_1~b_5是员工在相应绩效评估结果中的人数占比。因此，$a_1+a_2+a_3+a_4=100\%$；$b_1+b_2+b_3+b_4+b_5=100\%$。

表5-18　员工在不同薪酬区间、不同业绩考核结果中的分布比例

绩效评估结果	绿圈（a_1）	第一、二区间（a_2）	第三、四区间（a_3）	红圈（a_4）
1. 优秀（b_1）	17%	14%	11%	7%
2. 良好（b_2）	14%	11%	8%	4%
3. 中等（b_3）	11%	8%	5%	2%
4. 较差（b_4）	5%	3%	0%	0%
5. 不能接受（b_5）	0%	0%	0%	0%

（2）将矩阵中每个建议值与所属的薪酬区间比例和绩效评估结果比例连乘，然后相加即：$17\% \times a_1 \times b_1+14\% \times a_2 \times b_1+11\% \times a_3 \times b_1+\cdots+5\% \times a_1 \times b_4+3\% \times a_2 \times b_4$。

（3）最终结果应该与预算值吻合或者略低，否则需要调整薪酬矩阵。

计算一个总体的加权平均数，并且确保这个加权平均数等于或者略小于调薪预算。

在这个案例里，确保：$17\% \times a_1 \times b_1+14\% \times a_2 \times b_1+11\% \times a_3 \times b_1+\cdots+5\% \times a_1 \times b_4+3\% \times a_2 \times b_4 \leqslant 8\%$。

（4）在计算出调薪矩阵里面的数字之后，还需要把这个比例放到真正的员工薪酬数据里验算一下。也就是说，按照每一位员工的业绩评估结果和薪酬区间，以及相对应的薪酬增长比例，和员工实际的薪酬调整相关联，计算出来员工新的工资，然后看一下所有员工新工资的总和和原有工资总和的增长关系。确保真实数据的增长比例不超预算。

为什么要验算呢？因为我们根据员工业绩评估的比例分布、员工薪酬区间的比例分布计算出来的调薪比例，前提是假设所有员工的工资都是一样的，或者是平均分布的。在现实生活中，往往会出现“高绩效员工高工资”的现象。他们可能会在实际操作中“吃掉”一些预算。所以，薪酬经理有必要进行验算。

5.3.3 调薪矩阵的管理

调薪矩阵是薪酬管理人员设计的。调薪比例是业务经理在调整薪酬时的参考依据。业务经理是否具有一定的管理灵活度呢？

在以上几个案例里，调薪矩阵里面的数字都是一个格子里面只有一个数字。在实际操作中，建议薪酬管理人员将每一个格子里的一个数字换成一个数字区间。这样就给了业务经理一定的浮动空间。当然，这要求薪酬管理人员在进行测算的时候要更加周密，确保不超预算。

案例分享 某公司有区间的调薪矩阵

以下这个调薪矩阵就是根据薪酬的比率（CR）还有业绩考核结果测算出来之后，加上适当的灵活度建立起来的。如表 5-19 所示。

表 5-19 调薪矩阵

绩效调薪预算	薪酬竞争力		
业绩考核结果	CR ＜ 80%	80% ≤ CR ≤ 120%	CR ＞ 120%
5（最优）	13% ~ 15%	11% ~ 13%	9% ~ 11%
4	11% ~ 13%	9% ~ 11%	7% ~ 9%
3	7% ~ 9%	6.5% ~ 7.5%	3% ~ 5%
2	3% ~ 5%	1% ~ 3%	0%
1（最差）	0%	0%	0%

第四节 薪酬调整操作管理

薪酬调整工作并不只是人力资源部的工作，它需要多部门合作，特别需要业务经理的参与。薪酬调整工作包括：调整之前的技术准备、预算分配、调整流程时间表的沟通；调整进行中业务经理和人力资源经理的配合，决定每一名员工的薪酬调整情况；调整之后向员工反馈结果，作出调整工作的总结等。

5.4.1 预算的拆分方法

年度薪酬调整的预算由绩效调薪预算（Merit Increase Budget）、晋升预算（Promotion Budget）、特殊预算（Special Budget, Catch Up Budget, Structural Budget）三部分构成。部门层面如何分配公司总体预算，可参考表 5-20。

从预算的几个部分来说，通常晋升预算是非常明确的——有晋升才可使用。换言之，如果你的部门没有员工晋升，那么对不起，这个预算不能使用。

各个公司的实际操作如下。

（1）所有部门相同预算的模式。在此需要说明的是，这里的所有部门相同预算一般都是说绩效调薪预算。在实际操作中，可以划分为以下两个小的操作模式。

√ 绩效调薪预算一致，特殊预算一致。公司整体的绩效调薪预算在各个部门作出一样的分配。但是，部门内部可以根据调薪矩阵自行安排。特殊预算也是各个部门同样分配，但是各个部门需要根据公司统一的操作大纲来使用。

例如，公司今年整体的预算情况是：绩效调薪预算 10%，特殊预算 1%，并且特殊预算只能用于薪酬水平低于薪酬级别最低点的员工。那么各个部门的预算都是 10%+1%。但是，如果你的部门没有员工的薪酬特别低，你就不能使用特殊预算。

√ 绩效调薪预算一致，特殊预算不一致。公司整体的绩效调薪预算在各个部门作出一样的分配。但是，部门内部可以根据调薪矩阵自行安排。特殊预算则是根据不同部门、不同层级、不同业绩等情况，由管理层在公司层面作出特殊分配。

例如，公司今年整体的预算情况是：绩效调薪预算 10%，特殊预算 1%，并且特殊预算只能用于薪酬水平低于薪酬级别最低点的员工。那么各个部门的预算都是 10%。人力资源部经过数据分析，发现某些部门很多员工的薪酬水平低于最低点。因此，经过管理层审批，某些部门会“额外”获得这笔特殊预算。但是，其他部门的预算就是 10%。

（2）所有部门预算不同的模式。在全公司分配绩效调薪预算的时候，可根据不同部门、层级等的薪酬现状，在个别部门有所倾斜；然后进一步分配特殊预算。例如，公司整体的调薪预算是绩效调薪预算为 10%，特殊预算为 1%。那么根据公司整体测算，有的部门由于整体工资较高，部门的预算可能是 8%，并且没有特殊预算；反之，有的部门的预算可能是 12%。

表 5-20　预算的拆分方法

预算的分配	具体内容	举例
不同部门有不同预算	√ 根据调薪矩阵，测算出不同部门的总体预算不同。然后按照调薪矩阵计算的预算直接分配 √ 预算向关键部门倾斜 √ 预算向低薪酬部门倾斜	案例一： 今年公司总体薪酬预算为 10%。把调薪矩阵的比例放在员工实际薪酬数据里面，直接计算出来各个部门可以增长的幅度，分配部门薪酬增长预算。有的部门由于本部门员工工资 CR 水平低，同时员工业绩好，本部门获得的绩效调薪预算可能会高一些 案例二： 今年公司总体薪酬预算为 10%。但是，研发领域的薪酬增长为 15%，因此，直接把研发部门的绩效调薪预算定为 15%
不同级别有不同预算	√ 预算向某重要级别倾斜 √ 预算向低薪酬级别倾斜	案例： 今年公司总体薪酬预算为 10%。但是，考虑到高级别员工的薪酬竞争力以及离职率，将高级别员工的薪酬增长比例设定为 15%
其他	√ 预算向某些重要职位倾斜	案例： 今年公司总体薪酬预算为 10%。但是，考虑到某些特殊职位的外部市场工资比较独特，因此将这些职位的薪酬调整预算定为 15%

5.4.2 调薪的大纲与流程

人力资源部需要在薪酬调整工作开始之前，制定明确的管理规范，并确保各级经理理解并遵守。薪酬调整管理大纲需要包括以下内容。

√ 本次薪酬调整的重点——说明在本次薪酬调整工作中，业务经理需要重点关注哪个领域。如重点体现“为业绩付薪”的原则。

√ 适用人群——从用工性质、入职时间、试用期等方面规定哪些员工将参加本次薪酬调整工作。例如，与本公司签订正式劳动合同的员工参加；薪酬调整前通过试用期评估的员工参加；年度病假、事假累计不超过3个月的员工参加，等等。

√ 预算使用要点——说明今年的预算主要包括哪些内容；预算主要应该用于什么领域；如何处理某些特殊情况；是否设定薪酬增长比例；是否可以跨部门使用预算，等等。例如，今年的预算里没有特殊预算，各个部门需要通过绩效调薪预算来区别员工薪酬涨幅；不论什么原因，员工个体薪酬增长幅度最高为20%；部门薪酬预算不能跨部门使用；等等。

√ 调薪矩阵——向部门经理介绍今年的预算分配情况。

√ 调薪工作参与部门——介绍参与本次调薪工作的各个部门负责的具体工作内容。

√ 本次薪酬调整时间表——明确本次调薪工作在什么时间完成预算审批，什么时间完成部门经理审批，什么时间新工资生效；等等。

√ 本次薪酬调整的工作文件——明确有关文件以及使用规则。如果公司用Excel来进行薪酬调整，需要向业务经理介绍表格填写原则；如果公司通过线上系统进行薪酬调整，需要介绍系统的操作方法。薪酬经理最好制作一本操作手册发给业务经理参考。

5.4.3 特殊情况的调整

薪酬管理人员进行薪酬的特殊调整时，经常会遇到以下情况：如何处理员工的工资已经低于薪酬级别的最低值；或者已经高于薪酬级别的最高值；以及如何调整员工晋升工资的问题；如何解决新老员工工资倒挂的问题。

在实际工作中，我们通常把员工薪酬低于薪酬级别称为“绿圈”（Green

Circle)；把员工薪酬高于薪酬级别称为“红圈”（Red Circle）。如图 5-19 所示。

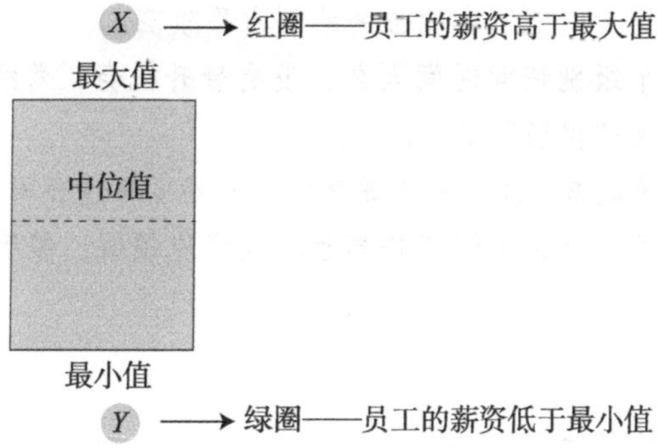

图 5-19　红圈与绿圈

1. 绿圈的管理

绿圈就是指，员工的工资低于薪酬架构的最低值；或者员工的工资和外部市场相比较的比率（*CR*）低于某个数值（如低于 80%）。

形成原因如下。

√ 组织重组，员工原来所在职位的薪酬较低，在新的部门里没有机会进行调整。
√ 快速晋升，但是员工工资没有及时跟进。
√ 历史调薪不及时。
√ 员工业绩较差，工资增幅一直较慢或者零增长。
√ 新员工入职等。

解决对策：根据员工目前的薪酬和最低值之间的差距制定解决对策。

√ 如果差距很小，可利用本次调薪机会一次性调整过来。
√ 如果差距较大，需要制定逐步的增长方案。注意：薪酬管理人员每一次为员工调整薪酬的时候，要考虑到员工的薪酬调整预期。如果某一次大幅提高薪酬，快速追平薪酬级别的最低值，接下来就需要慎重考虑员工的薪酬涨幅了。

2. 红圈的管理

红圈就是指，员工的工资高于薪酬架构的最高值；或者员工的工资和外部市场相比较的比率（*CR*）高于某个数值（如高于120%）。

形成原因如下。

√ 组织重组，员工原来所在职位的薪酬水平较高。
√ 员工在同一个级别任职时间太久，没有晋升机会，薪酬经理只有通过不断地提高工资来“保留”员工。
√ 员工是高绩效优秀人才，每年薪酬的增长幅度超过公司平均薪酬增长幅度。
√ 员工所在职位的外部市场工资高于其他职能领域，等等。

解决对策如下。

√ 考虑晋升员工职位。
√ 薪酬冻结，不进行调整。
√ 控制薪酬增长比例。
√ 发放固定奖金。在跨国公司里一般称这个奖金为一次性奖金（One-Off Payment或者Lump-Sum Payment）。操作的原理在于：员工的工资已经高于薪酬架构的最高值了。如果仍然增加员工的基本月薪，则员工的工资始终高于最高值。同时，和基本月薪关联的很多其他要素（如奖金或者某些津贴等）也会同比增长。公司为了控制这个增长，可以为员工发放一次性奖金。具体操作：不调整员工基本薪酬，员工会“额外”收到一笔奖金。这个奖金可以一次性发放，也可以分成12个月发放。这个奖金的“有效期”为一年。待到明年进行薪酬调整的时候，根据该员工的工资是不是仍然高于薪酬架构的最高值，决定是调整员工基本月薪，还是继续发放类似的奖金。

3. 晋升的管理

由于员工晋升造成的薪酬调整，涉及员工在原有级别的薪酬竞争力（员工工资在薪酬框架内的位置），同时涉及员工在什么时候获得晋升，在什么时候进行薪酬调整。

我们把员工从低级别向高级别晋升时可能产生的薪酬位置用A—F罗列出来。大体上会有这六种可能：（1）员工的工资低于原级别的最低值（F）；（2）员工的工资基本等于原级别的最低值（E）；（3）员工的工资在本级别薪酬范围之内（D）；（4）员工的工资基本等于原级别的最高值（C）；（5）员工的工资高于本级别最高值（B）；（6）员工的工资高于上一个级别的最高值（A）。如图 5-20 所示。

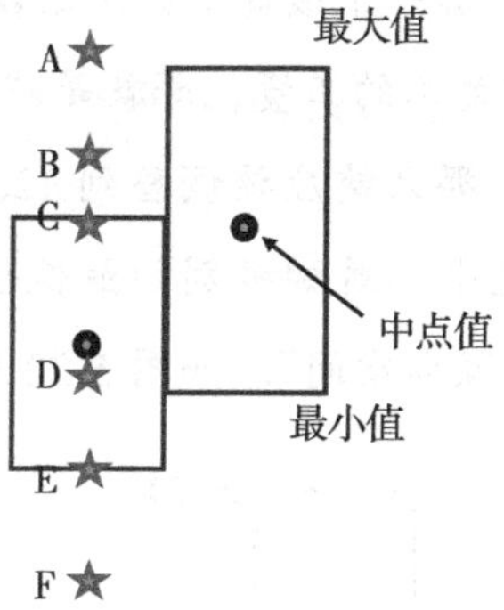

图 5-20 员工晋升时形成的薪酬位置

案例分享一 员工 F 的晋升工资调整

员工 F 的工作业绩良好，获得了晋升机会。该员工目前基本月薪为 9,500 元，低于当前薪酬级别的最低值。公司的薪酬架构如图 5-21 所示。

本公司每年 1 月 1 日进行年度调薪。员工 F 在当年 11 月 1 日正式晋升到新职位。

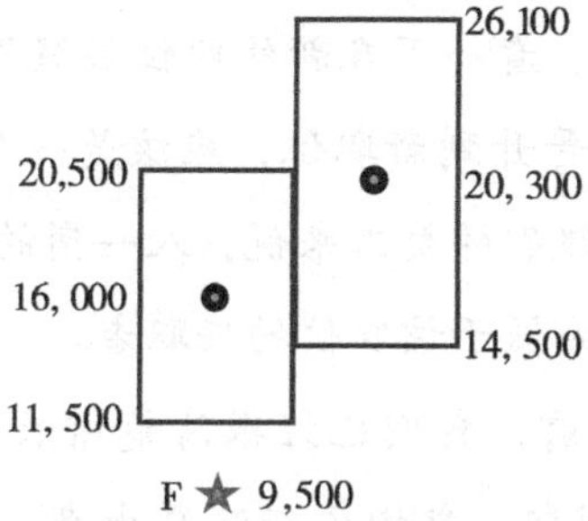

图 5-21 某公司的薪酬架构

1. 技术准备：测算一下该员工工资在本层级的薪酬竞争力，然后估算出员工在新层级如果保持同样的竞争力，应该获得什么样的薪酬水平。

√ 本案例中，员工 CR= 9,500 / 16,000 = 59.4%。

√ 如果员工到新的职位上，仍然保持同样的竞争力水平，薪酬大致保持什么水平呢？根据员工目前的CR，测算员工“假设”的新工资 = 20,300 × 59.4% = 12,050。

2.“预期空间”估算。估算一下该员工晋升之后，他的工资可能会增长到什么程度。（1）如果不调整该员工的工资，那就是“平移”到新职位；（2）如果该员工保持同样的竞争力，那么就应该调整到12,050元；（3）如果进行晋升薪酬调整，使员工工资“追平”薪酬级别的最低值，就是14,500元。由此我们获得了该员工新工资的“预期空间”。如图5-22所示。

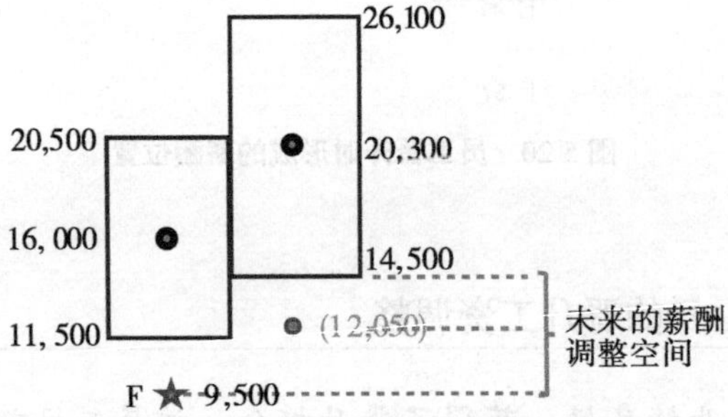

图5-22　员工F的新工资的“预期空间”

3. 预期增幅测算。我们需要判断一下该员工的工资增长幅度。（1）如果调整到同样的薪酬竞争力，那么增幅就是：12,050 / 9,500 – 1 = 26.8%;（2）如果直接调整到新级别的工资最低值，增幅就是：14,500 / 9,500 – 1 = 52.6%。

4. 内部公平性的管理。看一下在新的职位层级里，现有员工的薪酬状况。主要原因是：该员工刚刚晋升到新职位，应该是一个“内部试用期”的时候，这个时候相比早就在这个级别的员工来说，人—岗的匹配程度低。因此，该员工在新职位的工资，应该略低于该职位的任职者。

5. 员工期望管理。目前，我们已经很清楚增长的区间。接下来还需要考虑如何管理员工的薪酬预期。我们已经测算出来，员工的工资增长会在0 ~ 26.8%以及26.8%~52.6%的区间里选择。我们需要看一下本公司习惯性工资增长的幅度是多少？假设公司每年薪酬增长比例都是15%~ 20%，那么建议该员工的工资应该更加接近或者高于12,050。同时，还需要考虑晋升生效日期和年度薪酬调整之间的关系。本案例中，员工晋升的生效日期为11月1日，公司将会在1月1日生效新工资。因此，可以利用晋升的机会，“提前”调整员工的工资；当然也可以告诉员工，本次11月1日的晋升不进行调整，等到1月1日的时候统一调整。

6. 薪酬管理人员需要向业务经理提供工资增长幅度的建议。但是薪酬调整到什么位置，需要根据员工的业绩、期望值、生效日期来综合决策。

从本案例中可以看出，薪酬管理人员在调整晋升员工的工资时，需要考虑员工新旧工资水平的竞争力，员工在新级别上工资的内部公平性，员工工资的预期增长幅度，员工期望值等因素。

4. 新老员工工资倒挂

新老员工薪酬倒挂的现象是很多公司遇到的难题，有以下两种情况。

√ 空降新员工的工资水平高于“忠诚”企业的老员工。

√ 新一届大学毕业生的工资高于往届毕业生。

第一种现象似乎容易理解，毕竟公司招聘外部的空降人员，有可能这些外部进入的员工会带来公司在该领域没有的知识技能，帮助公司的某个业务迅速成长。另外，站在员工的角度，在一家新公司工作是具备一定“风险”的，需要比原来公司付出更多的努力，才能在新公司“站住脚”，这也能解释为什么新员工的工资会高一些。第二个现象就有点“匪夷所思”。我们看到一些极端的案例：同样院校、同样专业的毕业生，都没有任何工作经验，读的几乎是一样的教科书，为什么新一届学生的工资高于往届?

我们用付薪的几个原则：为市场付薪（Pay for Price）、为职位价值付薪（Pay for Position）、为业绩付薪（Pay for Performance）、为能力付薪（Pay for Person）来分析和逐一解释这个现象。

对于应届生的工资越来越高这一现象，作者认为主要原因就是外部人才市场的影响，基本上没有什么能力的差别：新一届学生的总体知识、技能、综合素质等水平比往届学生不会有什么突破性的提高。

我们如何解决“倒挂”的问题呢？企业一般通过内部薪酬调整来逐步改善。

（1）明确公司新老员工工资倒挂的具体差距是多少。这个可以用新老员工的 CR 来分析，也可以根据不同入职日期员工的平均工资差距来分析。如果公司希望调整工资倒挂现状，需要提供多少预算。

（2）在制定薪酬调整策略的时候，统筹考虑业绩薪酬调整（Merit Increase）、晋升调整（Promotion Budget）、特殊调整（Special Budget）三者之间的关系。我们需要在特殊调整里给某一个时间入职的员工增加一些预算。

（3）根据薪酬调整策略，在制定调薪矩阵的时候，对某一类人群的薪酬调整比例给予适当倾斜。这里提到的倾斜，有可能是给予某一个时间入职员工较多的预算；我们也可以针对某一个人群（如某一届毕业生）给予较小幅度的预算增长。

案例分享二　某公司应届生薪酬调整策略

某跨国 IT 公司针对应届毕业生的薪酬倒挂现象，在开展年度薪酬调整的时候，为往届毕业生制定的薪酬增长预算高于应届毕业生。这样，一般经过 1~2 年的薪酬调整，就能够解决薪酬倒挂现象。

5.4.4　薪酬调整之后的总结

每一次薪酬调整之后，薪酬管理人员需要对本次薪酬调整工作作一个总结。这样的工作流程符合 PDCA 模型，如图 5-23 所示。

P – Plan。薪酬调整前期的各种准备，如数据测算的准备、制作工作表格、制定工作流程等。

D – Do。执行薪酬调整工作。

C – Check。薪酬调整之后，薪酬管理部门进行汇总和分析。

A – Action。针对本次薪酬调整提出改善建议。

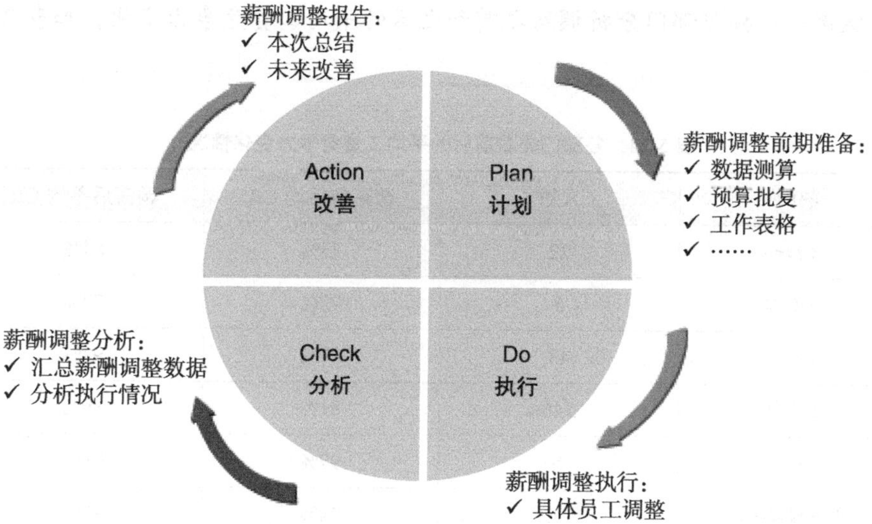

图 5-23　薪酬调整的 PDCA 模型

薪酬调整之后的总结，必须紧密结合薪酬调整的纲要进行：当初约定了什么？现在完成了什么？未来需要改进什么？等等。

接下来，用一个案例看一下薪酬调整总结的主要内容，如表 5-21 所示。

案例分享　某公司薪酬调整总结的主要内容

表 5-21　薪酬调整总结的主要内容

调薪大纲	调薪总结
本年度薪酬调整总预算为 10%	本次薪酬调整实际花费预算为 9.9%
本次薪酬调整要体现“为业绩付薪”的原则，保证高绩效员工实现高增长	本次薪酬调整幅度体现了“为业绩付薪”的原则：业绩考核“优秀”——15%；“良好”——12%…
薪酬调整向骨干员工倾斜	骨干员工的薪酬增长幅度高于普通员工，骨干员工平均 CR 从 94% 调整为 105%
……	……

薪酬管理人员经常按照部门、层级、业绩结果、员工类型等进行调薪总结。

案例一：按照部门分析调薪之前和之后的平均工资竞争力变化，如表2-22所示。

表5-22　各部门调薪前后的平均工资竞争力变化情况

部门	人数	调薪前平均 CR	调薪后平均 CR
信息部	22	75%	84%
法律部	5	72%	79%
财务部	43	87%	93%
采购部	246	81%	89%
市场部	5	97%	103%
客户服务部	16	74%	82%
人力资源部	16	87%	94%
销售部	96	92%	99%
总计	449	83%	91%

案例二：按照部门、业绩结果分析薪酬调整幅度。观察不同部门是否执行“为业绩付薪”的原则。如表5-23所示。

表5-23　按照不同部门、不同业绩分析薪酬调整幅度

部门	优秀	良好	中等	较差	不能接受
信息部	21%	13%	8%	2%	0%
法律部	16%	14%	8%	1%	0%
财务部	24%	14%	8%	4%	0%
采购部	24%	17%	7%	3%	0%
市场部	9%	12%	8%	0%	0%
客户服务部	23%	16%	8%	2%	0%
人力资源部	17%	14%	8%	1%	0%
销售部	0%	15%	5%	0%	0%
总计	21%	14%	7%	2%	0%

5.4.5 薪酬调整之后的沟通

公司为员工调整薪酬，一方面是保证员工的薪酬水平随着外部人才市场的变化而变化，另一方面则表示公司对于员工业绩的认可。因此，公司非常有必要通过正式的沟通方式，告诉员工新的工资水平。那么，谁来通知员工调薪的情况呢？如何和员工沟通调薪结果呢？

首先，员工的直属经理是沟通薪酬调整的最佳人选。有以下几类人可以作为“沟通候选人”：员工的直属主管、人力资源部门人员、负责给员工进行薪酬调整的主管（有可能员工的直属主管没有权限对下属进行工资调整，是员工直属主管的再高一级主管）。人力资源部门的人员肯定不是最佳人选。因为在整体的薪酬调整工作中，人力资源部门的人员主要是从工作流程、工作内容上进行管理。每位员工的工资调整主要是由业务经理进行决策。如果一定需要人力资源部门的人员参与员工薪酬调整的沟通工作，也必须是以业务经理为主，人力资源部门为辅。

那么，是由员工的直属主管还是实际执行员工薪酬调整工作的更高级主管来沟通呢？我们建议由员工的直属主管来沟通。员工的直属主管和员工沟通薪酬调整结果，可以鼓励下属，提高员工的忠诚度；同时树立直属主管的管理权威。如果该员工的工资不是由直属主管调整的，直属主管就应该在和员工沟通之前，先和上级领导充分沟通，了解为什么进行这样的调整。

主管需要和员工沟通哪些内容呢？如图 5-24 所示。

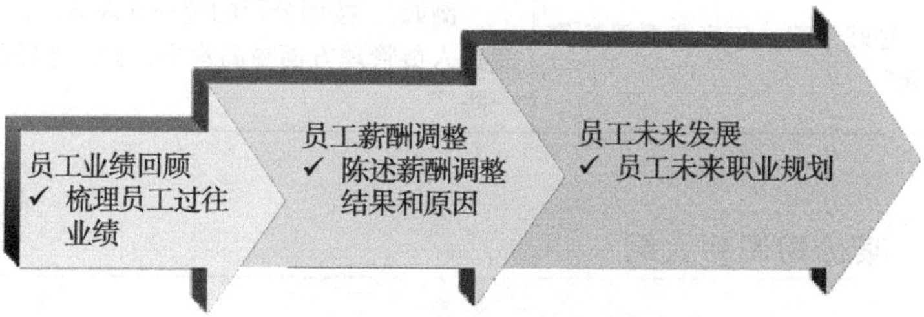

图 5-24 薪酬调整沟通内容

√ 员工的绩效考核结果。首先需要对员工的工作表现、业绩评估结果进行总结和回顾。说明员工哪些地方做得不错，哪些地方需要改进。

√ 员工本次薪酬增长与奖金发放情况。根据本次薪酬调整的大纲安排，员工薪酬得到了怎样的调整。同时，需要特别说明，这样的结果是建立在充分考虑员工业绩水平的基础上的。

√ 员工未来的职位发展。根据员工实际工作情况，谈一下员工接下来短期和长期的职业发展规划。

主管在和员工沟通的时候，要注意沟通的内容、方式方法。以下将推荐使用和不推荐使用的方法列给大家。如表 5-24 所示。

表 5-24 主管和员工沟通时的注意事项

不应该使用的方法	提倡使用的方法
使用复杂的专业术语 例如，“你的 CR 水平比较高……”	确认员工明白你所用的术语 例如，“你的薪酬水平比较高……”
透露其他人员的薪酬情况 例如，“这次给你的奖金已经很高了，比某某高了 2,000 元……”	鼓励员工关注自己的绩效和薪酬之间的关系，而不是和别人比较 例如，“根据你的业绩结果，你的工资调整为……”
表达对薪酬和绩效评估系统、相关部门或组织结构的不满 例如，“我也不知道咱们公司为什么这么安排薪酬调整……”	客观陈述和介绍薪酬和绩效评估系统，以及相关部门的职责。解释基本的原理和流程，而不是发表个人的观点 例如，“这次业绩考核的流程是这样安排的……”
表达对薪酬和绩效评估决定的不满 例如：“我其实觉得应该给你多涨 2,000 元”	关注薪酬和绩效评估决定的程序和原因 例如，“根据咱们的业绩管理大纲，你的薪酬调整与你的业绩结果关联……”
对员工未来某些表现作出薪酬等方面的承诺 例如，“好好干吧，年底我看看给你再涨 2,000 元”	向员工解释何种行为和行动会被评价为“达到”或“超出”绩效的要求 例如，“按照公司的统一管理规定，未来如果你能在人员管理方面提高水平，你的业绩结果会更好一些。”

案例分享　某公司调薪大纲

某公司每年 4 月 1 日生效新的年度薪酬调整方案。因此，每年春节左右薪酬管理人员就要开启薪酬调整工作。以下是该公司薪酬调整大纲。

××年度薪酬调整大纲

一、公司年度薪酬调整原则

1. 员工薪酬调整生效日期为 4 月 1 日。

2. 员工薪酬调整工作坚持“为业绩付薪”的原则，并且要确保员工薪酬管理的“内部公平性和外部竞争力”。

3. 每一个业务单元必须确保不能超预算，业务单元的总预算可以在下属部门内分配。

4. 一个业务单元剩余的预算不能跨业务单元使用。

5. 年度薪酬预算是本年度的总体预算。如果部门希望在年中（10 月 1 日）进行特殊的薪酬调整，需要在 4 月 1 日的调整预算中预留出来。

二、适用范围

1. 年度薪酬调整适用于和本公司签订正式劳动合同的员工。

2. 所有外包员工、临时员工的薪酬调整由部门根据各自预算进行。原则上调整比例不能高于正式员工的薪酬调整比例。

3. 1 月 1 日（含）之后加入公司的新员工不参加本年度薪酬调整。

4. 1 月 1 日（含）之后进行过工资调整的正式员工不参加本年度薪酬调整。

5. 员工在上一年度加入公司，或者在上一年度 4 月 1 日之后发生薪酬调整的情况，本年度薪酬调整应该考虑“按照调整日期折算”的原则。

6. 员工个体薪酬调整要符合调薪矩阵里面提供的比例。员工个体薪酬调整比例超过调薪矩阵建议比例 100% 的情况，需要由业务单元副总裁特殊审批。

三、本年度薪酬调整预算

1. 业务单元的薪酬预算是综合考虑外部市场薪酬变化，结合业务单元薪酬内部实际状况确定的。

2. 本年度预算划分为三部分：

（1）业绩调整预算为：$X\%$；

（2）晋升预算为：$Y\%$；

（3）特殊调整预算为：$Z\%$。

年度总预算为：$X\%+Y\%+Z\%$。

3. 晋升预算仅针对晋升的情况使用，若部门没有晋升的情况，则严禁使用晋升预算；在控制年度总预算不超标的基础上，每一项预算均不能超过目标水平。

4. 本年度业绩调整预算的调薪矩阵如表 5-25 所示。

表 5-25　本年度业绩调整预算的调薪矩阵

业绩考核结果	5（最优）	4	3	2	1（最差）
低 CR	13% ~ 16%	9% ~ 12%	7% ~ 9%	1% ~ 3%	0%
中 CR	10% ~ 13%	7% ~ 10%	6% ~ 8%	0% ~ 2%	0%
高 CR	7% ~ 10%	4% ~ 7%	4% ~ 6%	0%	0%

四、年度薪酬调整时间表

本公司年度薪酬调整时间表如表 5-26 所示。

表 5-26　年度薪酬调整时间表

时间	工作内容
12 月 7 日	薪酬福利部门制定年度薪酬调整大纲
12 月 10 日	薪酬福利部门设计薪酬调整工作表格，并提交部门 HR 审核
12 月 18 日	年度薪酬调整大纲获得总裁办公会审批
1 月 1 日	部门业务经理参加年度业绩评估启动会
1 月 31 日	年度业绩评估结束
2 月 1 日	年度薪酬调整启动会
3 月 1 日	部门将本部门薪酬调整结果提交给薪酬福利部门
3 月 10 日	薪酬福利部门汇总所有部门结果，向问题部门给予修改反馈
3 月 15 日	总裁办公会审批薪酬调整结果
3 月 20 日	薪酬福利部门将审批结果提交给薪酬发放部门
3 月 31 日	业务经理和部门员工沟通薪酬调整结果

附录　有问有答

1. 俗话说“会哭的孩子有奶吃”。有的员工经常向老板“哭诉”工资低，这样员工就可以获得薪酬调整的机会，调整的幅度也高于一般员工。在外资企业中是不是也有这样的现象呢?

答：我们还是回到“为什么付薪”这个话题。员工薪酬的高低不是“哭”出来的，而是由于外部市场的工资变动、内部职位层级、员工的业绩和个人能力四要素决定的。

外资企业通过一整套有效的管理机制来减少薪酬调整这个主观倾向。(1) 首先各级管理者熟悉工资支付的这几个要素。他们知道在员工薪酬调整或者薪酬制定环节中，主要的决定因素是员工的业绩。(2) 外企每一次开展薪酬调整工作的时候，都是结合员工实际的业绩表现，制定一个调薪矩阵，在一定程度上避免了经理随意调整的可能性。(3) 外企在开展薪酬调整的时候，公司会严格管控部门总体预算，确保不能超过预算。同时，公司还会严格控制每一位员工的薪酬涨幅。在很多公司，如果薪酬涨幅超过一定比例，需要由更高管理层审批。从宏观的部门整体预算控制到微观的个体调整幅度，公司都会进行严格监管。

2. 薪酬调整是不是要跟随着市场物价或者通货膨胀指数之类的比例进行调整?

答：薪酬调整并非完全是随着市场物价调整而调整的，需要考虑公司财务状况、组织战略、人员实际薪酬状况；还要考虑外部人才市场薪酬的变化情况等因素。注意，这里所说的是外部人才市场的薪酬变化，并非物价变化。

3. 工资是每年普调好，还是考核后根据业绩个别调整好?

答：调薪是成熟的外资企业每年都要进行的“必修课”。但是，这个调整并非完全的普调。在薪酬调整的章节里，我们介绍了调薪一般包括业绩调薪预算（Merit Increase Budget）、晋升预算（Promotion Budget）、特殊预算（Special Budget/ Catch UP Budget）三个部分的预算。每一部分预算的使用都是和业绩相关的。当然，随着现在越来越多快速发展型公司的出现，很多公司面临人才保留的压力。有的公司采用半年调整工资的频率；有的公司没有规律的调薪节奏，所有薪酬调整都是基于部门预算、员工业绩、人才保留的目的来执行的。我们看到，最后一种模式在操作上最具灵活性，但是也会由于管理者的主观原因最具随意性。

4. 每年工资普调的比例多少为宜? 3%? 5%? 还是 10%?

答：工资调整预算的分配受到很多因素的制约。例如，外部人才市场的竞争压力、公司经营战略、公司财务盈余等。因此，不能简单地说，调整多少为宜。工资的调整要以是否满足公司薪酬管理战略为目的。

5. 最近政府发布了今年最低工资的金额，我们在考虑公司内部工资调整幅度的时候，是不是需要和政府最低工资的增长幅度保持一致？

答：企业选择薪酬调整幅度的时候，需要同时参考公司外部市场和内部情况（具体情况参考本章内容，不再赘述）。政府公布的最低工资标准，对于企业内部薪酬调整幅度的制定肯定是有一定影响的。作为薪酬管理人员，必须确保本公司的薪酬水平符合国家相应的法律法规。

6. 我公司希望明确和外部市场对标的口径，这样日后就可以采用这样的口径。我们看到有“年度总基本月薪”“年度总现金”等很多口径。从一般公司的实践看，采用哪种口径的比较多？

答：从工作实践看，一些公司倾向于采用“总人工成本”来对标外部市场的数据。这样做的好处是，能够控制本公司的整体薪酬福利成本。但是，在很多细节上不容易获得满意的外部数据。

为此，更多公司把薪酬和福利两个维度分开。薪酬方面用“年度目标总现金”这个口径来定义薪酬水平；福利方面的定义可以参考外部市场的福利项目。

这样的做法比较简明扼要，突出了年度总现金的概念。并且，薪酬管理人员可以根据公司内部管理导向，灵活调整基本月薪、固定津贴，以及目标奖金之间的关系。这样做的缺点是，忽视了外部市场上固定薪酬、固定津贴以及奖金的比例关系。例如，通常来说，销售人员的薪酬结构中，总是浮动薪酬偏高、固定薪酬偏低，如果我们的内部薪酬设计违背了这个特点，企业可能会在销售人员的招聘、保留和激励方面产生问题。

为了弥补仅仅分析年度总现金的不足，很多公司会同时分析“年度总基本月薪”。这样做的好处是，既看到一个职位总体的年度总现金成本，又看到固定部分的工资状况，从而确保固浮比符合市场趋势。

CHAPTER 6

第六章

激励那点事

在你入职的第一天，上级经理就会和你说清楚你的工作内容，然后告诉你，公司会根据员工工作目标对员工进行考核，奖金和考核结果是挂钩的。

第一节　激励体系概述

奖金体系是薪酬管理架构的组成部分之一。因此，薪酬管理人员在设计奖金时必须要符合公司的薪酬战略和薪酬哲学。

6.1.1　激励理论的实践分析

以下是几个常见的激励理论及其实际应用情况。

1. 马斯洛（Abraham Maslow）的需求层次理论（Hierarchy of Needs Theory）

这是比较早的研究人类需求、激励行为的理论。该理论认为：人的行为受到内在需要的激励。这些内在需要按需求大小分别为：生理需要（Physiological Needs）、安全需要（Safety Needs）、社会需要（Social Needs）、尊重需要（Esteem Needs）、自我实现需要（Self-Actualization Needs）。当低层级的需要得到满足之后，高层级的需要才会变得具有激励性。

在管理实践中，奖金体系需要具备一定的激励性。这种激励性，首先应该确保基本工资（固定收入）能够满足员工的基本生活需要。否则，单纯的奖金收入不会产生激励作用。奖金激励措施应该能够与非现金的激励手段结合在一起，从满足员工的成就感等多角度出发，起到激励作用。

2. 赫兹伯格（Frederick Herzberg）的双因素理论（Motivation-Hygiene Theory）

该理论的主要论点是：激励措施受到两类因素的影响——保健因素或者维持因素（Maintenance Factor）和激励因素（Motivator）。缺乏保健因素，激励就会对人的基本生活需要、安全等产生不良的影响，但是充足的保健因素也不会产生激励作用。充足的激励因素能够让人感到满意，同时产生激励作用，诸如认同感、晋升、成就感，等等。

在管理实践中，基本工资的作用就是满足员工的基本生活需要，基本工资属于保健因素，它并没有激励作用。因此，公司管理者不用把过多的预算放在基本工资里。即便基本工资很高，员工也不会因此而感到“更加满意”。奖金属于激励因素，但是应该与认同感、成就感等员工认可计划结合起来一起发挥激励作用。

3. 亚当斯（J.S. Adams）的公平理论（Equity Theory）

该理论的主要论点是：员工在工作中取得一定的绩效之后，获得相应的奖励。员工会评价收到的奖励和自己付出的努力之间的“投入—产出”是否公正、对等。如果员工评价投入—产出是公正的，这样的奖励才具有激励作用。换言之，奖金之所以能够起到激励作用，不只是因为奖金的金额，而是奖金与员工付出的努力成正比。

在管理实践中，管理者首先要公正、客观地评价员工的工作成果，奖金的分配要和员工的业绩结果充分关联。不同业绩结果的奖金要适当拉开差距。也就是说，只有高绩效员工认为其获得的奖金与自己付出的努力相当，这样的奖金体系才具备激励作用。

4. 维克托·弗鲁姆（Victor H.Vroom）的期望理论（Expectancy Theory）

该理论的主要论点是：员工的激励需要从期望、关联信心、效价三方面入手。也就是说，员工的行为来自于其对于未来的预期——员工对自身能否完成工作的判断；员工对于完成业绩之后，组织能够给予奖励的信任程度；员工对组织给予的奖励的价值判断。

在管理实践中，管理者首先应该让员工感觉到，其具备完成任务的能力；其次公司要有明确的绩效考核标准，员工业绩和奖金的关联必须明确且能够落实；员工能够切实感觉到奖金的激励作用。

5. 斯金纳（B.F.Skinner）的强化理论（Reinforcement Theory）

该理论的主要论点是：人的行为受到其所获刺激的影响。如果这种刺激对他有利，这种行为就会重复出现；若对他不利，这种行为就会减弱直至消失。根据这种强化的性质和目的，可以分为正强化和负强化两大类型。

在管理实践中，如果公司管理者希望持续激励员工产生某种行为，就应该把奖金和业绩考核目标紧密关联起来，并且保持这样的关联机制；反之，如果公司希望减少或者抑制某种行为，就可以通过取消奖金来实现。

有关销售人员薪酬激励因素的研究，国内学者陈晓东从实证角度有所论证。其研究结果显示：有五个因素可以在不同程度上激励销售人员。这五个因素按照影响程度大小依次为：销售奖金高低、销售奖金的发放形式、销售奖金结构、销售奖金的分配方式、销售奖金政策。

为此，陈晓东从以下几个方面分别给予了相应的建议。

√ 合理定位销售奖金水平。这里指的奖金水平是相对于外部市场而言的。换言之，销售人员薪酬的外部市场竞争力对于销售激励起到了非常重要的作用。本书已经论述，获得外部人才市场数据的主要方法就是薪酬调研。同时，我们需要根据企业的实际情况，明确薪酬水平是年度总基本工资、年度总现金？还是年度总成本？一般来说，在销售激励的研究中，使用年度总现金和总成本的情况较多。二者的区别在于：年度总现金仅仅考虑现金部分，而年度总成本包含了各种福利。

√ 完善销售奖金发放形式。需要对销售人员适度公开销售奖金。这里的透明度并非每个人的工资都是公开的，而是一些政策性信息、结构性信息是可以公开的。同时，销售奖金需要和产品特征相结合。例如，对于以项目为基础的职位，可以及时发放项目奖。员工把项目做完了、做好了就能拿奖金，达到及时有效激励销售人员的目的。

√ 确立适合的销售奖金结构。销售人员的薪酬结构是指企业中不同销售职位的相对价值与薪酬水平的关系。一个是说不同层级职位的薪酬结构设计，另一个是指固定工资和浮动工资的组合比例。这里面涉及的话题，一个是有效的内部职位层级体系，另一个是明确的外部市场薪酬结构趋势。

√ 建立科学的销售人员绩效考核体系。销售人员的绩效考核体系必须简明扼要、通俗易懂。销售人员只有充分了解销售奖金分配方式的游戏规则之后，才能更好地投入到工作之中。同时，销售人员取得的业绩结果必须和获得的奖金激励清晰地关联起来。

√ 加强销售奖金政策的战略引导。销售人员的激励措施在很大程度上受到公司业务战略、人力资源管理战略和薪酬管理战略的影响。对于一个组织而言，这些战略要素在很大程度上也是和公司文化、核心价值观相关联的。

6.1.2 激励方案的类型

按照不同的划分类型，奖金激励方案有如下多种。

1. 按照时间周期划分：短期激励、长期激励。

√ 短期激励——为了实现短期（年度或更短）结果的激励计划。短期激励的优点在于：直接关注目标，奖励与绩效结果关联，做到及时奖励、及时惩罚，组织层面可以快速核算成本、收入，并且管理的“灵活度”高，可以根据不同情况及时调整。短期激励的缺点在于：有可能导致员工行为的短期化。特别是在某些行业，如金融行业，如果销售行为短期化，会导致公司长期利益受损。通常公司施行的年度奖金等项目都属于短期激励的类型。

√ 长期激励——为了实现长期（一般都是三、五年或者以上）结果的激励计划。实际上，长期激励与短期激励在实际操作中没有明显的界限，就是“约定成俗”的习惯使然。长期激励的优势在于：可以通过跨年度的激励来平衡长期目标和短期目标，从而保留骨干员工，管理员工的长期服务预期。当然，长期激励的劣势也较为突出：周期长，组织调整很难适应快速变化的外部环境。在管理实践中，超过一年的项目都可以归为长期激励，如股票、期权、递延奖金等。

2. 按照激励的对象范围划分：个人激励（Individual Incentive Plan）、团队激励（Team Incentive Plan）、公司激励（Company Incentive Plan）。

√ 个人激励——驱动员工实现具体目标的激励计划。激励方案的设计者需要仔细考虑，通过设定什么样的具体目标来驱动员工的行动。也就是我们常说的，绩效管理的指标可以划分为结果导向和行为导向。公司只有明确了目标结果，才能有力地激励员工。如针对生产员工的计件奖金。

√ 团队激励——关注业务单元、团队和小组的激励计划。团队激励的出现，主要原因在于很多工作需要团队成员的协同合作。因此，团队激励需要着眼于群体绩效。这样的群体可以是一个团队、部门或者一个分 / 子公司，甚至是公司整体。例如，研发团队的特别项目奖金、班组奖金。

√ 公司激励——适用于公司全体员工的激励措施。它属于团队激励的一种。从管理实践上看，公司激励通常指不是专门针对某个部门的激励。如员工持股计划（Employee Stock Option Plan）、利润分享计划（Profit Sharing Plan）等。

3. 针对不同人员的激励措施：销售激励（Sales Incentive Plan）、非销售激励（Non-Sales Incentive Plan）、研发人员激励（R&D Incentive Plan）、生产人员激励（Production Incentive Plan）等。

√ 销售激励——主要是针对销售人员的激励措施。近年来，随着外部市场竞争越来越激烈，销售人员激励措施日臻成熟和丰富。销售激励也越来越受到关注。常见的销售激励措施包括销售奖金、佣金（Commission）。根据不同的目的，销售激励又可以划分为表 6-1 所示的类型。

表 6-1　销售激励的不同类型

	短期激励	长期激励
现金激励	**佣金** 销售结果和奖励直接关联	**奖金** 与一定的业绩指标关联，综合考虑整体业绩
非现金激励	**竞赛** 临时性的激励销售人员突破某个销售难点	**认可** 鼓励“销售标兵”

√ 非销售激励——一般指对非销售人员的激励计划。在非销售人员的激励计划中，越来越多的公司开始关注针对研发人员的激励措施。主要原因在于研发人员的工作性质——既要突出个人的贡献，还要考虑团队的作用；既要考虑研发项目的结果，还要突出研发项目的价值。虽然研发工作在很大程度上依靠员工的个人智慧，但是研发人员的奖金不能只发给某个人，因为很多大型项目需要全体研发人员的共同努力。同时，研发工作的特点在于越是接近基础研发，越不能完全按照结果导向进行激励。

第二节 销售激励设计考虑因素

在外部竞争日益激烈的情况下，越来越多的公司开始关注销售激励的管理。为此，在接下来的章节，我们会把激励措施聚焦在销售激励领域。希望读者在掌握销售激励的管理方法之后，能够借鉴里面的内容来设计其他的激励手段。

6.2.1 销售激励设计的原则

在设计销售激励体系的时候，薪酬管理人员需要从绝对量、相对量、内部、外部等不同的方面来考虑。

绝对量指的是设计销售激励时的奖金总量和个体奖金的金额。

奖金的总量一定是和公司总体的业绩关联的。奖金总量的控制实际上是公司在财务层面上总体的投入—产出规划。在管理实践中，通常可以对比公司总体奖金和销售收入、销售利润，以此来衡量有效性。每个职位的具体金额一般是和职位的性质、职位的层级等关联的。

在奖金绝对量的设计方面，薪酬管理人员还要考虑在固浮比（Pay Mix）中奖金占多少比例才会起到激励作用。例如，有的研究认为奖金的比例如果在年度总现金中的占比不足10%，就不能起到激励作用。通常来说，销售人员的年度总现金浮动部分可能占总薪酬的30%~60%。

相对量指的是激励部分在不同层级、不同职位之间的比例关系。

例如，销售人员的奖金占年度总现金的 50%，行政后勤人员的奖金占年度总现金的 30%。两者之间的相对比例有所不同。但是，这种相对之间的比例关系，在一个公司内部需要保持连贯性。例如，上下级之间的奖金比例，一般来说由于上级经理在管理幅度上更加接近公司层面，因此奖金的比例会随着管理级别的提高而增大。

内部关系指的是我们在设计销售激励体系的时候，需要考虑内部公平性。

这个内部公平性一方面是体现在不同职责领域（如销售和非销售人员）之间的运行模式；另一方面就是同一职责领域内部（如销售体系内）不同层级，或者不同业务类型职位之间的奖金比例关系。

内部关系不仅是指奖金的金额，也包括奖金的具体指标设定、发放周期等。例如，为了达到快速激励销售人员的目的，一些公司会发放月度或者季度销售奖金。从内部关系来看，如果销售人员获得了月度奖金，那么和销售人员关联的售前 / 售后支持人员是否也应该获得月度资金呢？

外部关系指的是销售激励体系的外部竞争力。

首先，我们设计的激励体系是不是符合市场趋势？如果公司的奖金体系不符合外部市场趋势，就有可能造成员工的流失。例如，某些行业的流行做法是采用低固定工资、高销售佣金的模式。公司为了稳定销售人员队伍，向其提供了相对较高的固定工资，采用以团队为主的销售奖金发放模式。这个做法可以从团队层面保留很多销售人员。但是，有可能造成高绩效人员因为最终获得的佣金“太少”而离开。

其次，公司奖金的具体金额是否具有外部竞争力？这个问题在工资水平的外部竞争分析中已经提及。公司的奖金体系不仅仅是内部的比例关系，还需要在绝对数字上和外部市场中具有竞争力。例如，公司销售人员的佣金和外部市场比较，到底是多还是少？当然，在这里需要明确的是，进行奖金绝对值的外部比较时，一般都是看年度总现金——即通过固定工资和奖金的总和来对标外部市场的工资。如果仅看本公司的奖金绝对支付金额，很可能在操作中造成分析结果的偏差。

6.2.2 影响销售激励体系设计的要素

在薪酬管理实践操作中，销售激励框架体系是随着公司所处行业特点、市场环境、公司业务发展情况等因素的变化而不断调整的。从公司业务发展情况来说，公司业务的转型和变化会直接影响到奖金体系的调整。如果公司始终处在一个业务领域，那么人才市场的跨度就会比较稳定。如果公司从单一模式的经营战略调整为多元化经营，就需要较大跨度的人才来支持业务，那么应调整激励体系。

我们以较为传统的汽车行业举例，较早的车企主要的经营模式就是汽车的生产制造和销售。因此，公司主要的激励模式都是基于生产和销售人员的工作特点制定的。后来，随着业务模式的不断丰富，公司增加了汽车金融业务，很多从事金融行业的人员加入公司。因此，公司要增加针对金融人员的激励体系。当前，互联驾驶已经成为很多车企不可回避的话题。为了拓展这部分业务，公司招聘了很多在互联网领域从事研发工作的人员。因此，公司的激励体系就要继续作出调整。

我们在设计激励体系的时候，需要考虑的因素基本如下。

1. 公司人力资源管理战略、薪酬管理战略、薪酬哲学

公司的薪酬战略、薪酬哲学就是确保薪酬管理能够以公司的运营战略为基础，达到吸引、激励和保留员工的目的。薪酬哲学会影响激励体系的框架结构、市场定位。薪酬哲学会影响公司的薪酬定位，从而影响销售激励计划。回顾前文介绍的外部竞争力分析，我们可以用同样的原理来分析销售人员的薪酬。

案例一　薪酬哲学影响销售激励工作

某公司的销售激励定位为：确保销售人员的工资具备市场竞争力。为此，销售人员工资结构中固浮比与市场做法接近，同时销售人员年度总现金保持市场中位水平。

为了考察目前公司的销售激励工作，是否和销售激励定位保持一致，薪酬管理部门进行了如下分析。

（1）在相应的外部调研报告中寻找外部市场中销售人员薪酬的固浮比。结果发现：公司销售人员薪酬的固浮比和外部市场的通行做法基本一致。

（2）结合外部市场年度总现金的中位数值，人力资源管理人员针对本公司不同部门、不同层级的销售人员作了年度总现金的竞争力分析。如表 6-2 所示。

表 6-2　销售人员年度总现金的竞争力分析

城市	助理	专员	主管	经理	总计
上海	103%	108%	66% ↓		102%
北京	97%	94%	108%		99%
深圳	77% ↓	81%	127%	77% ↓	99%
成都	76% ↓	93%	78% ↓		84%
广州	104%	76% ↓	65% ↓		80%
总计	88%	88%	110%	77%	95% ☺

从表 6-2 中不难看出：本公司销售人员的年度总现金具备一定的市场竞争力（总体 CR=95%）。但是，不同城市之间的薪酬竞争力差异很大；销售经理的薪酬竞争力较低。我们暂时不必调整浮动奖金的比例结构；但是，需要有针对性地调整某些城市、某些级别的年度总现金水平。

一般来说，我们按照企业的生命周期理论来划分企业不同的发展阶段，如图 6-1 所示；针对不同的阶段，薪酬激励模式会有所不同。如表 6-3 所示。

表 6-3　在不同的发展阶段，薪酬激励的模式也有所不同

薪酬结构	创业期	成长期	成熟期	衰退期	再造期
基本工资	低	较高	高	较高	较低
激励工资	较高	高	较高	低	较高
福利	低	较高	高	高	低
长期激励	高	较高	高	低	较高

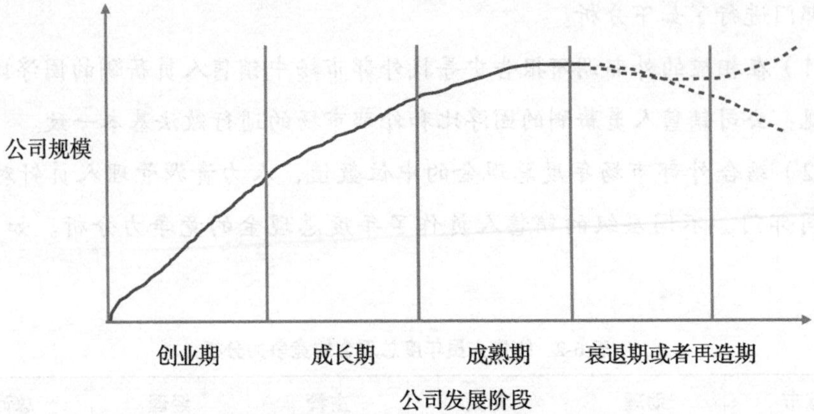

图 6-1　公司规模与不同发展阶段的关系图

上面这个案例具有一定的普遍性。但是，读者千万不可随便套用，因为一些公司的实际操作情况并不如此。例如，企业在初创阶段，为了更好地控制公司成本，采用低基本工资、较高奖金比例的组合。这样的组合如果不具备竞争力，企业同样需要提高基本工资。为此，很多公司在初创阶段采用股权激励的办法进行长期激励。这样的办法固然可以采纳，但是，一旦这种“长期”激励的效果超出了员工预期，就会失去作用。实际上在互联网 + 高度发达的今天，很多公司的操作模式已经改变。例如，很多初创公司采用高额激励的模式来激励员工，同时保证年度总现金具有一定的市场竞争力。确保公司在初创阶段，通过短期激励手段同样可以保留人才。

2. 销售激励体系的适用范围

薪酬管理人员在设计销售激励体系的时候，需要考虑清楚体系的适用人群——谁参加？谁不参加。这个问题看似简单。实际上在很多时候，由于前期没有考虑清楚适用范围，会造成后期运行机制的混乱。例如，我们常说的销售奖金计划一定是包含销售人员的。实际上，某些公司对销售人员的界定不是特别明晰。这里面主要的问题是：和销售人员“搭档”的售前工程师、售后技术支持到底算不算销售人员？

总之，在任何激励计划中，必须明确适用人群。对于业务复杂、职位复杂的情况，公司可以考虑采取如下的办法。

√ 定义法：激励项目的制定部门（薪酬管理人员或者业务部门）给出相应定义，约定具备哪些属性的职位可以参与本次激励项目。这个方法特别适用于集团公司内部，业务跨度大、各个部门之间业务差异明显的情况。采用这种方法最大的挑战就是定义是否准确、可操作。

√ 穷尽法：在适用人群里列明参加本次激励项目的所有职位。这样做的好处是简明扼要地穷尽各个部门内所有适用职位，具有很强的可操作性。当然，这种方法穷尽的所有职位必须是事先仔细研究的。

√ 混合法：混合以上两个方法，既有明确的定义，又列举非典型的职位。有些公司特别是业务类型复杂的集团公司，在明确的定义、列举非典型职位之后，允许部门向人力资源部提出本部门的特殊职位，待有关层级管理者审批之后，参加本次激励项目。这样的做法，既有公司统一的管理，又有出于业务形态差异考虑的特殊性。但是，在实际操作中会造成管理效率低下。

案例一　某公司销售人员"定义"决策树

某公司内部业务线比较复杂，面对不同部门的"销售"职位，公司施行"总部划分定义，分公司参照执行"的原则。具体来说，集团总部制定图 6-2 所示的决策树，分公司根据这个流程考虑哪些职位属于销售类。

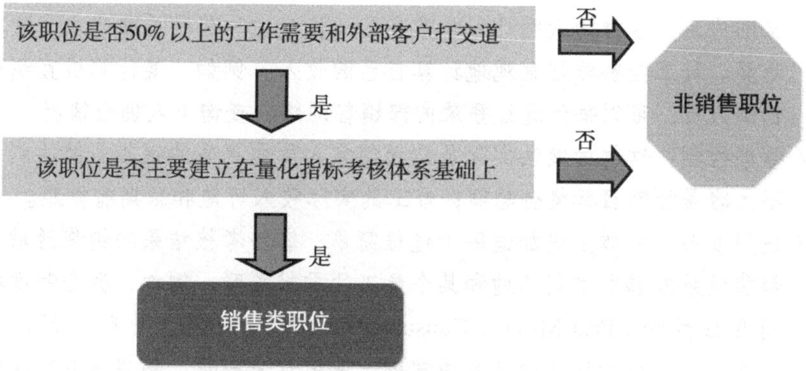

图 6-2　决策树

案例二　某公司销售人员"定义"表格

某公司通过工作内容的性质来划分不同的职位类别，以此区分不同激励项目的适用人群。如表 6-4 所示。

表 6-4 按照职位类别划分适用人群

划分原则	参与人员
和客户打交道的员工	销售代表（经理）、销售助理、客户服务、客户工程师
直接影响收入的员工	销售个体、促销员
一线业务人员	销售代表（经理）、客户工程人员、销售助理、产品专员

3. 销售激励体系的类型

在管理实践中，对销售激励类型的划分通常使用两种模式：佣金方案（Commission）、奖金销售方案（Sales Bonus）。也有一些公司采用佣金＋目标奖金的方案，这种方案基本上就是前面两者的“叠加”；在此，我们不单独介绍。

（1）佣金方案——通常称作提成（提取收成的一部分）。

√ 定义：佣金方案一般是指员工获得的收入与某一个销售结果直接相关。这样的销售结果，可以是销售收入类（销售总收入、销售毛利润等），销售数量类（销售总量、单位销售）等。换言之，就是薪酬管理人员按照销售结果的一定比例，计算员工的收入。

√ 激励作用：这样的激励计划非常直接地将产出和奖励关联起来，激励作用明显。员工能够非常直观地计算自己的收入。例如，某计算机直销公司的销售人员，可以每天通过登录内部销售网络，查询个人佣金情况。

√ 管理控制：这样的做法实际是鼓励销售人员向更高的销售业绩冲刺，所以不太容易控制目标奖金总额；员工的实际收入可能和预期有差距。

√ 适用业务：总体上更加适用于过程简单、容易考核结果的销售活动；这种销售结果能够非常明确地和某个员工的贡献关联。例如，佣金制度在快速消费品行业（Fast Moving Consumer Goods，FMCG）比较流行。主要原因在于，该行业销售的产品通常都是使用寿命较短、销售速度较快的消费品，包括包装食品、个人卫生用品、酒类、饮料等。这些产品的销售过程简单，销售结果可以用销售数量、销售收入等直接衡量。

√ 存在问题：佣金是“简单粗暴”地把销售人员的收入和销售结果捆绑在一起。它只考虑结果，不考虑过程。如果达到同样的销售结果，但销售人员为此付出的努力程度不同，销售佣金则无法体现。

（2）销售奖金方案——非常类似非销售人员的奖金管理。

√ 定义：通过约定基本工资或者年度总现金的一定比例，制定一个目标奖金，实际奖金的金额由实际业绩完成情况和预订目标的比较结果来确定。

从管理实践的普遍性来看，很多公司把目标奖金和基本工资关联起来。比如，目标奖金是基本月薪的30%，或者年度目标奖金是三个月的基本月薪。在此举一个公司的案例。某公司将销售人员按照不同层级划分为不同的目标销售"点数"。例如，销售助理每月目标奖金是20点，销售专员是25点，销售主管是30点……同一级别的销售人员有一样的目标点数。公司可以根据销售情况，设定一个点数代表的具体金额（比如，1点＝100元人民币）。这样做的好处是，避免了由于销售人员基本月薪不同导致目标奖金的差异；实现了同一层级的销售人员目标销售业绩类似、目标奖金相同的结果。

√ 激励作用：这样的激励计划，对员工完成销售目标的情况进行奖励，激励作用比佣金弱，但是具有一定的留人作用。

√ 管理控制：这样的做法比较容易控制既定目标的完成情况，有利于公司开展财务管理。同时，这样的管理模式可以通过调整销售目标来调整员工的业绩结果，有利于公司从销售结果和行为两方面管理销售人员的工作。

√ 适用业务：适用于销售过程复杂、销售结果不容易明确的销售活动。例如，某公司销售大型成套设备。在这个销售过程中，可能是北京的销售团队和客户签订合同，然后上海的设计院设计图纸，广州的生产团队完成产品，最后将产品交付给客户。在这样的销售工作中，流程长、过程复杂、参与人员多、团队交叉，因此完全不适用佣金制度。

√ 存在问题：销售奖金制度综合考虑了销售人员的销售结果和销售过程，采用了类似非销售人员的激励做法：在设定目标的时候，添加一些非销售目标（如团队离职率等），从而全面考察销售人员的工作。这既是优点也是缺点：优点在于管理的全面性，缺点在于激励作用弱，同时对于如何设定良好的目标挑战很大。

销售工作包括销售结果和销售过程两部分。销售结果一般就是销售产出（利润、收入、数量等）；销售过程则是为了完成这个结果，销售人员需要采取的某些行动（客户拜访次数、客户满意度评分等）。佣金的特点在于直接和销售结果相关。奖金的特点在于：既可以关联最终结果，也可以关联过程。为此，两者各有各的适用情况。也许正是基于如上考虑，有些公司采用"佣金＋奖金"的模式。当然，根据作者多年的工作经验判断，佣金制度也好，奖金制度也罢，销售人员激励制度最关键的一点在于简单。让所有销售人员最简单、直接地了解制度本身，了解自己做了什么就可以获得奖励，这是最重要的。

4. 销售激励体系的薪酬结构

在销售激励里面，我们提到的薪酬结构就是浮动收入的比例关系（Pay Mix）。

薪酬结构不同的比例关系实际上可以互相转化。如表 6-5 所示。

表 6-5　与薪酬结构不同的比例关系

基本工资：激励奖金	激励奖金占基本工资的百分比	激励奖金占总工资的百分比	激励奖金相当于多少月薪（假定全年 12 月薪）
20 ：80	400%	80%	48
30 ：70	233%	70%	28
40 ：60	150%	60%	18
50 ：50	100%	50%	12
60 ：40	67%	40%	8
75 ：25	33%	25%	4
80 ：20	25%	20%	3
90 ：10	11%	10%	11/3

我们也需要看到：浮动激励奖金的比例不同，销售激励的力度也有很大的不同。一般来说，激励的程度和奖金的比例关系如表 6-6 所示。

表 6-6　激励程度和奖金的比例关系

浮动部分占总薪酬比例	<10%	10% ~ 15%	15% ~ 25%	25% ~ 50%	>50%
影响	影响很小	业绩提示	业绩导向	高业绩导向	高独立业绩导向

影响销售激励薪酬结构的因素很多，大致有如下几个。

√ 竞争对手的流行做法。如果公司的销售人员主要来自于竞争对手公司，那么其他公司的做法就会影响本公司的销售人员薪酬结构。

√ 公司的发展阶段。在公司不同的发展阶段，销售激励薪酬结构会有所不同。例如，一般跨国公司由于业务成熟稳定，通常销售人员的激励比例会低于刚刚起步的公司。

√ 公司的产品和客户特点。如果销售人员销售的产品具备一定的市场影响力，客户也是比较长久稳定的合作伙伴，销售激励的比例通常会低一些。反之，如果公司对于新产品的销售结果不明朗，客户的忠诚度不确定，就需要激励销售人员付出更多的努力来换取销售业绩，公司需要提高销售激励的力度。

5. 销售激励体系的奖励上限

对于佣金体系来说，有些公司不设置奖励的上限；但是对于奖金体系来说，一般公司都有奖励的上限。这里说的奖励上限，一般是指最高激励奖金是目标奖金的倍数。

例如，某员工的基本月薪是 8,000 元，目标销售奖金是基本月薪的 20%。根据公司政策，员工实际获得的奖金最高是目标奖金的三倍。那么该员工实际可能获得的最高奖金以及实际收入的固定浮动比例关系都会变化。

目标奖金 = 8,000 × 20% = 1,600 元

员工实际能获得的最高奖金 = 1,600 × 3 = 4,800 元

该员工目标年度总收入 = 基本月薪 × 12 + 目标奖金 × 12 = 8,000 × 12 + 1,600 × 12 = 115,200 元

如果该员工能够拿到最高的奖金，那么该员工的实际年度总现金就会变成：

基本月薪 × 12 + 最高奖金 ×12 = 8,000 × 12 + 4,800 × 12 = 153,600 元

员工目标销售奖金是基本月薪的 20%，年度目标总收入为 115,200 元，其中，固定部分：浮动奖金=5 ： 1（或者按照总收入为 100% 计算，就是 83.3% ： 16.7%）

在员工实际获得了最高奖金的时候，年度实际总收入为 153,600 元，其中固定部分：浮动部分=5 ： 3（或者按照总收入为 100% 计算，就是 62.5% ： 37.5%）

由此看来，销售奖励的上限实际会影响员工最终收入的固浮比。在管理实践中，薪酬管理人员需要同时考虑销售奖励的最高上限和目标固浮比。

案例一　同样的激励上限，不同的固浮比，销售激励不同

图 6-3 展示了三种不同的固浮比（从左到右固浮比依次为 90 ： 10，70 ： 30，

50 ：50）。假设这三个职位都有同样的目标年度总收入，奖金的最高上限都是目标奖金的三倍。

由于固浮比不同，如果员工实际奖金都是按照最高上限获得的，那么非常显然：50 ：50 模式下员工的实际总收入远远大于 90 ：10 模式下的总收入。

这个案例给了我们一个很好的启示：在目标年度总收入固定不变的情况下，高浮动比例可以激励员工获得更高的实际总收入。

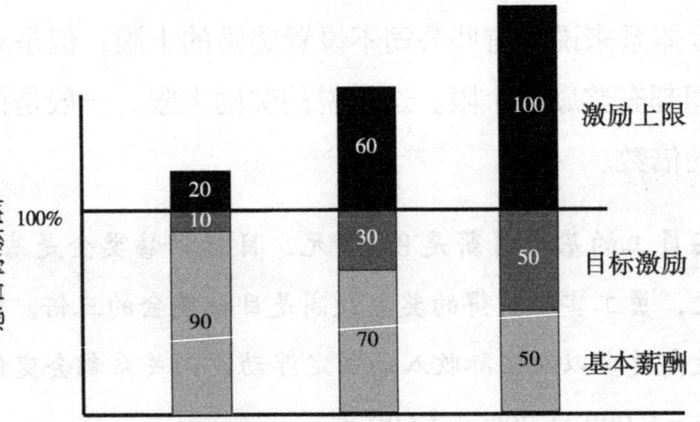

同样的激励上限，不同的固浮比

图 6-3　三种不同的固浮比

案例二　不同奖金上限对总收入的影响

假设员工的目标年度总收入都是 50,000 元，我们看一下两倍上限和三倍上限对不同固浮比下员工实际收入的影响。如表 6-7 所示。

表 6-7　不同奖金上限对员工收入的影响

	目标总收入	薪酬结构	基本薪酬	目标激励	激励上限	实际总收入	实际薪酬结构
两倍的上限	¥50,000	80 ：20	¥40,000	¥10,000	¥20,000	¥60,000	66 ：34
三倍的上限	¥50,000	80 ：20	¥40,000	¥10,000	¥30,000	¥70,000	57 ：43
两倍的上限	¥50,000	70 ：30	¥35,000	¥15,000	¥30,000	¥65,000	54 ：46
三倍的上限	¥50,000	70 ：30	¥35,000	¥15,000	¥45,000	¥80,000	44 ：56

从这个案例可以看出：同样的薪酬水平，三倍的最高上限，实际获得的收入和实际的固浮比都会高于两倍的水平。但是，如果把最高上限的倍数和固浮比混合在一起，实际获得的结果就需要仔细测算研究了。

6. 销售激励体系的衡量指标管理

谈到设定销售激励指标，大家首先会想到所有指标都是可以被量化的。

√ 销售激励的指标设定，应该遵循目标管理中常见的 SMART 原则。

S——具体（Specific），指衡量指标要切中特定的销售指标，不能笼统。

M——可度量（Measurable），指衡量指标是可以量化、可以获得的。

A——可实现（Attainable），指衡量指标在员工付出努力的情况下可以实现。

R——相关性（Relevant），指衡量指标是与销售工作紧密相关的。

T——有时限（Time-bound），所有指标要在特定期限内完成。

√ 衡量指标需要和销售结果直接相关，也可以适当考虑销售行为，或者说销售相关的转化指标。如表 6-8 所示。

表 6-8 衡量指标和销售行为的关联

直接指标	销售收入	销售利润	销售数量	订单数量
转化指标	利润增长率	新客户数量	客户满意度	客户拜访次数

√ 衡量指标的数量需要精简，应直接切中销售工作的关键。如果所有衡量指标的权重总和为 100%，单个衡量指标的权重就不能少于 10%~15%。太少的权重，不能产生激励作用。因此，衡量指标不要超过 8 个。

7. 销售激励体系的“奖金—业绩”支付机制

制定一套完整的销售激励体系时，薪酬管理人员需要将很多因素放在一起综合考虑。

制定销售激励这个项目的目的就是通过一套管理机制，确保高业绩的销售人员能够获得高奖金。因此，在员工的衡量指标里面，业绩完成比例高，员工就应该获得更多奖金。

图 6-4 里横轴代表业绩完成情况，纵轴代表实际奖金支付和目标奖金的比例。中间的斜线代表二者之间的关系。从这个图可以看出，在业绩完成

100%的时候，奖金支付也是100%。

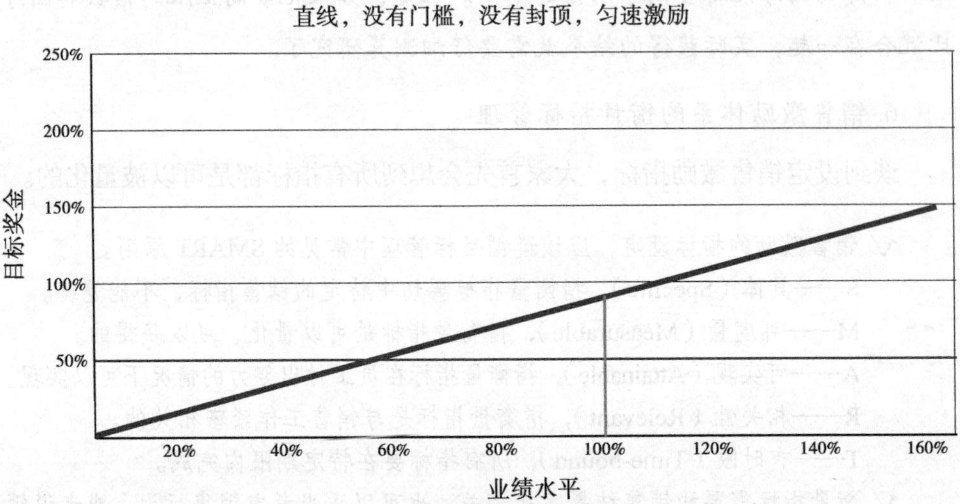

图6-4 业绩水平和目标奖金呈正比

在这个“奖金—业绩”支付机制里，需要考虑以下几个要素。

√ 门槛——是否设定启动销售激励的最低业绩指标？并不是员工只要产生业绩，就会获得相应奖金。门槛业绩意味着，员工必须完成一定比例的业绩，公司才会为其计算奖金。

√ 激励上限（封顶奖金）——激励金额是目标激励金额的几倍。

√ 加速 / 减速计划——激励曲线是加速还是减速？换言之，随着员工业绩的不断提高，相应的奖金是同比提高？还是大幅提高、减速提高？

以下通过不同的案例展示不同的“奖金—业绩”支付机制。

案例一 支付机制内容详解（如图6-5所示）

√ 业绩水平低于25%，没有奖金。

√ 业绩水平完成25%，支付50%奖金。

√ 从业绩完成25%到100%，奖金支付比例从50%到135%同比提高。

√ 业绩水平超过100%有两个选择：减速线意味着随着业绩的提高，奖金水平在提高，但是提高的“速度”降低；加速线意味着，一旦业绩水平超过100%，将会获得更大幅度的奖金。

√ 在加速线的最高点，业绩奖金在200%的位置封顶。也就是说，不论业绩完成情况如何增长，奖金的最高支付比例就是200%。

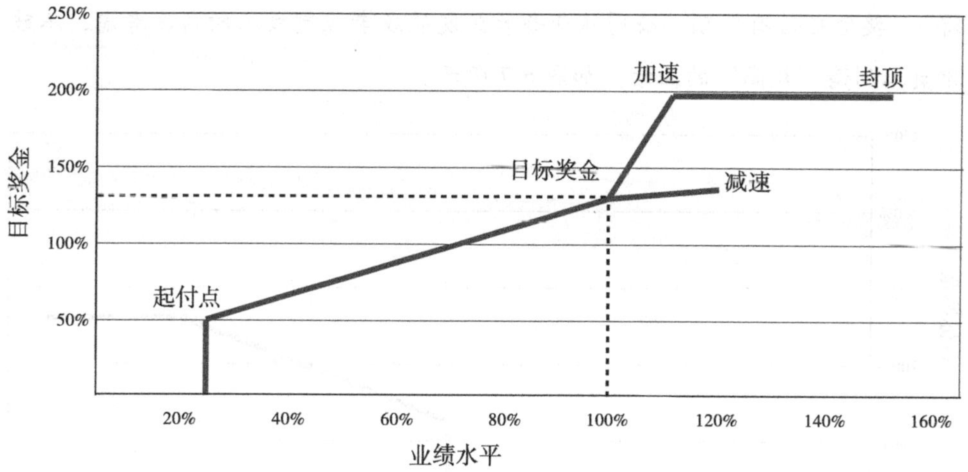

图 6-5 “奖金 - 业绩”支付机制一

案例二 直线，有门槛，没有封顶，匀速激励

特点：业绩在一定水平以下时，没有奖金；业绩达到一定水平后，开始计算奖金；随着业绩水平的提高，奖金支付比例同比增长，鼓励员工“多劳多得”，奖金额度上不封顶。如图 6-6 所示。

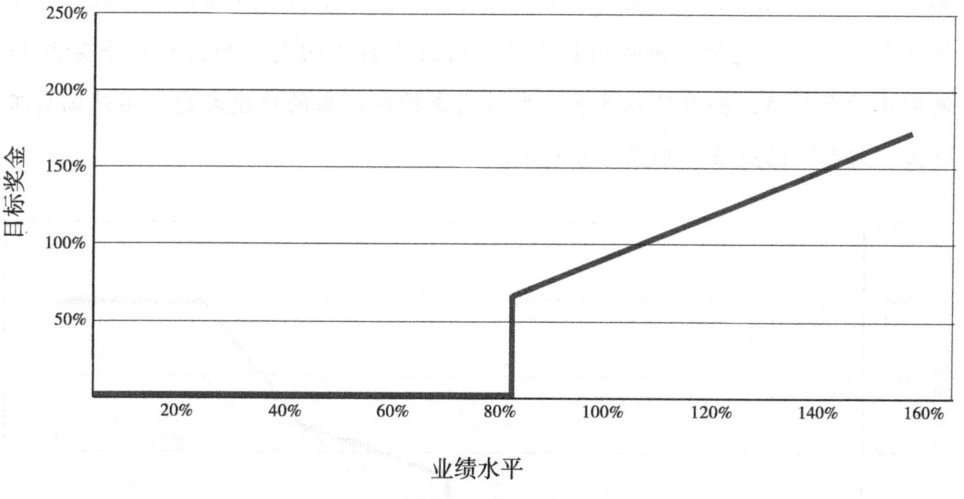

图 6-6 “奖金 - 业绩”支付机制二

案例三 直线，有门槛，有封顶，匀速激励

特点：业绩在一定水平以下时，没有奖金；业绩达到一定水平后，开始计算奖金；随着业绩水平的提高，奖金支付比例同比增长，鼓励员工“多劳多

得”；奖金支付有封顶。公司从业务长久发展或者控制成本的角度考虑，不鼓励员工创造“超高”的业绩。如图6-7所示。

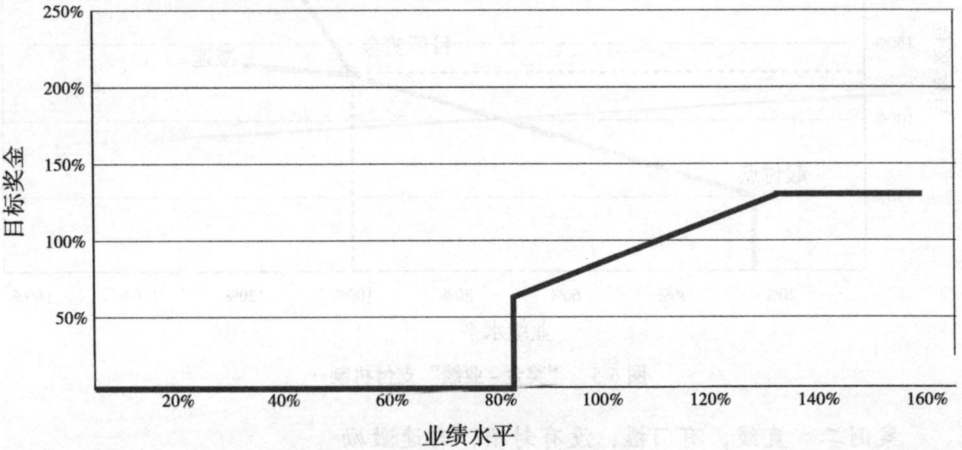

图6-7 “奖金-业绩”支付机制三

案例四 折线，有门槛，有封顶，加速激励

特点：业绩在一定水平以下时，没有奖金；业绩达到一定水平后，开始计算奖金；随着业绩水平的提高，奖金支付比例同比增长，业绩水平超过某一个节点之后，奖金支付比例快速提升（公司鼓励员工向更高的业绩水平努力）；奖金支付有封顶，公司从业务长久发展或者控制成本的角度考虑，不鼓励员工创造“超高”的业绩。如图6-8所示。

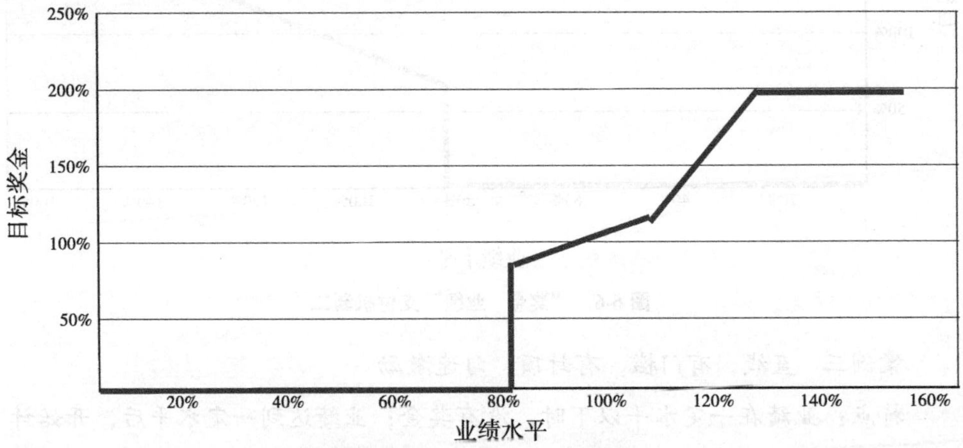

图6-8 “奖金-业绩”支付机制四

案例五　折线，有门槛，没有封顶，加速激励

特点：业绩在一定水平以下时，没有奖金；业绩达到一定水平后，开始计算奖金；随着业绩水平的提高，奖金支付比例同比增长，业绩水平超过某一个节点之后，奖金支付比例快速提升（公司鼓励员工向更高的业绩水平努力）；奖金支付没有封顶，公司鼓励员工创造“超高”的业绩。如图 6-9 所示。

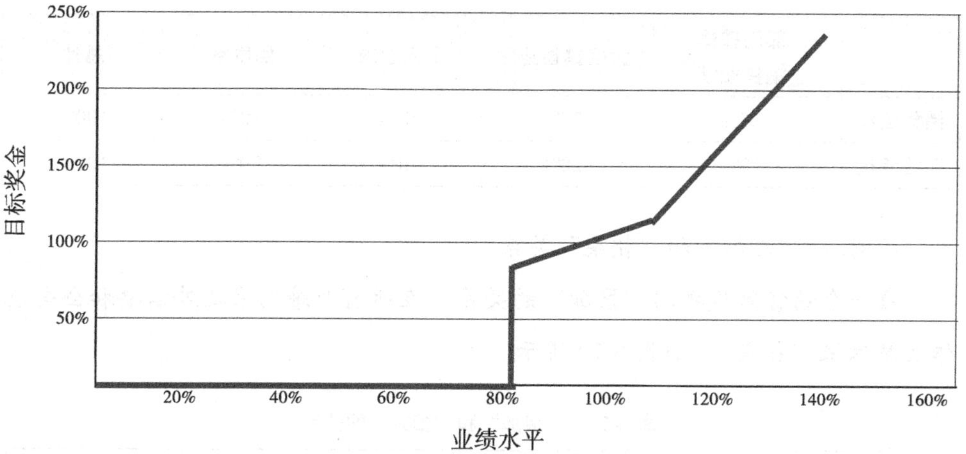

图 6-9　“奖金 - 业绩”支付机制五

8. 销售激励体系的计算方法

薪酬管理人员在计算销售激励奖金时需要考虑两个因素：各个衡量指标之间是累加还是相乘的关系？根据业务指标的情况，实际奖金是不是需要“回算”？

（1）各个衡量指标之间是累加还是相乘的关系

为了体现个人业绩与组织业绩的有效关联，薪酬管理人员在制定销售激励的衡量指标时需要考虑不同的维度：不仅是员工个人的衡量指标，还会有团队、部门甚至整个公司的业绩结果。当然，考虑到不同层级的销售人员对公司业绩的影响不同，通常高级别销售人员的衡量维度中，公司甚至集团的指标占比较大；低级别销售人员的衡量维度中，个人指标的占比较大。这些不同的维度之间就有“累加”和“相乘”的关系。

案例一　单纯的"累加"关系

每一个销售维度之间"累加"的关系。表6-9所示的这个案例中，销售经理和销售专员的衡量指标维度相同，但是比例不同。员工的综合业绩结果是各个衡量指标的加权之和。

表6-9　"累加"关系

	部门整体销售业绩	大区销售业绩	个人业绩	回款率	总计
销售经理	25%	25%	20%	30%	100%
销售专员	10%	20%	40%	30%	100%

案例二　"累加"和"相乘"关系

每一个销售维度之间"累加"的关系，在所有业绩结果之外需要和公司总体业绩结果"相乘"。如表6-10所示。

表6-10　"累加"和"相乘"的关系

<table>
<tr><th></th><th>部门整体销售业绩</th><th>大区销售业绩</th><th>个人业绩</th><th>回款率</th><th>总计</th><th></th></tr>
<tr><td>销售经理</td><td>25%</td><td>25%</td><td>20%</td><td>30%</td><td>100%</td><td rowspan="2">X公司业绩</td></tr>
<tr><td>销售专员</td><td>10%</td><td>20%</td><td>40%</td><td>30%</td><td>100%</td></tr>
</table>

如表6-11所示，我们用一个员工的具体情况来解释操作情况。

公司销售经理的基本月薪为12,000元，目标奖金是基本月薪的20%。

我们计算该员工月度目标奖金＝12,000 × 20%＝2,400元

该员工目标年度总现金＝12,000 × 12＋2,400 × 12＝172,800元

在该员工20%的目标奖金里面，实际上还会根据不同的权重划分不同的细项。

表6-11　某员工的奖金计算方法

销售经理	部门整体销售业绩	大区销售业绩	个人业绩	回款率	总计
奖金比例	25%	25%	20%	30%	100%
目标奖金	2,400 × 25% =600	2,400 × 25% =600	2,400 × 20%=480	2,400 × 30%=720	2,400

该销售经理的最终奖金，取决于不同奖金细项的完成情况。如果他100%完成所有细项的工作，该销售经理就会拿到全部奖金。假如某年各个指标维度的完成情况不同，该销售经理的奖金金额会由不同指标维度业绩的完成情况决定。如表6-12所示。

表6-12 销售经理的奖金计算方法

销售经理	部门整体销售业绩	大区销售业绩	个人业绩	回款率	总计
奖金比例	25%	25%	20%	30%	100%
目标奖金	2,400 × 25% =600	2,400 × 25% =600	2,400 × 20%=480	2,400 × 30%=720	2,400
业绩完成	100%	90%	95%	80%	
实际奖金	600 × 100%=600	600 × 90%=540	480 × 95%=456	720 × 80%=576	2,172

从这个案例可以看出，销售经理最终的奖金金额取决于实际业绩的完成情况。回到案例一和案例二，我们看到：案例二里面有一个公司业绩的“相乘”关系。这就意味着说，该公司所有员工的奖金还要和公司业绩结果“相乘”。换言之，如果公司业绩为零，就意味着所有员工都没有奖金。

一个是各个指标的“累加”关系，另一个是某些指标的“相乘”关系。二者有明显的区别，如表6-13所示。

表6-13 “累加”关系和“相乘”关系的区别

	“累加”关系	“相乘”关系
基本结构	各个指标维度的结果简单相加	各个指标维度之间，有些或者全部是相乘的关系
特点	√ 若干维度中，如果某一个部分业绩指标完成情况特别好 / 坏，对最终的奖金影响不大 √ 员工能够清晰地预期奖金 √ 即便公司总体业绩完成情况不好，员工仍然可以因为付出努力而获得奖金	√ 若干维度中，如果某一个部分业绩指标完成情况特别好 / 坏，对最终的奖金影响很大 √ 员工不能清晰地预期奖金 √ 如果公司总体业绩完成情况不好，即便员工付出努力也没有奖金或者只拿到很少的奖金

（2）根据业务指标的情况，实际激励奖金是不是需要“回算”

奖金的支付周期通常和业务周期保持一致。在计算奖金的时候，薪酬经理需要考虑当期的业绩完成情况是按照什么口径计算的。一般来说，公司在设定和考核销售指标的时候有当期模式和年度总体模式两种模式。

用图 6-10 简单说明这两者的区别。假设某个销售人员的年度销售任务是 2,000 万元人民币。考虑到销售工作的特点，这 2,000 万元的任务很少能平均分配到每个季度。公司的业绩考核可能会有两个模式：当期模式——每个季度的指标和完成情况；年度总体指标和完成情况。

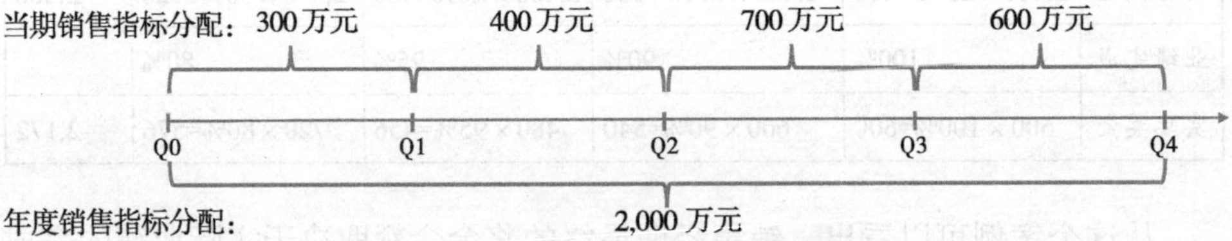

图 6-10　两种销售指标的分配和考核模式

如果采用当期模式，员工的奖金直接由每个季度业务目标与实际完成情况的比例决定；如果采用年度总体指标，那么员工每个季度的奖金要根据其季度累计的销售完成情况和年度总目标的比例来计算，计算出来的奖金需要减掉上个季度已经支付的奖金。

我们用一个实际案例来说明。如表 6-14 所示，假设某员工的月度目标奖金为 2,000 元，那么季度目标奖金为 6,000 元。假设员工奖金和业绩完成情况的比例直接关联，即业绩完成比例就是奖金发放比例（例如，如果业绩完成 80%，实际奖金发放 = 6,000 × 80% = 4,800 元）。

在这个案例里面，员工的年度总业绩目标是 2,000 万元；员工在四个季度的实际业绩分别为：200 万元、500 万元、600 万元和 700 万元。

在当期模式下，员工每个季度的奖金仅仅是当季度的实际业绩水平和当季度的目标业绩的比较。例如，第一季度目标业绩为 300 万元，实际业绩为 200 万元，完成的比例为 2/3。因此实际的奖金为 4,000 元。同样，第二季度的奖金计算方式和第一季度一样。

表 6-14　案例

奖金周期	实际指标		当期模式			年度模式	
	业绩目标（万元）	实际业绩（万元）	业绩完成比例	实际季度奖金（元）	业绩目标（万元）	业绩完成比例	实际季度奖金（元）
Q1	300	200	2/3	6,000 × 2/3=4,000	2,000	1/10	6,000 × 4 × 1/10= 2,400
Q2	400	500	5/4	6,000 × 5/4=7,500		7/20	6,000 × 4 × 7/20−2,400= 6,000
Q3	700	600	6/7	6,000 × 6/7=5,143		13/20	6,000 × 4 × 13/20−2,400− 6,000= 7,200
Q4	600	700	7/6	6,000 × 7/6=7,000		20/20	6,000 × 4 × 20/20−2,400− 6,000−7,200= 8,400
总计	2,000	2,000	100%	23,643		100%	24,000

在年度模式下，员工每个季度的奖金都是截至该季度累计的业绩和全年目标的比较。例如，第一季度实际业绩为 200 万元，那么相比全年而言，完成的比例就是 1/10。我们在计算第一季度奖金的时候，用全年目标奖金 6,000 × 4 乘以业绩完成比例 6,000 × 4 × 1/10=2,400 元。第二季度的奖金计算公式：全年总目标奖金乘以前两个季度实际完成比例（6,000 × 4 × 7/20），然后减去第一季度已经发放的奖金，即 6,000 × 4 × 7/20−2,400=6,000 元。

最后我们发现：同样的员工在两种不同模式下，拿到的年度实际总奖金是不同的。

从理论逻辑上讨论：年度模式更加科学合理。按照年度模式来计算，在一定程度上“忽略”了每个季度业绩的波动现象。如果按照当期模式计算，当员工在某个季度实际销售结果特别好，而业绩设定比较低时，就会出现奖金很高的现象。因此，从理论上讲，按照年度设定销售目标、计算季度奖金比较合理。但是，从管理实践看，按照年度计算奖金的办法，薪酬管理人员操作起来非常麻烦，员工理解也很难。

最好的办法就是按照年度设定目标、年度业绩考核、年度发放奖金计算。这样的办法省去了“回算”的烦恼。在实际操作上，薪酬管理人员还要看奖金的支付周期是否能够满足公司管理需要、人才保留需要、销售人员激励需要。

9. 销售激励体系的支付周期

薪酬管理人员设计销售激励奖金的支付周期时需要考虑如下几个主要因素。如图6-11所示。

√ 和销售业务周期保持一致。如果销售的产品“周期”短，如快速消费品，公司可以采用月度奖金的激励机制；如果销售的产品是大型成套设备，通常采用年度奖金，或者索性采用项目奖金的形式（奖金的支付周期和项目完成时间一致）。

√ 业内常用的销售激励管理周期。因为竞争对手和本公司销售的产品类似，所以销售人员也会在公司之间流动。从人才的保留和激励工作来说，销售激励奖金的支付周期需要与同业的通行做法保持一致。

√ 公司内部管理成本。财务部需要及时统计销售数据，人力资源部才能及时准确地核算奖金。

当然，销售激励奖金的支付周期，最好是和销售业务周期保持一致。

支付周期				
考虑因素	月度	季度	年度	项目
激励力度	中等到很高	中等	较小	较小
业绩追踪	容易计算、追踪、评判业绩结果	能够核实业绩情况	难以短期内追踪业绩目标	业绩目标随着项目进展情况决定
销售周期	每天 / 每周	通常几个月	通常几个月，有些超过一年	通常按照年度计算

图6-11 销售激励的支付周期需要考虑的因素

10. 销售激励体系的行政管理

薪酬管理人员在设计销售激励体系时，还需要考虑很多的行政事务。

√ 简单明确的销售激励政策。人力资源部要根据公司销售激励项目，及时推出有关政策。确保政策通俗易懂，能够有效传递重要信息。

√ 持续和有效的沟通与解释。从建立体系开始，薪酬管理人员就需要持续不断地和销售人员沟通与解释销售激励体系。确保所有销售人员明白如何设定目标、如何考核目标、奖金计算方法和发放规则，等等。

√ 规范的激励奖金操作团队。不论是发放佣金还是目标奖金，都需要专业规范的团队来处理。即便有些公司采用线上系统计算，也需要专业团队来维护。

√ 清晰的业绩追踪机制。一般来说，公司内部的两个部门负责销售人员销售结果的追踪工作：一个是财务部，另一个是销售管理部。不管由哪个部门来负责，公司必须明确销售数据的收集、整理、计算的机制。

√ 在推出或者更新新的销售激励体系的时候，薪酬管理人员需要适当地推出过渡方案，确保新老政策过渡期不会对销售人员的工作产生负面影响。

√ 特殊情况的处理原则。在政策制定的过程中，薪酬管理人员需要针对很多特殊情况进行特殊约定。例如，在某个销售周期内，由于薪酬调整，公司为员工提高了基本月薪，员工薪酬的固浮比产生了变化，其晋升奖金衡量维度的内在比例也在发生变化。

第三节　销售激励体系的建立流程

建立或者更新一个销售激励体系，并非是一蹴而就的事情。它需要多个职能部门的参与，特别是公司高层管理者的支持。这时，很多公司会引入外部咨询公司来帮助自己建立销售激励体系。我们在此统一用项目小组来表示。销售激励体系的建立流程如图 6-12 所示。

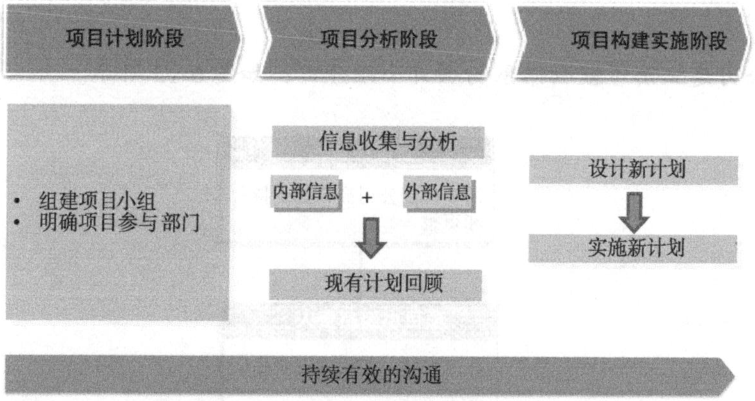

图 6-12　销售激励体系的建立流程

6.3.1　项目计划阶段

项目的计划阶段，需要薪酬管理人员从人、财、事几个方面做好功课。

人的方面，需要明确本次项目涉及人员的范围，明确本次项目是否需要外部咨询公司的顾问参与。一般来说，为了保证项目的顺利进行，人力资源部、市场部或者销售部、财务部都需要参加。因此，公司有必要成立一个项目小组来统一协调项目进展情况。

√ 公司管理层——项目的计划、预算、进展、费用的使用等都需要通过管理层的审批。

√ 项目办公室——统一协调各个部门的工作，确保项目顺利推进。

√ 人力资源部——制订项目计划，推动项目执行，确保项目执行内容符合劳动人事法规。如果引入外部咨询顾问，人力资源部要确定外部咨询顾问资源，与顾问一起制订项目计划，推进项目进展。

√ 相关业务部门——销售激励涉及的业务部门，如销售部、市场部等需要加入项目组。他们需要明确公司产品特性，提供必要的销售信息支持。

√ 财务部——主要是从财务管理方面提供数据支持。

财的方面，薪酬管理人员只有提前和管理层约定项目的预期费用，才能决定是否需要引入外部咨询顾问。

事的方面主要是项目计划的制订。

案例

某公司建立销售激励体系的项目小组分工，如图 6-13 所示。

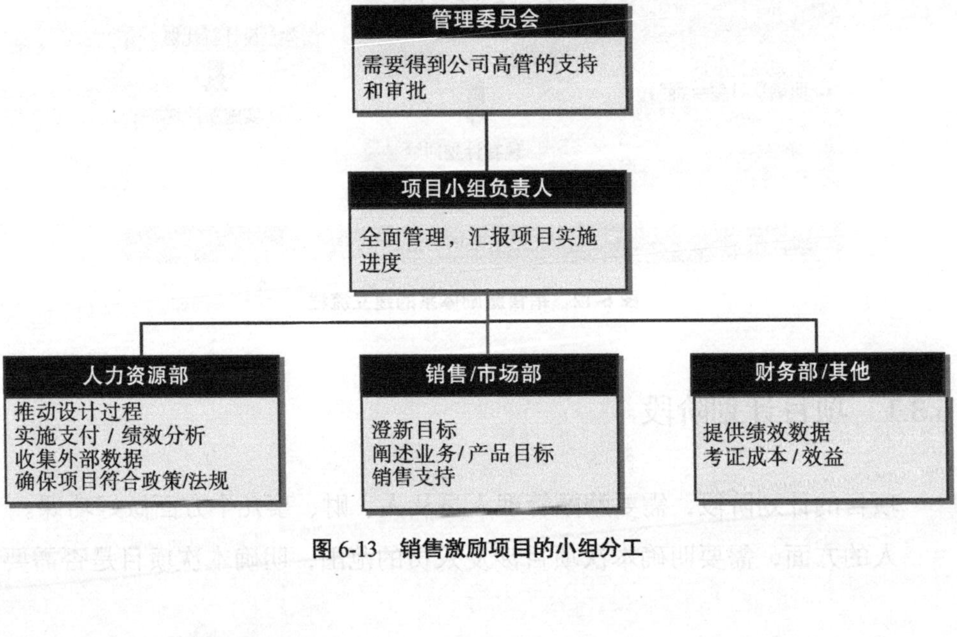

图 6-13　销售激励项目的小组分工

6.3.2 项目分析阶段

项目的分析阶段主要是分析公司内外部的各种数据，寻找销售激励体系设计的最佳方案。

内部分析——向公司相关管理层人员，如公司负责销售的总经理、公司人力资源部门负责人、公司从事销售工作的业务骨干等收集信息。主要是收集他们对于当前销售激励体系的看法、建议；他们对于未来新的 / 改进的销售激励体系有什么更好的建议，希望实现的目标，等等。同时，薪酬管理人员还需要收集很多可量化数据，包括历年来的销售指标（销售收入、利润、订单量等），历年来的奖金、工资发放情况，等等，最好能够细化到员工个体。这样做有利于按照不同的统计口径对内部数据进行分析。

内部分析涉及的内容很多，在此列举一些供大家参考。如表 6-15 所示。

表 6-15 内部分析的内容

内部分析口径	具体内容
内部满意度分析	面向销售激励涉及的部门、人员进行满意度分析 面对公司高管，可以采用访谈的形式 面对骨干销售人员，可以采用填写问卷的方式，或者重点人群小组访谈
当前薪酬哲学分析	分析历史的薪酬数据是否符合公司的薪酬哲学。包括内部薪酬结构的固浮比；目标年度总现金在外部市场是否具有竞争力；销售奖金的发放是否和销售人员业绩存在很好的关联；高绩效销售人员的薪酬竞争力是否高于其他人员，等等
当前生产效率分析	用历史的财务数据和薪酬数据综合比较目前销售激励体系的效能。常见的指标包括：部门销售收入总计和部门销售人员总奖金支付的比例关系（通俗地说，就是每付出一元奖金，换回来多少销售收入）；同一部门不同年份的销售收入除以销售人员总奖金的变化

外部数据分析——分析本公司的业务竞争对手采用的销售激励机制。这样的数据来源一般是：行业的渠道消息；外部咨询公司提供的标准的调研报告；第三方公司进行定制化调研得出的结论。外部调研的数据内容是薪酬管理人员设计销售激励体系的参考要素。例如，其他公司采用什么形式的销售激励——佣金还是目标奖金？是不是设定门槛值？奖励的支付周期——月

度、季度还是年度？什么样的销售人员参与销售激励计划，等等。

6.3.3 项目构建实施阶段

内外部的数据放在一起，我们可以清晰地看到内部人员对于销售激励体系的看法和外部市场常用的激励措施，有利于接下来薪酬管理人员开展的项目构建工作。根据我们提到的各种设计要素，结合内外部的数据结果，项目组可以设计符合本公司实际需要的销售激励体系，并且逐步推广实施。

为了方便大家构建激励体系，作者把有关考虑要素进行总结，如表6-16所示。

表6-16 构建激励体系需要考虑的因素

薪酬哲学	企业对待薪酬的基本理念
适应范围	明确什么人适用
激励方式	采用佣金还是目标奖金？还是二者混合使用
薪酬结构	浮动部分占总收入的比例关系，或者固浮比是多少
激励上限	最高激励奖金是目标奖金的几倍
市场定位	员工薪酬比率 = 员工薪酬 / 外部市场数据
衡量指标	采用哪些指标来衡量考核业绩结果
激励机制	门槛、上限、封顶、加速、减速
支付周期	月度、季度、年度
奖金计算	个人与团队衡量指标相加还是相乘
行政管理	如何沟通各项管理制度

6.3.4 持续有效的沟通

持续有效的沟通是决定项目成败的关键要素之一。在项目的实施阶段，薪酬管理人员和销售人员的沟通非常重要。

案例 某公司销售激励改进项目

某跨国公司从事大型成套设备的生产销售工作，销售人员的激励体系已经运行十多年。销售经理觉得目前的激励体系已经不能满足激励和保留员工的需要。为此，公司管理层希望人力资源部能够适时改进销售激励体系。

首先，人力资源部和公司管理层沟通决定引入外部咨询顾问。人力资源部通过和不同的咨询顾问公司接洽，最后选定一家咨询公司为本公司提供顾问服务。

然后，项目组制订工作计划，选择项目成员。

公司管理层作为最高审批机构，下设项目办公室负责项目总体运行工作。各部分人员的主要工作职责如图 6-14 所示。

管理委员会	•本公司高管层 •咨询公司高管层	•根据公司策略确定项目方向 •关键结点审批 •项目内容审核和建议审批
项目办公室	•本公司HR 部门经理 •咨询公司区域经理	•宏观控制项目进展 •调动内外部资源 •项目质量控制
项目经理	•本公司项目负责人 •咨询公司项目负责人	•推动项目进展，确保项目质量 •降低项目风险 •控制项目内容，组织项目组讨论
项目组成员	•本公司HR部门经理 •咨询公司顾问 •财务部、销售管理部负责人	•根据项目计划完成约定工作 •提供项目解决方案

图 6-14 项目组成员的主要工作职责

具体工作计划如表 6-17 所示。

表 6-17 项目组的具体工作计划

项目内容		1周	2周	3周	4周	5周	6周	7周	8周	9周	10周	11周	12周	13周	14周	15周	16周	17周	18周
1	**成立项目组，制订工作计划**																		
1.1	确定项目范围和成员结构																		
1.2	确定项目计划，召开项目启动会																		
2	**访谈和内部信息收集**																		
2.1	项目访谈																		
	高层访谈																		
	高级经理访谈																		
	人力资源管理者访谈																		
	骨干销售人员访谈																		
2.2	内部数据收集																		
	内部问卷设计																		
	内部问卷发放和回收																		
	内部数据收集整理分析																		
3	**外部调研**																		
3.1	确定外部调研内容																		
3.2	定制化调研																		

（续表）

	项目内容	1周	2周	3周	4周	5周	6周	7周	8周	9周	10周	11周	12周	13周	14周	15周	16周	17周	18周
3.3	外部数据收集整理																		
4	**差距分析**																		
4.1	内外部数据差距分析																		
4.2	目前项目优化建议																		
5	**管理层项目研讨会**																		
5.1	讨论当前收获和设计思路																		
5.2	明确项目优化和设计方案																		
6	**项目优化和新体系设计**																		
6.1	设计销售激励新体系																		
6.2	向管理层汇报并获得批准																		
7	**项目沟通**																		
7.1	制定销售激励新体系沟通内容																		
7.2	沟通会安排																		

通过内部信息收集与调研，总结内部很多有关当前销售激励的信息，如图6-15所示。

销售激励要素
销售一部
销售二部
销售三部
销售四部
项目适用范围
计算方式
固浮比
业绩衡量指标
激励体系整体结构
门槛值与最高限
支付频率
: 很好
: 需要改进
: 有待讨论

图6-15 有关销售激励的信息

通过开展内部数据研究，项目组发现了很多做的好与不好的地方。例如，大家普遍觉得：当前的固浮比不能起到更大的激励作用，业绩衡量指标的设定有待改进，整体激励体系太复杂，销售人员无法完全理解，等等。

通过外部调研，获得了市场有关统计数据。两者综合在一起，项目组发现：销售人员的积极性不足，不仅是固浮比的问题（浮动奖金的比例低），销售人员的年度目标总现金也低于市场水平；销售指标过于复杂；销售激励体系过于复杂，需要简化。

项目组邀请管理层一起开展项目研讨会。研讨会的主要内容包括项目进展、项目主要发现、接下来的工作计划。通过探讨，管理层肯定了项目组的工作进展，同时明确了项目组发现的问题，以及公司销售激励体系的改进方向。

接下来，项目组联合财务部，针对提高销售人员的年度目标总现金、改变固浮比等带来的财务影响作进一步讨论。同时，项目组优化了销售衡量指标的计算，引入了“销售业绩管理矩阵”的概念，简化了销售奖金计算过程。为了增加销售激励体系的透明度，薪酬经理和销售部门的相关经理沟通了所有新的项目成果，广泛征求销售团队的意见，确保新的体系能够更有效率。

新的销售激励体系顺利通过了管理层的最终审批。项目组联合各个部门的业务经理组织召开了多场内部宣讲会议，确保每一位销售人员明白销售激励体系的改进亮点。

案例分享　销售业绩管理矩阵

假设某销售工程师的基本月薪为 7,000 元，月度目标奖金为 3,000 元。公司执行年度发放奖金的制度，该员工年度目标总奖金 = 3,000 × 12 = 36,000 元。

在该销售工程师的业绩衡量指标中，有销售收入、订单量、回款率三个主要指标。如果针对三个指标设定不同的“业绩 - 奖金”计算曲线，就显得特别复杂。为此，公司采用销售业绩管理矩阵来简化计算过程。

为了简化计算过程，薪酬管理人员将三个主要的业绩衡量指标放在管理矩阵里。如图 6-16 所示，从左向右看这个图表，最左列是该员工年度销售衡量指标（销售收入、订单量、回款率），接下来是业绩目标和相应的奖金，然后就是该指标的权重。主体内容是衡量指标的门槛值和目标值。

主要业绩指标		权重	门槛		目标		
销售收入	业绩目标	50%	USD40 M	USD 50 M	USD 55 M	USD 60 M	>USD 65 M
	支付奖金		￥15,000	￥18,000	￥20,000	￥25,000	￥30,000
订单量	业绩目标	30%	80	100	120	140	
	支付奖金		￥9,720	￥10,800	￥11,880	￥13,068	
回款率	业绩目标	20%	80% ~ 85%	85% ~ 90%	90% ~ 95%	95% ~ 100%	
	支付奖金		￥6,000	￥7,200	￥8,000	￥9,000	
			目标奖金：	￥36,000			

图 6-16　管理矩阵

我们用销售收入这个指标来解释该矩阵的运行模式。销售收入的门槛值是 USD40Million（四千万美元）。如果员工的实际业绩低于四千万美元，那么员工的这部分奖金为零。达到四千万美元之后，员工就会有一万五千元的奖金。该销售工程师的销售收入目标是五千万美元，如果完成他就可以获得一万八千元的奖金。随着销售收入的提高，员工奖金也在逐步提高。但是，当该员工的业绩高于六千五百万美元之后，员工的奖金被封顶在三万元。这些内容和前文所述基本一致。

如果员工的实际业绩水平恰好在矩阵约定的两个数值中间，薪酬管理人员该怎么处理呢？例如，员工的年度实际业绩收入为五千两百万美元（USD52M），薪酬管理人员该如何为其计算奖金呢？一般来说，我们鼓励在（50~55）M 这个区间段里，按照比例折算奖金。在本案例中，50M 销售收入对应的奖金是一万八千元，55M 销售收入对应的奖金是两万元，那么 52M 销售收入对应的奖金是一万八千八百元。当然，也有一些公司根据自己的业务情况，采用“向下靠拢”的办法。也就是说，在本案例中，员工的销售收入为 52M，不足 55M 就按照 50M 来发放奖金。这样做的好处是简单易懂，不好的地方是，销售人员可能会因此而“藏单”，把当期的收入“推迟”到下一个销售周期。这样，下一个销售周期就会有更好的业绩。

这个销售业绩管理矩阵的最下面就是该员工的年度目标奖金三万六千元。我们按照每个业绩指标的权重，对目标奖金进行分配。在每一个衡量指标中，不同的业绩结果对应相应的奖金，可以是同比递增的，也可以加速或者减速设置。这样的安排给业务管理部门带来了更大的灵活度。

该销售工程师的年终奖金该如何计算呢？图 6-17 中深色部分是该销售工程师年底各项业务的业绩结果。我们逐一累加业绩指标对应奖金金额即可。

销售收入的奖金 = 25,000 元（对应销售收入 USD60M）

订单量的奖金 = 9,720 元（对应 80 个订单）

回款率的奖金 = 8,000 元（对应 90%~95% 的回款率）

年终总奖金 = 25,000 + 9,720 + 8,000 = 42,720 元

员工实际奖金和目标奖金的比例为 42,720 / 36,000 = 118.67%

主要业绩指标		权重	门槛	目标			
销售收入	业绩目标	50%	USD40 M	USD 50 M	USD 55 M	USD 60 M	>USD 65 M
	支付奖金		¥15,000	¥18,000	¥20,000	¥25,000	¥30,000
订单量	业绩目标	30%	80	100	120	140	
	支付奖金		¥9,720	¥10,800	¥11,880	¥13,068	
回款率	业绩目标	20%	80% ~ 85%	85% ~ 90%	90% ~ 95%	95%~100%	
	支付奖金		¥6,000	¥7,200	¥8,000	¥9,000	
			目标奖金：	¥36,000			

图 6-17 业绩结果

第四节 其他类型的激励措施

在实践工作中，公司还可以利用其他形式的奖金激励、保留员工。如表 6-18 所示。

表 6-18 其他类型的激励措施

奖金名称	定义和特征
一次性奖金（One-Off Payment）	在调整薪酬的时候，由于员工的薪酬已经高于薪酬级别的最高值，公司便不再提高该员工的基本月薪，而是根据工资的涨幅比例，一次性支付奖金。这个奖金可能被分成不同的次数发放。在该年度不调整员工的基本月薪。这样做的好处是：避免员工工资一直位于最高值，难以保证薪酬管理的内部公平性。这样做的劣势是：向该员工传递一个负面信息——你的工资已经很高了。员工很可能会离开这家公司
签约奖金（Sign-on Bonus）	新员工加入公司的时候，公司提供的薪酬福利，可能不足以弥补该员工在原公司由于离职带来的收入损失。因此，新公司会根据“损失”的情况，为其发放签约奖金
递延奖金（Deferred Bonus）	出于业务需要或者人员保留的目的，当期的奖金会被分成若干部分在接下来的若干年内发放
保留奖金（Retention Bonus）	因为某个业务需要，公司会向一些骨干人才发放特殊奖金，用来保留人才

1. 一次性奖金——在薪酬调整的章节已经详细阐述，在此不再重复。

2. 签约奖金——通常这个奖金只是发给刚入职的新员工，不适用于现有员工的跨部门调动。

案例　签约奖金的应用

员工A应聘某公司的销售主管一职，在应聘过程中，其个人工作经验非常适合该公司的需要。因此，双方开始讨论未来的工资待遇。

员工A在目前公司的工资状况为：

基本月薪为12,000元，每年年底13月薪，目标奖金为基本月薪的20%。那么该员工年度目标总现金＝12,000×13＋12,000×20%×12＝184,800元。

每年年底的13月工资，仅仅针对在职员工发放。员工在年中提前离职，不享有13月薪。

新公司提供的工资状况为：

基本月薪为16,000元，目标奖金为基本月薪的25%。新公司没有年底的13月薪。

那么该员工在新公司的年度目标总现金＝16,000×（1+25%）×12＝240,000元。

新公司要求员工A在10月份之前入职。他因此会“损失”年底13月薪。

新公司的招聘人员根据该职位的重要程度，从该员工新工资相比其他员工的内部公平性等因素考虑，为了使该员工早日加入公司，为他提供了签约奖金10,000元，用来弥补员工损失的13月薪。同时，为了保留该员工，公司提出分两次发放签约奖金：员工通过试用期发放一半奖金，半年以后发放另一半奖金。

3. 递延奖金、保留奖金——在实际操作过程中，递延奖金和保留奖金在功能上有很大的重叠性。公司发放递延奖金、保留奖金都是为了保留人才。不同的是，递延奖金强调的是奖金的发放频率；保留奖金强调的是奖金的发放目的。简而言之，递延奖金就是把原本可以一次性或者当年发放的奖金，分成若干份在接下来的若干年发放。保留奖金就是为了某个目的特别约定的一笔奖金。目的达成之后，员工可以获得保留奖金。在实际工作中，薪酬经理会把二者综合起来使用。

案例分享一　银行业递延奖金管理

2010年，中国银监会印发《商业银行稳健薪酬监管指引》，在该文的第十六条指出：

“商业银行高级管理人员以及对风险有重要影响岗位上的员工，其绩效薪酬的40%以上应采取延期支付的方式，且延期支付期限一般不少于3年，其中主要高级管理人员绩效薪酬的延期支付比例应高于50%，有条件的应争取达到60%。在延期支付时段中必须遵循等分原则，不得前重后轻。”

“商业银行应制定绩效薪酬延期追索、扣回规定，如在规定期限内其高级管理人员和相关员工职责内的风险损失超常暴露，商业银行有权将相应期限内已发放的绩效薪酬全部追回，并止付所有未支付部分。商业银行制定的绩效薪酬延期追索、扣回规定同样适用离职人员。”

上述条文约定的就是递延奖金的情况。当年应该发放的奖金，分成三份在未来三年发放，并且未来三年在奖金发放之前，仍需要审核业务风险。公司有权追回或者停止支付奖金。如图6-18所示。

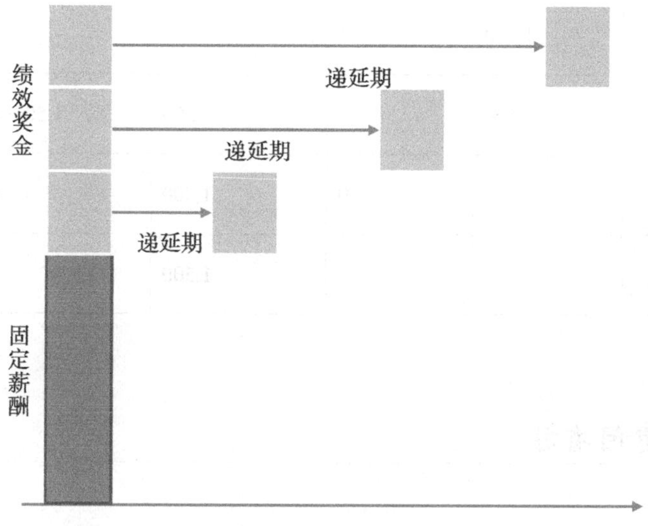

图6-18　递延奖金管理示意图

案例分享二　某公司保留奖金

某公司研发团队正在攻克一个预计三年完成的技术项目。为了保留项目的骨干人才，公司在未来三年内为项目组成员每人每年提供30%的额外奖金。当然，奖金的获得条件是员工当年的业绩评估结果是优秀或者良好，并且当年的奖金需要在未来三年内发放。这个奖金实际上综合了保留奖金和递延奖金的功能。

假设本项目组有员工A，其基本月薪为15,000元，30%的保留奖金为15,000×30% = 4,500元。假设该员工并非每年都会获得这笔保留奖金（第二年没有获得这笔奖金），但是，该员工实际将在五年内收到全部奖金。

表6-19的最右列说明了该员工每一年获得的总奖金情况。

表6-19 保留奖金分解表

	第一年获得了4,500元	第二年没有获得奖金	第三年获得了4,500元	实际总奖金
第一年实际奖金	1,500			1,500
第二年实际奖金	1,500	0		1,500+0=1,500
第三年实际奖金	1,500	0	1,500	1,500+0+1,500=3,000
第四年实际奖金		0	1,500	0+1,500=1,500
第五年实际奖金			1,500	1,500

附录1　有问有答

1. 各个部门之间分配奖金的差异性，要不要在部门之间做出平衡？具体该如何平衡？

答：固浮比是反映薪酬结构的重要因素。一般来说，我们在设计固浮比的时候，首先明确固定工资和浮动工资的总量与外部市场数据是否一致。这里一般关注的是年度总现金的情况（当然，也有公司关注年度总成本）。薪酬管理人员通过薪酬调研数据决定本公司年度总现金的定位，然后看一下外部市场的固浮比的流行趋势，接下来讨论本公司的薪酬定位。

关于部门之间的固浮比是否需要平衡的问题，还是回到公司的经营战略和薪酬管理战略。如果公司各部门的业务比较接近，不同职位的人员经常流动，那么就可以采用一致的固浮比。如果公司业务单元多，如某大型跨国公司的经营范围包括航空领域、水处理、能源、医疗领域等，不同业务单元之间的员工很少流动，而且他们对应的外部竞争对手也不一样。这时，可以在不同职位类别选择不同的固浮比。固浮比要接近外部市场的流行趋势，这样有利于人才的保留和激励。

2. 如何规划销售人员的薪酬结构？

答：薪酬结构分为两个层面。一个层面是站在总体薪酬的角度看待薪酬结构。从这个层面说，销售人员的薪酬结构涉及薪酬和福利的比例关系，涉及现金薪酬和非现金薪酬的比例关系等。另外一个层面就是年度总现金里面的固浮比。

不管规划什么样的薪酬结构，薪酬管理人员首先需要回答的问题是：公司的薪酬管理战略是什么？如果公司重视薪酬轻视福利，在薪酬部分就会有更多的预算；如果公司重视销售人员的个人业绩导向，浮动薪酬就会占据更大的比例。

3. 零售行业如何制定高效的销售激励措施？

答：本章已经论述了建立高效销售激励体系应该考虑的内容。由于行业的特性，零售行业可以考虑采用以佣金为主的激励模式。当然，如果公司更关注销售人员的团队合作、销售持久性等，也可以采用销售奖金的模式。

附录 2　有关激励管理的中英文词汇

常见的英文词汇	常见的中文翻译
Hierarchy of Needs Theory	需求层级理论
Motivation Hygiene Theory	双因素理论
Equity Theory	公平理论
Expectancy Theory	期望理论

（续表）

常见的英文词汇	常见的中文翻译
Reinforcement Theory	强化理论
Short- Term Incentive	短期激励
Long-Term Incentive	长期激励
Individual Incentive	个体激励
Team Incentive	团队激励
Company Incentive	公司激励
Employee Stock Option Plan	员工持股计划
Profit Sharing Plan	利润分享计划
Sales Incentive Plan	销售激励计划
Commission	佣金
Pay Mix	固浮比
One-Off Payment	一次性奖金
Sign-On Bonus	签约奖金
Defferred Bonus	递延奖金
Retention Bonus	保留奖金

CHAPTER 7

第七章

异地派遣员工薪酬福利设计与管理

对大型跨国公司来说，员工在不同国家、不同城市之间流动已经成为常态。这种异地派遣弥补了某个国家、某个城市人才不足给公司业务带来的负面影响。员工异地派遣的薪酬福利设计是公司薪酬经理的重要工作之一。

第一节　异地派遣的种类

根据派驻时间的长短以及派遣方式的不同，异地派遣有不同的类型，如表 7-1 所示。

表 7-1　异地派遣的类型

时间长短	业务目的		异地类型
小于三个月（或者六个月）	公司短期会议、项目等需要	➡	短期国内出差、短期国际出差

（续表）

时间长短	业务目的	异地类型
三个月到两年（或者三年）	培训，员工发展 ➡	管培生、短期培训
	知识、经验传递，项目上的专家支持 ➡	短期国内外派、短期国际外派
两年到五年（或者六年）	支持业务发展或者人员发展 ➡	国内异地调动、国际外派
永久	员工在另外的国家、城市永居 ➡	属地化调动、中国分 / 子公司聘用的外国人

√ 短期差旅——员工用一周或两周的时间去另外的城市工作都被称为出差。

√ 管理培训生、短期培训——很多公司实施管理培训生项目。大致的做法就是公司招聘到“高潜质”的人才后，为了让他们快速成长，公司会用18~24个月的时间，让他们在几个部门或者城市轮换，快速熟悉公司业务，为接下来的工作奠定基础。因此，管理培训生项目或者短期培训一般用时两年左右。

√ 短期国内（国际）外派——由于公司业务发展需要，公司在某个城市或者国家的某个新业务暂时缺少相应的人才，公司短期外派专家进行支持。这样的项目一般也是持续两年左右的时间。

√ 国内异地调动、国际外派——由于公司业务发展需要，或者员工职业发展需要，公司在其他城市或者其他国家提供职位轮换的机会。这样的国内异地调动或者国际外派一般都是持续三到五年的时间。

√ 属地化调动——如果员工的异地调动超过一定年限，通常是五年或者七年，公司对该员工作出所在城市或者国家的属地化处理。也就是说，停止异地派遣，将该员工的用工形式转化为所在城市或者国家的用工形式。很多外企对于从其他国家外派到中国，然后永久签订中国劳动合同的外国人，或者中国企业直接招聘的外国人，一般称为“本土加”（Local+）。Local是指本地员工。它带一个“加号”说明这些人的薪酬福利高于中国员工，但是低于纯国际外派员工的薪酬福利水平。

异地派遣的优劣势如表7-2所示。

表 7-2 异地派遣的优劣势

	益处	弊端
对公司	√弥补公司某个地区、某个城市的人才不足 √增加内部人员的交流机会 √贯彻企业文化理念，保持统一的内部管理水平	√容易使公司内部出现“裙带”关系 √公司的薪酬福利成本较高
对员工	√拓宽职业发展路径，增加工作轮换的机会 √积累不同区域的工作经验 √工作内容丰富	√异地生活上的不适应 √员工回到派出地时，不容易得到妥善安置

第二节 异地派遣的薪酬福利管理

对于异地派遣员工的薪酬福利管理，有两个关键点：该员工的派驻时间长短；是否返回派出地？如果员工异地工作的时间较短，公司一般采用适当增加补贴的形式；如果员工派驻的时间较长，公司有可能调整员工的基本月薪和奖金，但是肯定要提供补贴和福利。如表 7-3 所示。

表 7-3 异地派遣员工的薪酬福利管理

	基本月薪	奖金	补贴	福利
短期差旅	维持不变	维持不变	差旅补贴	维持不变
短期培训、管培生	维持不变	维持不变	培训补贴	维持不变
短期外派	维持不变	维持不变	外派补贴	维持不变
国内 / 国际外派	有可能调整	有可能调整	外派补贴	外派福利
属地化	对于中国公司聘用的外国人，公司需要根据情况在员工福利项目方面进行适当调整			

7.2.1 国际派遣

在异地派遣管理工作中，国际派遣的管理方式最为复杂，主要原因在于以下几点。

1. 各个国家税制管理不统一。员工在另外一个国家工作，产生的各种税务问题，既要符合所在国家的税务要求，又要考虑母国家（派出国家）的税务要求。例如，有些国家的税务机关是按照就业者每年是否在本国工作一定期限（如 180 天）的标准纳税；而有的国家是全球纳税，不管员工是否离开母国家，都需要纳税。由于各个国家税制管理标准不统一，势必对员工的税后收入产生影响。

2. 各个国家薪酬福利实践习惯不同。虽然员工是在一个集团内部调动，但是会遇到不同国家的薪酬结构不同的情况。这就给薪酬管理人员平衡员工在派出国、派驻国之间的薪酬福利提出了挑战。

3. 各个国家语言文化的差异。对于语言文化的差异给员工造成的影响，有一个非常贴切的英文词汇描述 Culture Shock（文化冲击）。可以想像员工在另外的国家生活，势必会感受到文化、价值观、家庭生活等诸多不便。

4. 各个国家在外国人用工的签证管理上各有不同。有些国家对于这种国际派遣的用工形式审批非常严格。即便是员工已经到了派驻国工作，也需要接受某种审核。

5. 还有其他方面的困难，如派驻国环境气候的问题、社会政治、宗教因素等。有些员工由于不了解派驻国的宗教信仰，无意中触犯了某些“约定俗成”的习惯，给自己和公司带来了很大麻烦。

薪酬管理人员是如何操作国际派遣的薪酬福利的呢？公司在薪酬福利的设定上必须兼顾员工收入和公司成本，同时考虑员工未来返回派出国的薪酬福利待遇问题。因此，在整体框架上，一般有如表 7-4 所示的以下安排。

基本月薪——因为员工在外派结束之后，通常会返回派出国，所以比较容易操作的情况是：不调整基本月薪。当然，很多人会质疑：每个国家和城市的工资水平差异很大，加上汇率、当地的生活水平等因素，如果不调整基本月薪，员工该怎么生存呀？公司用外派补贴和外派福利来解决这个问题。

很多公司允许员工根据个人需要，每年调整以当地货币形式发放的基本月薪的比例。受到复杂的税务规定以及管理成本的制约，一般每年调整一次比例。从货币的发放形式看，员工在派出国的基本月薪可能会被“变化”。

表 7-4　国际派遣的薪酬福利框架

	基本月薪	奖金	补贴	福利
国际派遣	有可能调整	有可能调整	外派补贴	外派福利
原则	收入的税务平衡原则（Tax Equalization）			
具体内容	一般保持不变； 但是员工可以根据个人情况，在派驻国和派出国选择货币发放比例，适当调整基本月薪	一般保持不变； 可以根据情况增加业务完成奖	原有补贴、福利保持不变； 可以根据情况增加： 生活：生活补贴 / 艰苦补贴； 食：餐饮补贴； 住：房租补贴或提供住房； 行：往返搬家费 / 安家费，探亲费 / 假期，交通补贴或配车； 教育：安排子女入学，员工语言文化培训	

奖金——奖金是用来奖励员工在职期间取得业绩的浮动现金。因为员工的基本月薪通常不变，所以奖金的构成比例和组成内容一般也不进行调整。当然，公司可以根据业务需要，如某个重要的海外项目需要专家进行支持，公司可以根据项目的完成情况为专家设定业务奖金。

补贴、福利—— 为了解决在国际派遣期间员工的“诸多不便”，补贴和福利是很多外资企业的首选。通常我们说的补贴，都是以现金形式发放的；福利都是以非现金的形式出现。发放这些补贴、福利的主要目的就是解决员工在异国他乡的衣食住行等诸多问题。通常这些补贴都是在派驻国发放。员工结束国际派遣，返回派出国的时候，所有补贴相应停止。表 7-5 是这些补贴福利的主要内容。

表 7-5 补贴福利的内容

补贴项目	具体内容
生活补贴	这是一项非常重要的补贴。在外资企业通常叫作 COLA（Cost of Living Allowance）。这个补贴的目的就是弥补由于国家、城市生活指数的不同给员工带来的“实际净收入”的影响。外资企业会和一些专业的咨询机构合作，收集不同国家、不同城市的“城市生活指数”。员工在不同国家之间调动的时候，公司会根据不同的指数发放不同的补贴
艰苦补贴	同生活补贴的作用相反，如果员工从生活水平较高的发达国家或者城市被派驻到不发达国家或者城市工作，公司就会根据城市的艰苦系数，为员工发放艰苦补贴。目的是弥补员工因为生活质量的下降带来的诸多不便
房租补贴，或者公司提供住房	员工在国际派遣期间的重要费用就是住房的费用。一般来说，公司有几种做法：按照员工的级别和家庭总人口数分配一定的房和预算。然后，各个国家的员工派遣管理中心和当地的房屋中介机构合作，满足员工的住房需要。如果员工选择的住房超过预算，超出预算的费用由员工自行承担。在这里，员工没有拿到实际的现金。有些公司按照不同城市的租房费用，把这笔预算发给员工，员工自行解决住房问题。从实际的管理效果来看，第一种模式更加体谅和照顾员工。第二种模式更有利于员工获得某种“实惠”
教育费用	教育费用被用来解决员工遇到的语言、文化等困难。类似于房屋补贴，这笔费用通常不会折现给员工，而是公司和当地的教育机构联系，为员工提供相应的资源支持。同时，为了解决员工随行子女的教育问题，外资企业一般在派驻国 / 城市与国际学校长期合作，解决员工的子女教育问题
其他补贴 / 福利	有些公司会根据员工的级别，为其提供车辆或者交通补贴，或者餐饮补贴，等等

跨国公司一般采用收入的税务平衡原则（Tax Equalization）来解决员工的收入“损失”问题。简单地讲，就是不管派出国、派驻国有什么样的税务管理规定，员工的净收入不能受到影响。换言之就是不考虑所有额外的补贴，仅仅考虑员工的年度总现金。员工在母国家获得的实际税后收入，应该等同于外派期间获得的实际税后收入。然后，在此基础之上，再考虑其他补贴 / 福利（如租房补贴等）。那么，为了确保员工在派驻国的实际税后净收入和在派出国时保持一致，公司可能需要承担额外的税务等费用，这些都是公司国际派遣的管理成本。

案例分享 某外企国际派遣计划

某外资公司为国际派遣员工提供如表 7-6 所示的薪酬福利计划。

表 7-6 某公司国际派遣员工的薪酬福利计划

	基本薪酬	奖金	福利 / 补贴
一般调动	一般不进行调整。员工可以根据个人情况将基本薪酬分成不同比例在两个国家领取	考虑员工会返回派出城市，一般不进行调整	√ 正常的社保、公积金在派出城市 / 国家缴纳 √ 派出国继续发放正常的福利补贴 √ 海外津贴（城市指数）/ 艰苦补贴 √ 一次性安家费 √ 往返搬家费 √ 临时酒店住宿（15/30 天）/ 临时餐饮补贴 √ 住房补贴（根据城市类别 / 员工级别 / 家庭） √ 探亲假 √ 探亲费用报销 / 签证申请费用 √ 交通补贴 / 配车（司机） √ 子女教育费 √ 员工语言培训 √ 海外医疗 / 安全保险
特殊调动		为特殊的项目或者特殊的业务设定项目 / 业务完成奖	√ 增加艰苦补贴，或者配车 √ 增加探亲假 √ 增加探亲频率 √ 增加特殊保险

7.2.2 国内异地调动

相比国际派遣，对国内异地调动的管理就显得容易很多。国内异地调动的管理原则就是：员工未来会返回派出城市。在这个框架下，员工的基本月薪、奖金结构通常不进行调整。只是通过调整员工的补贴和福利，来解决员工在不同城市生活带来的各种困难。如表 7-7 所示。

表 7-7　国内异地调动的薪酬福利框架

	基本月薪	奖金	补贴	福利
国内异地调动	有可能调整	有可能调整	外派补贴	外派福利
原则	考虑员工会在任期结束后返回派出城市。因此，通常不考虑薪酬的变化，只调整员工福利 / 补贴			
具体内容	一般保持不变； 如果某些城市之间的薪酬差距过大，就需要作出适当调整	一般保持不变； 可以根据情况增加业务完成奖	原有补贴、福利保持不变； 可以根据情况增加： 生活：生活补贴 / 艰苦补贴 住：房租补贴或提供住房 行：往返搬家费 / 安家费，探亲费 / 假期，交通补贴或配车 教育：一般不解决子女教育问题	

基本月薪、奖金 —— 通常不调整。薪酬管理人员有可能根据业务的特殊需要，为员工增加临时性的项目奖金，用来激励员工在外派期间取得良好的业绩。

补贴、福利 —— 员工在派出城市的补贴、福利一般保持不变。薪酬管理人员会对原有的一些具有某些城市特点的补贴作出调整。例如，员工在某个大城市的分 / 子公司工作享有交通补贴，调动到另外的小城市之后，不存在交通问题，因此该项补贴会被取消。员工派遣期结束返回原城市后，薪酬管理人员为其恢复该项补贴。

（1）派出城市的社会保障福利，如社会保险、公积金等，通常在原城市缴纳。由于目前有些城市将社会保险等缴纳年限同某些权利关联（如购房、购车、户口、子女教育等），因此有些公司允许员工在派驻城市缴纳自己的社会保险。

（2）生活补贴、艰苦补贴。为了简化操作，跨国公司一般会把国内的城市划分为不同的城市层级。例如，我们通常说的北京、上海、广州、深圳为一线城市。员工从其他城市调动到一线城市，公司会为其提供生活补贴。反之，员工从一线城市调动到偏远城市，公司会为其提供艰苦补贴。

（3）房租补贴，或者公司提供住房。一般来说，员工在国内异地调动，公司会考虑员工的住宿问题。外资企业会按照员工的级别和家庭规模（家庭总人口数）为其分配一定的房租预算。然后，人力资源部同员工派驻城市的房屋中介合作，满足员工的住房需要。如果员工选择的住房的费用超过预算，超出预算的费用由员工自行承担。有些公司按照不同城市的租房费用，把这笔预算发给员工，由员工自行解决住房问题。

（4）其他补贴 / 福利。国内异地调动产生的搬家费、探亲费或者假期等都是比较通用的补贴 / 福利。有些公司会根据员工的级别等因素，为其提供车辆或者交通补贴，以及餐饮补贴等。员工国内异地调动，公司通常不解决员工子女的教育问题。只有在极特殊情况下，公司为了鼓励员工到某个业务急需的城市工作，才会解决员工的子女教育问题，以解除员工后顾之忧。

案例分享　某外企国内异地调动计划

某外资公司为国内异地调动员工提供如表 7-8 所示薪酬福利计划。

表 7-8　某企业国内异地调动员工的薪酬福利计划

	基本薪酬	奖金	福利 / 补贴
一般调动	考虑员工会返回派出城市，一般不进行调整	考虑员工会返回派出城市，一般不进行调整	√ 在派出城市缴纳正常的社保、公积金 √ 正常的福利补贴 √ 一次性安家费 √ 往返搬家费 √ 临时酒店住宿（15/30 天） √ 异地生活补贴（根据城市类别 / 员工级别） √ 住房补贴（根据城市类别 / 员工级别） √ 探亲假 √ 探亲费用报销
特殊调动	考虑到员工会返回派出城市，一般不作出调整	为特殊的项目或者特殊的业务设定项目 / 业务完成奖	√ 艰苦补贴，或者配车 √ 增加探亲假 √ 增加探亲频率 √ 提供子女教育（很少见）

7.2.3 属地化管理 / 中国公司聘用的外国人管理

不论是国内调动还是国际派遣，员工的异地派遣一般都有一个外派期限。如果员工在另外的城市或者国家工作超过一定年限，公司通常会考虑属地化管理（Localization）的问题。也就是说，该员工将永久在派驻城市或者国家工作，不再“享有”外派员工的待遇，同时，薪酬管理人员根据新的城市或者国家情况对员工的薪酬福利待遇作出调整。

属地化管理是指公司和员工重新签订劳动合同，重新制定薪酬福利内容。调整的依据就是当地的内部公平和外部竞争情况。

在员工属地化管理的项目里，还有一个比较特殊的情况——对在中国聘用的外国人的管理。他们可能是从其他国家派驻到中国工作若干年后，实现属地化的；也可能是外国人到中国寻找发展机会，和国内公司签订了劳动合同。

对于中国公司聘用的外国人，有些外资公司称其为 Local+。意思就是说，他们属于当地员工，但是某些待遇高于当地人员。例如，考虑到某些国家的社会保障体系，员工虽然在中国工作，可能还需要在母国家缴纳某些社会保险。公司可能会把这笔费用计算到员工的薪酬福利里面，然后由员工自行缴纳。

1. 基本月薪、奖金、补贴、福利 —— 根据所在国家的情况确定。

2. 特殊的补贴 / 福利 —— 由于某些特殊情况，公司会给予属地化员工特殊的补贴项目。例如，考虑到员工从异地派遣转化为永久性属地化管理，公司会提供一次性永久安家费或者搬迁费用。考虑到在中国工作的外国人，可能需要回自己的国家探亲等，公司会提供探亲费、签证费等。考虑到员工的特殊医疗需要，公司可能提供全球性的高端医疗保险（这样的保险在跨国公司的高管福利里比较流行）。但是，通常来说，公司不会解决这类员工的子女教育、员工个人的语言教育等问题。如表 7-9 所示。

表 7-9 属地化管理的薪酬福利框架

	基本月薪	奖金	补贴	福利
属地化管理/中国公司聘用的外国人管理	对于中国公司聘用的外国人，需要根据情况适当调整福利项目			
原则	根据中国市场情况提供薪酬，结合外籍特点提供福利			
具体内容	执行当地薪酬政策	执行当地薪酬政策	提供政府要求的社会保险、福利 可以根据情况增加： 住：房租补贴或提供住房 行：往返搬家费，探亲费 教育：一般不解决子女教育、员工语言文化培训问题 医疗：特殊医疗	

第三节 国际派遣中的一些问题

7.3.1 国际派遣的整合性管理

为了解决复杂的国际派遣问题，公司可以从战略层面、组织层面和操作层面进行管理。如图 7-1 所示。

√ 战略层面：国际派遣战略属于公司人力资源战略的一部分，应该和公司的业务发展战略保持一致。公司应该在全球制定统一的国际派遣战略。同时，考虑到各个国家或者地区情况的复杂性，公司应该制定统一的管理制度，确保员工在不同国家之间流动的时候能够获得比较公平的待遇。

√ 组织层面：全球性外资企业一般会有统一的组织机构来管理国际派遣员工。这样的机构一般被称为国际外派管理中心（International Assignment Center），由总部统一管理，确保总部的政策能够在各个区域、各个国家得到统一管理。

√ 操作层面：操作流程的标准化是整合性外派管理的重点。操作流程里涉及不同的角色，如员工、员工在派出国和派驻国的经理、员工在派出国和派驻国的主管 HR，国际外派管理中心人员。

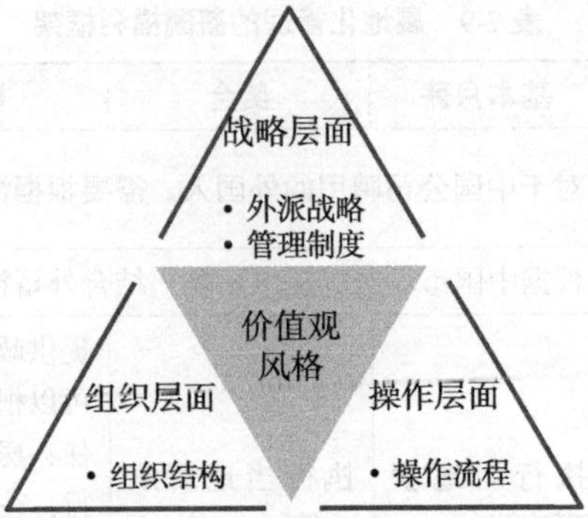

图 7-1　国际派遣的管理模式

案例分享　某公司国际派遣管理中心的组织架构

为了在全球范围内统一管理本公司员工在各个国家之间的派遣问题，该跨国公司人力资源部成立了专门的国际派遣管理中心。这个管理中心按照管理范围和职权分为以下不同层级。如图 7-2 所示。

全球派遣中心 —— 负责制定全球员工派遣政策和流程，确保员工国际流动的顺畅性。

区域派遣中心 —— 根据公司统一的管理政策，结合本区域的特点，制定适合本区域的流程规范。和各个国家 HR 联系，处理员工国际派遣的各种问题。

国家派遣中心 —— 根据区域的管理流程，协调本国分 / 子公司 HR 以及调入 / 调出国分 / 子公司的派遣中心，处理与本国家分 / 子公司相关的员工调入、调出问题。

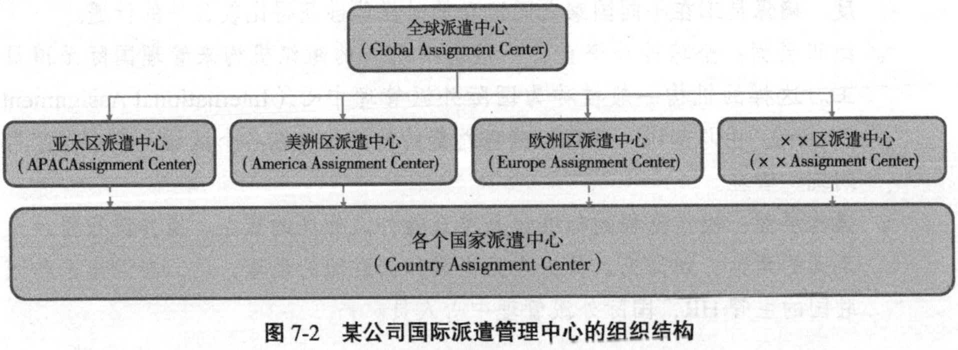

图 7-2　某公司国际派遣管理中心的组织结构

7.3.2 国际派遣的薪酬定价

国际派遣的薪酬管理问题，一般有如表 7-10 所示的五种操作模式。

√ 谈判法：根据员工个人情况，薪酬管理人员一对一地处理员工在派驻国家分 / 子公司的薪酬问题。这样的处理方法简单快捷。适用于外派员工人数不多，公司管理层、人力资源部可以控制的情况。

√ 当地定价法：员工一旦离开母国家在派驻国工作，薪酬管理人员应按照当地情况设计员工的所有薪酬福利。当员工返回派出国的时候，再根据当时情况重新定价。这样的操作模式有利于员工和派驻国员工的薪酬福利水平保持一致。但是操作起来太复杂，并且，员工工资可能会出现上下波动的问题。

√ 平衡定价法：考虑到员工的国际派遣仅仅是“短期”行为，员工最终会返回派出国，因此，薪酬管理人员将员工的薪酬福利水平与国内同事保持平衡。这样做的公司，一般采用“收入的税务平衡原则（Tax Equalization）”来处理派遣员工薪酬问题。当然，这种模式的管理成本较高，会形成一种享受心理——我是外派员工，我就应该享受这样的福利。

√ 一次性支付法：薪酬管理人员将员工在派出国、派驻国的薪酬福利差异，直接折算为现金收入，算作某个固定的“补贴”发给员工。这个补贴每年调整一次。这样操作貌似简单，实际上很多福利不容易折现计算，同时汇率的变动使得这个方法无法完全适用于所有的外派员工。

√ 自助餐法：公司根据员工外派的总成本，为外派员工提供一个补贴 / 福利的“菜单”。员工可以根据需要选择薪酬福利组合。这样的操作在理论上类似于“弹性福利”做法的引申，可以满足员工的不同需求。但是这种方法会造成员工薪酬差异较大，公司管理成本较高。最终导致不同员工在同一国家的薪酬福利差距很大，影响员工之间的内部公平性。

表 7-10 国际派遣薪酬管理的操作模式优劣势

定价方式	优势	劣势
谈判法	比较简单	因人而异，如果外派员工人数增加，操作难度就会加大
当地定价法	管理简便，具有薪酬的内部公平性	外派人员返回派出国的时候，需要重新定价
平衡定价法	保持与国内同事之间的薪酬水平平衡，便于员工在企业内部的流动和返回	管理成本较高，会形成一种既得的享受心理

（续表）

定价方式	优势	劣势
一次性支付法	简单直接，弥补员工在不同国家之间的薪酬水平差异	汇率的变动使得该方式无法适用于所有的外派员工，只适用于短期的外派任务
自自助餐法	在有效的成本内满足员工的不同需求	个体差异较大，管理成本高

7.3.3 国际派遣的薪酬调整

不论是国内调动还是国际派遣，员工的薪酬调整工作一般需要派出地和派入地公司双方的业务经理、人力资源负责人一起协商，达成一致意见。具体流程如图 7-3 所示。

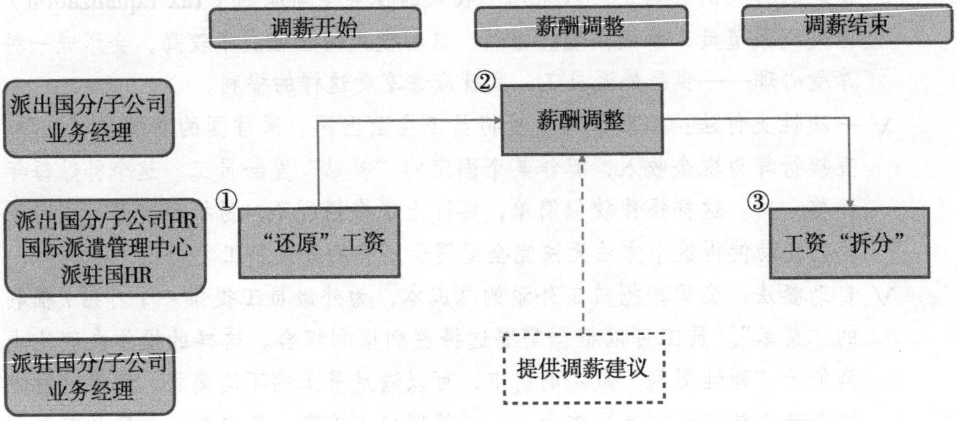

图 7-3 国际派遣的薪酬调整流程

1. 薪酬管理人员按照员工派出地分 / 子公司的薪酬情况调整外派员工的薪酬水平。这样做的前提就是员工会在派遣期结束后返回派出地。

2. 员工的整体薪酬预算分为两部分：员工在派出地的基本月薪、奖金、社会保险公积金等预算由派出地分 / 子公司负责；员工由于异地外派造成的额外的费用，由派驻地分 / 子公司负责。

国际派遣员工的薪酬调整工作由派出地分 / 子公司的业务经理、人力资源部或者派遣管理中心来主导负责。

√ 调薪开始：首先派出地分 / 子公司的派遣管理中心或者人力资源部和派驻地分 / 子公司负责薪酬信息的人员合作，将员工的各项工资“还原”为母国家正常的薪酬。为什么要“还原”？正如前文所述，考虑到员工在异国他乡的生活需要，员工可以选择两个国家的薪酬领取比例。因此，员工的基本月薪并不是一个完整的金额。所以，首先需要“还原”。然后将“还原”的员工薪酬信息提供给员工母国家分 / 子公司的部门经理。

√ 薪酬调整：员工在派出国分 / 子公司的业务经理会根据本公司的薪酬调整预算、流程等对员工的薪酬进行调整。和一般正常员工的薪酬调整不同的是：母国家分 / 子公司的业务经理会参考员工在派驻国分 / 子公司的业务经理提供的绩效反馈，并结合派驻国分 / 子公司的薪酬调整情况，对员工的薪酬进行调整。当然，考虑到“谁出钱，谁负责”，该员工最终的薪酬调整决定权在母国家分 / 子公司。

√ 调薪结束：薪酬调整结束之后，派出、派入地的人力资源部或者国际派遣管理中心会根据员工需要，重新分配员工薪酬预算，并进行发放。

7.3.4 国际派遣的员工安置

国际派遣在一定程度上对公司的业务发展和员工的职业发展都是有好处的。

首先，一家公司在派遣员工的时候，需要从组织设定、操作流程等多方面进行综合安排。

√ 宏观社会层面：派出国 / 城市和派驻国 / 城市的政治、经济、法律、社会、科技及文化等方面存在差异，外派员工弥补社会、文化环境的差异最关键。因此，公司一般会安排员工在新的工作地点进行“入职培训”，帮助员工尽早熟悉新的环境。

√ 中观企业层面：跨国公司应该制定统一的外派管理战略，从组织、制度、流程等诸多方面确保员工国际派遣工作的顺利进行。例如，外派人员挑选失误；忽视外派前的准备；缺乏对外派人员的支持；返回人员安置失当等，这些问题都是由于企业管理不善造成的。

√ 微观员工层面：公司应该考虑国际派遣对员工家庭因素、文化冲击的影响。因此，公司在设计薪酬福利内容，特别是设计福利内容时，应该更多地考虑员工的家庭因素，如员工配偶的工作安置、员工子女的教育、员工的探亲安排等。

其次，公司应该重点关注外派员工返回到母国家之后的安置问题。很多跨国公司拥有比较完善的国际派遣管理组织、制度、流程。但是，公司往往会忽视员工在外派期结束之后，返回派出国的安置问题。

国际派遣的不同阶段会对员工的心理、情绪造成不同程度的影响。

1. 当员工得知自己获得国际派遣机会的时候，员工的情绪会有一定的波动。主要是他会对未来的工作、生活产生一定的期待，对未来生活有很多的不确定性。

2. 当员工在新的国家开始工作生活之后，会由于短暂的"新鲜感"而产生小小的兴奋感。接下来，员工会逐渐适应新的环境，让自己平静下来。

3. 结束派遣回国的时候，员工的情绪同样会产生波动。由于离开本部门、本职位的时间太久了，工作内容和工作环境都发生了很大的变化，员工会在心理上产生落差。这是员工结束国际派遣回国之后非常"危险"的时期。在这个时候如果公司能够主动帮助员工平稳过渡，员工的情绪就会恢复正常。

4. 员工"彻底"回归派出国，所有情绪回归正常。

公司对于国际派遣员工的安置，特别是员工返回到母国家之后的工作安置，是特别特别重要的。据调研结果显示：一方面，员工国际派遣时间越长，原业务、职位、工作环境的变化越大，特别是高级管理职位的变动更大，员工回国后会因为不适应或者产生落差而离职。另一方面，由于国际派遣带来的自身价值的"增值"，员工会在回国之后的半年之内，寻找外部的就业机会。从这个角度说，员工国际调动时间越久、职位越高，员工在回国后的半年之内越容易离职。具体变化情况如图 7-4 所示。

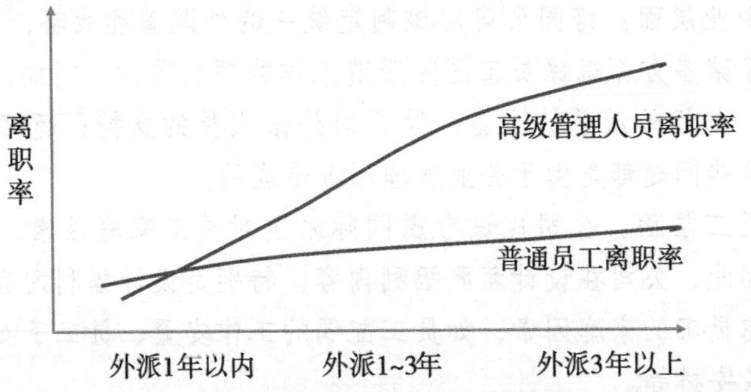

图 7-4　外派时间和员工离职率的关系

附录1 有问有答

1. 在处理员工国内异地调动的时候，如果员工从中小城市调到北上广深这样的大城市，通常企业会给予其一定的生活补贴。如果员工从北上广深调到中小城市，是不是会被降低工资呢？

答：如果员工从二线、三线或者更小的城市调动到一线城市，企业需要向其提供生活补贴。反之，如果员工从大城市调动到小城市，企业不能降其工资，通常会根据情况向其提供艰苦补贴，用来补贴员工在小城市生活的不便。近年来，很多公司为了降低运营成本，鼓励员工向中小城市调动。公司会在艰苦补贴里面增加特殊补贴，用来吸引员工调动到中小城市工作生活。

2. 开展国际外派工作的时候，公司是不是需要建立一个国际外派管理中心？

答：对于国际外派工作的管理，每家公司可根据自身规模以及运营状况采用不同的模式，并非一定要建立统一的国际外派中心。很多公司最初都是由派出国和派入国的HR、业务经理制定国际外派员工的薪酬福利政策。随着公司不断扩大规模，才逐步建立统一的国际外派管理部门。

3. 员工国内异地调动是不是都由公司发起？员工可不可以自己申请呢？

答：一般来说，员工国内异地调动是公司业务需要加上员工同意调动的结果。大多数情况下是公司发起异地调动。有的公司允许员工由于个人原因主动申请异地调动，只是公司会在提供异地调动补贴的时候适当“打折”。

4. 由于业务需要，我公司有员工连续出现国内异地调动。例如，该员工从北京调到上海工作3年，然后又被派到广州工作3年。第二次外派的时候，企业是不是需要在其原有外派补贴上为其叠加金额？

答：薪酬管理人员对员工连续的异地调动可以从逻辑上“还原成”单独的异地调动。用本案例解释，员工从北京调到上海的时候，所有补贴都很清楚。当员工从上海调动到广州的时候，薪酬管理人员应该将为其还原为从北京调动到广州的模式。然后参照这个模式发放补贴。当然，公司也可以让员工将北京或者上海选为“母城市”或者派出城市，再以这个城市为基准向其提供相应的补贴。

附录2　有关员工派遣的中英文词汇

常见的英文词汇	常见的中文翻译
International Assignment	国际派遣
Domestic Relocation	国内调动
Tax Equalization	收入的税务平衡原则
Cost of Living Allowance	生活成本补贴
Hardship Allowance	艰苦补贴
International Assignment Center	国际外派管理中心

参考文献

1. 美国薪酬协会 . 整体薪酬手册 . 朱飞，译 . 北京：企业管理出版社，2012.

2. 乔治・米尔科维奇，杰里・纽曼，巴里・格哈特 . 薪酬管理 . 成得礼，译 . 北京：中国人民大学出版社，2016.

3. 戴维・尤里奇 . 人力资源转型 . 李祖滨，孙晓平，译 . 北京：电子工业出版社，2015.

4. 迈克尔・E. 波特 . 竞争优势 . 夏忠华，主译 . 北京：中国财政经济出版社，1988.

5. 董克用 . 人力资源管理概论 . 北京：中国人民大学出版社，2011.

6. 格里・约翰逊，凯万・斯科尔斯 . 战略管理 . 王军，译 . 北京：人民邮电出版社，2004.

7. 陈晓东 . 销售人员薪酬激励研究 . 北京：经济管理出版社，2008.